프리마 기초 독일어

김원익 저

메티스

머리말

어떻게 하면 독일어를 잘 할 수 있을까? 30여 년간의 강의 경험을 토대로 이 질문에 대답을 한다면 '끊임없는 연습을 통한 반복'이라고 단언하고 싶다. 독일 속담에도 '연습이 명인을 만든다Übung macht den Meister'는 말이 있지 않은가?

이 책은 초급과 중급 독일어에 수준을 맞추어 만들었다. 모든 문법 사항은 혼자서도 공부할 수 있도록 우리말로 쉽게 풀어 썼다. 각 단원의 마지막에는 상당히 많은 분량의 '연습 문제'를 붙여서 앞에서 공부한 내용을 다시 복습하여 확인하도록 했다.

'프롤로그'에서는 독일의 지리적 위치와 각 주의 이름을 소개하여 독일어에 대한 관심을 유도했으며, '에필로그'에서는 독일의 대표적인 문화 유적지 사진과 함께 독일 16개 주의 중요 도시에 대한 정보를 담았고, 지루함을 덜어주기 위해 본문 사이사이에 '쉬어가기'란을 마련했다.

이 책에 나오는 모든 단어나 숙어의 뜻 뿐 아니라 문장도 거의 대부분 우리말로 번역해 놓았다. 단어와 숙어와 문장은 옛날 표현이 아니라 최근 독일에서 나온 책들과 'Duden'과 'Wahrig' 사전에 실린 표현을 정선한 것이다. 이 책으로 공부하는 사람들은 요즘 독일에서 사용하는 생생한 독일어를 접하게 되는 셈이다.

이 책은 2008년도 초판본에 들어 있던 오자 등을 모두 수정하고 번역과 '쉬어가기' 등을 대폭 보완하고 '부록'에 '12가지 재미있는 독일 이야기'를 첨가한 것이다. '쉬어가기'는 주로 독일의 명시 등을 우리말 번역과 함께 실은 것으로 말 그대로 잠깐 쉬어간다는 마음으로 우선 우리말 번역만 감상하는 것이 좋을 것이다.

부족한 점은 앞으로 계속해서 고치고 다듬어 나가도록 하겠다. 아무쪼록 독일어 공부를 처음 시작하는 사람들이 흥미를 느끼고 기초를 다지는데 이 책이 조금이라도 보탬이 되기를 바란다. 어려운 상황에서도 기꺼이 이 책의 출간을 맡아주신 도서출판 '메티스Metis'의 이윤구 사장님께 깊이 감사드린다.

2018년 10월

저자 김원익

참고문헌

1. Müller, Rusch, Scherling, Schmitt : **Moment mal!** Lehrwerk für Deutsch als Fremdsprache(**Lehrbuch 1, 2, 3**). Berlin/München 1997.

2. Lemcke, Müller, Rusch, Scherling, Schmidt, Wertenschlag, Wilms : **Moment Mal!** Lehrwerk für Deutsch als Fremdsprache(**Arbeitsbuch 1**). Berlin/München 1997.

3. Wertenschlag, Scherling, Gick, Müller : **Moment Mal!** Lehrwerk für Deutsch als Fremdsprache(**Arbeitsbuch 2, 3**). Berlin/München 1997.

4. H. Aufderstraße, H. Bock, M. Gerdes, H. Müller, J. Müller : **Themen neu 1**. Lehrwerk für Deutsch als Fremdsprache(**Kursbuch 1**). Ismaning/München 1996.

5. H. Aufderstraße, H. Bock, M. Gerdes, H. Müller, J. Müller : **Themen neu 2**. Lehrwerk für Deutsch als Fremdsprache(**Kursbuch 2**). Ismaning/München 1996.

6. H. Aufderstraße, W. Bönzli, W. Lohfert : **Themen ueu 3**. Lehrwerk für Deutsch als Fremdsprache(**Kursbuch 3**). Ismaning/München 1996.

7. H. Bock, K-H Eisfeld, H. Holthusen, U. Schütze-Nöhmke : **Themen neu 1**. Lehrwerk für Deutsch als Fremdsprache(**Arbeitsbuch 1**). Ismaning/München 1996.

8. H. Aufderstraße, H. Bock, M. Gerdes, J. Müller : **Themen neu 2**. Lehrwerk für Deutsch als Fremdsprache(**Arbeitsbuch 2**). Ismaning/München 1996.

9. H. Bock, J. Müller : **Themen neu 3**. Lehrwerk für Deutsch als Fremdsprache (**Arbeitsbuch 3**). Ismaning/München 1996.

10. W. Hieber : **Lernziel**. Deutsch als Fremdsprache I, II. München 1987.

11. C. Kehr, M. Meyerhoff : **Deutsch Eins für Ausländer**. Ein Aufbaukurs zum Reden und Verstehen. Reinbeck bei Hamburg 1995.

12. Ders. : **Deutsch Zwei für Ausländer**. Ein Aufbaukurs zum Reden und Verstehen. Reinbeck bei Hamburg 1995.

13. Anke u. Jörg Rautzenberg : **Aufbaukurs Deutsch**(Teil 1, 2, 3). Sao Paulo 1987.

14. Schulz und Griessbach : **Deutsch Sprachlehre Für Ausländer**. München 1990.

15. J. Schumann : **Mittelstufe Deutsch**. Neubearbeitung mit Musterprüfung, Ismaning/ München 1994.

16. G. Kopp/K. Fröhlich : **Pingpong 2**. Dein Deutschbuch, Ismaning/München 1999.

목 차

제1장 발음과 강세

1. 모음과 자음 ··· 15
2. 발음과 장단 ··· 15
3. 강 세 ·· 26
 • 연습문제 ·· 29

제2장 동 사 Ⅰ

1. 동사의 현재인칭 변화 ··· 31
2. 배어법 ··· 35
3. 의문문 ··· 37
 • 연습문제 ·· 43

제3장 관사와 명사

1. 관 사 ·· 49
2. 명 사 ·· 53
3. 명사와 관사의 결합 ·· 59
 • 연습문제 ·· 65

제4장 동 사 Ⅱ

1. 동사의 종류 ··· 69
  (1) 격지배에 따른 분류 ··· 69
  (2) 전철에 따른 분류 ·· 71
 • 연습문제 ·· 79

제5장 대명사 Ⅰ

1. 인칭 대명사 ··· 81
2. 소유 대명사 ··· 83
3. 지시 대명사 das ·· 84
 • 연습문제 ·· 85

제6장 전치사

1. 2격 지배 전치사 ·· 89
2. 3격 지배 전치사 ·· 90
3. 4격 지배 전치사 ·· 91
4. 3, 4격 지배 전치사 ··· 93
5. 3, 4격 지배 전치사와 시간 ··· 95
6. legen-liegen, stellen-stehen, setzen-sitzen, hängen, stecken과
   3, 4격 지배 전치사 ··· 96
7. 전치사 + 정관사의 단축형 ·· 97
8. 의문사 Wo, Wohin, Woher와 전치사 ·· 97
9. 의문 대명사 Wer, Was ··· 98
• 연습문제 ·· 101

제7장 화법 조동사

1. 화법 조동사의 각 인칭에 따른 형태 ··· 107
2. 화법 조동사의 용법 ·· 107
• 연습문제 ·· 111

제8장 과거형

1. 동사의 종류 ··· 117
2. 과거인칭 변화 ··· 121
3. 화법 조동사의 과거 ·· 123
• 연습문제 ·· 127

제9장 완료형

1. 현재 완료 ·· 131
2. 과거 완료 ·· 137
3. 시제의 용법 ··· 137
• 연습문제 ·· 143

제10장 재귀 대명사와 재귀 동사

1. 재귀 대명사의 의미 ··· 147
2. 인칭 대명사와 재귀 대명사 ··· 147
3. 재귀 대명사와 상호 대명사 ··· 148
4. 재귀 동사의 종류 ··· 148
5. 중요한 재귀 동사 ··· 149
* 연습문제 ··· 153

제11장 명령형

1. 규칙 동사의 명령형 ··· 157
2. 불규칙 동사의 명령형 ··· 157
3. 명령형 예문 ··· 158
4. 청유형 ··· 158
5. 명령형 첨가어 ··· 159
* 연습문제 ··· 161

제12장 형용사

1. 형용사의 격변화 ··· 163
2. 형용사의 비교급과 최상급 ··· 166
3. 비교 문장 ··· 167
4. 형용사의 명사적 용법 ··· 170
5. 의문 형용사 Wie viele과 Wieviel ······························· 171
6. 형용사의 격지배 ··· 172
7. 전치사와 함께 사용되는 형용사 ································· 173
* 연습문제 ··· 179

제13장 수

1. 기 수 ··· 185
2. 서 수 ··· 190
3. 분 수 ··· 192

4. 부정 수사 viel-(wenig-), manch-, mehrer-, einig- ·········· 192
• 연습문제 ·········· 195

제14장 수동문

1. 수동문의 형태 ·········· 197
2. 완료 수동 ·········· 198
3. 상태 수동 ·········· 198
4. 화법 조동사의 수동문 ·········· 200
5. 수동태의 시제에 따른 형태 ·········· 201
6. 수동의 뜻을 가진 능동문 ·········· 201
7. 두 개의 목적어가 있을 때의 수동문 ·········· 203
8. 수동문이 불가능한 동사 ·········· 203
• 연습문제 ·········· 207

제15장 부 사

1. 시간 부사 ·········· 211
2. 양태 부사 ·········· 214
3. 장소 부사 ·········· 216
4. 빈도 부사 ·········· 218
5. 의문 부사 Wie lange, Wie oft, Wann, Um wieviel Uhr ·········· 219
6. denn, erst, nur, schon, noch ·········· 220
7. 그 밖의 부사 ·········· 220
8. 부사의 위치 ·········· 223
• 연습문제 ·········· 227

제16장 접속사

1. 대등 접속사 ·········· 233
2. 부사적 접속사 ·········· 234
3. 종속 접속사 ·········· 236
4. 상관 접속사 ·········· 241

5. 문장의 전환 ·· 242
• 연습문제 ··· 245

제17장 대명사 II

1. 의문 대명사 Welcher?, Was für ein? ·· 251
2. 지시 대명사 ·· 252
3. 부정 대명사 ·· 253
• 연습문제 ··· 259

제18장 동사 + 전치사

1. 동사 + 전치사 ·· 263
2. Wer, Was와 전치사의 결합형 ··· 266
• 연습문제 ··· 271

제19장 es의 용법

1. 중성 1격을 대신 ··· 275
2. 중성 4격을 대신 ··· 275
3. 문장의 일부분이나 문장을 대신 ·· 275
4. 주어를 강조하기 위해 가주어로 ·· 275

제20장 대명사 III

1. 관계 대명사 ·· 281
  (1) 관계 대명사, der, die, das, dessen, deren ························ 281
  (2) 전치사 + 관계 대명사 ·· 282
  (3) 부정 관계 대명사 wer와 was ·· 283
  (4) 특수 관계 대명사 was ·· 284
  (5) 관계 부사 wo, wohin, woher ·· 285
  (6) 관계 대명사 wie, warum(= weshalb) ·································· 285
• 연습문제 ··· 287

제21장 부정사와 분사

1. zu 없는 부정사 ··· 291
2. zu 부정사 ··· 293
3. 분 사 ··· 297
   • 연습문제 ··· 305

제22장 접속법

1. 접속법의 형태 ··· 311
2. 접속법 I식 ··· 313
3. 접속법 II식 ··· 316
   • 연습문제 ··· 323

◆ 에필로그 : 독일 일주 여행 ··· 327
◆ 부록 : 12가지 재미있는 독일 이야기 ·· 354

프롤로그

1. 현재 독일의 지도. 16개 주와 주요 도시

2. 독일 16개 주의 문장과 수도

3. 독일어권 국가

연습문제 Übungen

다음 독일어권 국가의 주요 도시의 이름을 완성하시오

Das Alphabet

A	a	𝒜	𝒶	𝔄	a	[aː]
B	b	ℬ	𝓁	𝔅	b	[beː]
C	c	𝒞	𝒸	ℭ	c	[tseː]
D	d	𝒟	𝒹	𝔇	d	[deː]
E	e	ℰ	ℯ	𝔈	e	[eː]
F	f	ℱ	𝒻	𝔉	f	[ɛf]
G	g	𝒢	𝑔	𝔊	g	[geː]
H	h	ℋ	𝒽	ℌ	h	[haː]
I	i	𝒥	𝒾	ℑ	i	[iː]
J	j	𝒥	𝒿	ℑ	i	[jɔt]
K	k	𝒦	𝓀	ℜ	k	[kaː]
L	l	ℒ	ℓ	𝔏	l	[ɛl]
M	m	ℳ	𝓂	𝔐	m	[ɛm]
N	n	𝒩	𝓃	𝔑	n	[ɛn]
O	o	𝒪	𝓄	𝔒	o	[oː]
P	p	𝒫	𝓅	𝔓	p	[peː]
Q	q	𝒬	𝓆	𝔔	q	[kuː]

R	r	ℛ	𝓇	ℜ	r	[ɛr]
S	s	𝒮	𝓈	𝔖	ſ	[ɛs]
T	t	𝒯	𝓉	𝔗	t	[teː]
U	u	𝒰	𝓊	U	u	[uː]
V	v	𝒱	𝓋	𝔙	v	[fau]
W	w	𝒲	𝓌	𝔚	w	[veː]
X	x	𝒳	𝓍	𝔛	ϰ	[iks]
Y	y	𝒴	𝓎	𝔜	y	[ypsilɔn]
Z	z	𝒵	𝓏	𝔷	ʒ	[tsɛt]
Ä	ä	𝒜̈	𝒶̈	Ӓ	ä	[ɛː]
Ö	ö	𝒪̈	𝑜̈	Ö	ö	[øː]
Ü	ü	𝒰̈	𝓊̈	Ü	ü	[yː]
	ß		β		ß	[ɛs'tsɛt]

제1장 발음과 강세

1. 모음과 자음

독일어는 영어처럼 26개의 자음과 모음, ä, ö, ü 등 변모음 그리고 ss의 축약형인 ß 등으로 이루어져 있다.

(1) 모음의 종류

모음에는 단모음, 중모음, 복모음, 변모음 등이 있다. 단모음은 a, i, u, e, o, y 등 하나의 모음으로 이루어진 모음을, 중모음은 aa, oo, ee 등 두개의 같은 모음으로 이루어진 모음을, 복모음은 ei, ie, ai, au, eu 등 서로 다른 두 개의 모음으로 이루어진 모음을 말한다. 끝으로 변모음은 ä, ö, ü처럼 a, o, u의 모음 위에 점 두개인 Umlaut가 붙어서 변화된 모음들을 의미한다.

(2) 자음의 종류

자음도 단자음, 복자음, 중자음 등 3가지로 나눌 수 있다. 단자음은 b, d, g, p 처럼 하나의 자음으로 이루어진 자음을, 중자음은 bb, dd, gg, pp처럼 같은 자음이 두개 중복되어 있는 자음을, 복자음은 ck, ts, tz처럼 서로 다른 자음이 두개 이상 겹쳐져 있는 자음을 말한다.

2. 발음과 장단

(1) 발 음

독일어의 발음은 몇몇을 제외하고 글자 그대로 발음한다. 예외적인 발음 중 중요한 것은 다음과 같다.

① 모음 나음의 h는 발음하지 않는다. 그 대신 모음은 길게 발음한다 : gehen(가다), zahlen(지불하다)

② ie는 장음 [i:이]로 발음한다 : lieben(사랑하다), tief(깊은)

③ ei는 [ai:아이]로 발음한다 : bleiben(머물다), das Eis(아이스크림)

④ eu는 [ɔy:오위]로 발음한다. äu도 [ɔy:오위]로 발음한다 : die Leute(사람들), das Gebäude(건물)

⑤ s다음에 모음이 나오면 [s:스]가 아닌 [z:즈]로 발음한다 : sagen(말하다), die Reise(여행)

⑥ b가 단어나 음절의 끝에 올 때는 [p:프]로 발음한다.
gelb(노란), halb(1/2)

⑦ ch앞에 a, o, u의 모음이 나올 때는 [x:흐]로, 그 이외의 모음이나 자음이 나올 때는 [ç:히]로 발음한다. 외래어에서 Ch는 [ʃ:슈]나 [k:크]로 발음한다.
das Buch(책), Bach(바흐), ich(나), Chef(장, 대표), der Chor(합창)

⑧ 단어나 음절의 끝에 d나 dt가 오면 [t:트]로 발음한다.
und(그리고), bald(곧), die Stadt(도시)

⑨ 단어나 음절의 끝에 g가 오면 [k:크]로 발음하고 외래어에서 g는 [ʒ:쥬]로 발음한다.
der Tag(낮, 일), der Zug(기차), die Garage(차고)

⑩ r, rr, er 등이 단어 끝에 나올 때는 [ə:에]로 발음한다.
er(그), der Herr(~씨), der Partner(상대, 파트너)

⑪ sch는 [ʃ:슈]로, Sp-나 St-가 단어나 음절의 처음에 오면 [ʃp:슈프]나 [ʃt:슈트]로 발음한다. ß는 [s:스]로 발음한다.
die Schule(학교), sprechen(말하다), der Student(대학생), heißen(이름이 무엇이다)

(2) 모음의 장단

① 같은 모음이 두개 겹쳐져 있을 때는 앞의 하나의 모음만 발음하고 그 대신 길게 발음해 준다 : das Haar(머리카락), das Boot(배)

② ie는 대부분 길게 [i:]로 발음해 준다 : die Liebe(사랑), tief(깊은)

③ 모음 다음에 h가 나올 때 h는 발음하지 않고 앞의 모음을 길게 발음한다 : gehen(가다), sehen(보다)

④ 단모음 다음에 단자음이 나올 경우 대부분 그 모음은 길게 발음한다 : das Leben(삶), der Käse(치즈)

예외 모음 다음에 자음이 하나 이상이 있어도 그 모음이 길게 발음되는 단어들
der Bart(수염), die Erde(지구, 땅), husten(기침하다), der Krebs(게, 암), das Mädchen(소녀), das Märchen(동화), der Mond(달), das Ostern(부활절), das Obst(과일), das Pferd(말), werden(-되다), wert(가치 있는), zart(부드러운), das Buch(책), hoch(높은), der Kuchen(케이크), die Sprache(언어), suchen(구하다), das Tuch(천, 수건), nach(-쪽으로)

⑤ 단모음 다음에 중자음, 복자음 등 자음이 한 개 이상 나올 때는 그 모음은 짧게 발음한다. immer(항상), das Bett(침대)

예외 전치사, 대명사, 접속사, 외래어의 일부는 모음 다음에 자음이 하나라도 그 모음을 짧게 발음한다 : an(-옆에), von(-부터), um(-주위에), in(-안에), bis(-까지), mit(-함께), es(그것), man(사람들), das(그것), der Bus(버스), der April(4월), das Hotel(호텔), der Chef(장, 대표)

(3) 모음과 자음의 발음도표

이와 같은 원칙을 토대로 독일어의 모음과 자음의 발음을 살펴보면 다음과 같다.

A
a	[a]	der Mann(남자, 남편), ganz(완전히), die Karte(표, 티켓), alle(모든 사람)	
a	[aː]	der Name(이름), der Abend(저녁), die Nase(코), der Vater(아버지)	
aa		das Haar(머리카락), das Paar(쌍, 짝)	
ah		zahlen(지불하다), fahren(타고 가다), die Bahn(철도), der Zahn(이, 치아)	
ä	[ɛ]	der März(3월), das Gepäck(짐, 수하물)	
ä	[ɛː]	der Käse(치즈), erklären(설명하다)	
äh		zählen(세다), erzählen(이야기 하다)	
äu	[ɔy]	das Fräulein(소녀), das Gebäude(건물)	
ai	[ai]	der Mai(5월), der Kaiser(황제)	
au	[au]	die Pause(쉼, 짬) blau(청색의), der Baum(나무), die Maus(생쥐)	

äu는 eu처럼 [ɔyː오위]로 발음한다.

B
b	[b]	haben(갖고 있다), leben(살다), der Beruf(직업), geben(주다)
bb	[b]	das Hobby(취미), die Ebbe(썰물)
-b	[p]	das Verb(동사), gelb(노란), halb(2/1)

b가 단어나 음절의 끝에 올 때는 [pː프]로 발음한다.

C
ch	[x]	das Buch(책), auch(-도), die Nacht(밤), lachen(웃다), doch(하지만)
	[ç]	ich(나는), nicht(-아니다), das China(중국), euch(너희들을), durch(-통하여), manchmal(가끔), echt(진짜의), die Milch(우유)
	[ʃ]	der Chef(장, 대표), die Chance(가능성)
	[k]	der Chor(합창), das Chaos(혼돈)

	ck	[k]	der Zucker(설탕), die Ecke(구석, 모퉁이), packen(꾸리다), dick(두꺼운)
	-chs	[ks]	sechs(6), wechseln(환전하다), wachsen(성장하다)

ch앞에 a, o, u의 모음이 나올 때는 [x:흐]로, 그 이외의 모음이나 자음이 나올 때는 [ç:히]로 발음한다. 외래어에서 Ch는 [ʃ:쉬]나 [k:크]로 발음한다. -chs는 [ks:크스]로 발음한다.

D
	d	[d]	der Dialog(대화), reden(말하다), dumm(어리석은),
	dd		addieren(더하다)
	-d	[t]	und(그리고), das Land(국가, 시골), der Hund(개), die Hand(손)
	-dt	[t]	die Stadt(도시)

단어나 음절의 끝에 d나 dt가 오면 [t:트]로 발음한다.

E
	e	[ɛ]	das Fest(축제), das Bett(침대), das Heft(공책), elf(11), kennen(알다)
	e	[e:]	lesen(읽다), eben(평평한), geben(주다), leben(살다)
	ee		der Tee(차), der See(호수), leer(텅빈)
	eh		der Lehrer(선생), gehen(가다), sehen(보다), nehmen(갖다, 취하다)
	-e	[ə]	der Name(이름), der Vater(아버지), haben(가지고 있다)
	ei	[ai]	eins(1), meinen(의미하다), die Zeit(시간), das Eis(얼음), bleiben(머물다), das Eisen : 쇠, 철, 아이젠
	eu	[ɔy]	heute(오늘), neun(9), die Leute(사람들), freundlich(친절한)

ei는 [ai:아이]로, eu는 [ɔy:오위]로 발음한다. 예외 : das Museum(박물관)

F
	f [f]		die Firma(회사), die Frau(부인, 여자), finden(찾다), faul(게으른), frei(자유로운), das Foto(사진)
	ff		der Kaffee(커피), hoffen(희망하다), treffen(만나다)

G	g	[g]	gut(좋은), das Glas(잔), genau(정확한), geradeaus(똑바로)
	-g	[k]	der Tag(날, 낮), der Mittag(점심), der Zug(기차)
		[ʒ]	das Genie(천재), die Garage(차고)

단어나 음절 끝에 g가 오면 [k:크]로 발음하고 외래어에서 g는 [ʒ:쥐]로 발음한다.

H	h	[h]	das Haus(집), hier(여기), geheim(비밀의), holen(가져오다)
		[묵음]	sehen(보다), ruhig(조용한), gehen(가다), fahren(차를 타다)

모음 다음의 h는 발음을 하지 않는다.

I	i	[i]	wirklich(정말의, 진짜의), ist(-이다), bitten(청하다)
	i	[i:]	das Kino(극장), die Musik(음악), die Bibel(성서)
	ie		viel(많은), der Brief(편지), die Liebe(사랑), verdienen(돈을 벌다)
	ih		ihr(그녀에게), ihm(그에게)
	-ie	[iə]	die Familie(가족), die Ferien(방학), das Asien(아시아)
	-ig	[iç]	fertig(완성된), ruhig(조용한), zwanzig(20), wenig(적은), billig(값싼), der Honig(꿀)

단어 끝에 ie가 오면 원래대로 [ie:이에]로 발음하고, 단어 끝에 ig가 오면 [iç:이히]로 발음한다.

J	j	[j]	ja(예), der Januar(1월), jetzt(지금), jung(젊은)

K	k	[k]	der Kurs(코스), kosten(비용이 얼마 들다), klar(맑은, 분명한), kommen(오다)

L	l	[l]	leben(살다), lesen(읽다), lernen(배우다), das Licht(빛), die Lampe(전등), laut(소리가 큰, 시끄러운)
	ll	[l]	wollen(원하다), der Ball(공), voll(가득 찬), die Brille(안경), gefallen(마음에 들다), fallen(떨어지다)

M	m	[m]	der **M**onat(월), der **M**ond(달), die **M**itte(중앙), der **M**und(입), **m**odern(현대적인)
	mm		ko**mm**en(오다), zusa**mm**en(함께), beko**mm**en(받다)
N	n	[n]	die **N**ase(코), der **N**ame(이름), **n**icht(-아니다), **n**ein(no), **n**eu(새로운)
	nn		ke**nn**en(알다), **n**e**nn**en(칭하다), der Ma**nn**(남자, 남편), beka**nn**t(알려진, 유명한)
	-ng	[ŋ]	si**ng**en(노래하다), bri**ng**en(가져오다), la**ng**(긴), e**ng**(좁은), anfa**ng**en(시작하다)
	-nk	[ŋk]	da**nk**e(고마워), li**nk**s(왼쪽의), kra**nk**(아픈), die Ba**nk**(은행, 벤치)

n 다음에 g나 오면 [ŋ:응]으로, k가 오면 [ŋk:응크]로 발음한다.

O	o	[ɔ]	k**o**mmen(오다), **o**ft(자주), der K**o**pf(머리), das **O**bst(과일)
	o	[o:]	das R**o**m(로마), der M**o**nd(달), der **O**fen(난로)
	oh		fr**oh**(즐거운), der L**oh**n(임금)
	oo		der Z**oo**(동물원), das B**oo**t(배), das M**oo**s(이끼)
	ö	[œ]	k**ö**nnen(할 수 있다), G**oe**the(괴테)
	ö	[ø:]	h**ö**ren(듣다), geh**ö**ren(속하다), das **Ö**l(기름)
	öh		fr**öh**lich(즐거운), gew**öh**nlich(일반적인)
P	p	[p]	der **P**artner(짝), das **P**aris(파리), die **P**ause(쉼, 짬), **p**assen(어울리다)
	pp	[p]	die Gru**pp**e(그룹), die Su**pp**e(스프), der A**pp**etit(식욕)
	ph	[f]	das Al**ph**abet(알파벳), die **Ph**iloso**ph**ie(철학)
	pf	[pf]	em**pf**ehlen(추천하다), der **Pf**effer(후추), das **Pf**erd(말), der A**pf**el(사과)
Q	qu	[kv]	be**qu**em(편안한), die **Qu**alität(품질), die **Qu**elle(기원, 샘)

qu는 [kv:크브]로 발음한다.

R r [r] rot(붉은), hören(듣다), der Regen(비), der Preis(가격, 대가), treffen(만나다), groß(큰), braun(갈색의), die Arbeit(일, 논문)
    rh   der Rhythmus(리듬)
    r [ə] nur(뿐), das Meer(바다), leer(빈), vier(4), die Uhr(시계)
    rr   der Herr(씨, 주인)
    er   das Zimmer(방), das Fenster(창), der Hunger(기아, 배고픔)

r, rr, er등이 단어 끝에 나올 때는 [ə:에]로 발음한다.

S s [s] das Haus(집), der Kurs(코스), gestern(어제)
    ss   interessieren(흥미를 유발하다), die Klasse(학급, 등급), müssen(-해야 한다)
    s [z] die Seite(쪽, 면), die Reise(여행), sagen(말하다), so(그렇게)
    sch [ʃ] die Schule(학교), schön(예쁜), waschen(씻다), schnell(빠른), schade(아쉬운), der Schnee(눈), schwach(약한)
    sp [ʃp] sprechen(말하다), spielen(놀다), spät(늦은), sparen(저축하다)
    st [ʃt] der Student(학생), die Stadt(도시), verstehen(이해하다), steigen(오르다), sterben(죽다)
    ß [s] heißen(-불리다), die Straße(거리), der Fuß(발), groß(큰)

s다음에 모음이 오면 [z:즈]로 발음하고, sch는 [ʃ:쉬]로, Sp나 St가 단어나 음절의 처음에 오면 [ʃp:슈프]나 [ʃt:슈트]로 발음한다. ß는 [s:스]로 발음한다. <주의> gestern(어제)

T t [t] der Text(텍스트), tot(죽은), die Luft(공기), laut(시끄러운)
    tt   bitte(제발), das Bett(침대), nett(친절한), die Mitte(중앙)
    th   das Theater(연극관), das Thema(주제)
    -t(ion) [ts] die Information(정보), die Situation(상황)
    tz, ts, ds   der Satz(문장), jetzt(지금), nichts(無), der Landsmann(동향인)
    tsch [tʃ] das Deutschland(독일), der Dolmetscher(통역가)

t(ion), tz, ts, ds 등은 [ts:츠]로, tsch는 [tʃ:취]로 발음한다.

U	u	[u]	der August(8월), umsteigen(갈아타다), der Unfall(사고), der Urlaub(휴가), die Stunde(시간), kurz(짧은)
	u	[u:]	der Juni(6월), der Juli(7월), die Blume(꽃)
	uh		die Uhr(시계), der Schuh(신발), ruhig(조용한, 편안한)
	ü	[y]	fünf(5), müssen(-해야 한다), das Glück(행복), dünn(얇은)
	ü	[y:]	das Zürich(쮜리히), üben(연습하다), die Prüfung(시험)
	üh		fühlen(느끼다), kühl(서늘한), früh(일찍)
V	v	[f]	positiv(긍정적인), vier(4), das Vieh(가축), voll(가득 찬), vielleicht(아마도)
		[v]	die Violine(바이올린), der Klavier(피아노), die Vase(꽃병)

외래어에서 v는 w처럼 [v:브]로 발음한다.

W	w	[v]	das Wort(단어), der Weg(길), wir(우리들은), der Wagen(자동차), wirklich(사실의), wissen(알다), wohnen(살다), wohl(아마도)
X	x	[ks]	das Taxi(택시), das Lexikon(사전), der Examen(시험)
Y	y	[y]	der Rhythmus(리듬), das System(체제), die Mystik(신비주의)
	y	[y:]	der Typ(유형), der Mythos(신화)
Z	z	[ts]	zehn(10), die Zeit(시간), zufrieden(만족한), zurück(뒤로), kurz(짧은), zeigen(보여주다), der Zahn(이, 치아), der Zucker(설탕)

쉬어가기 1   독일어 모음 사각도

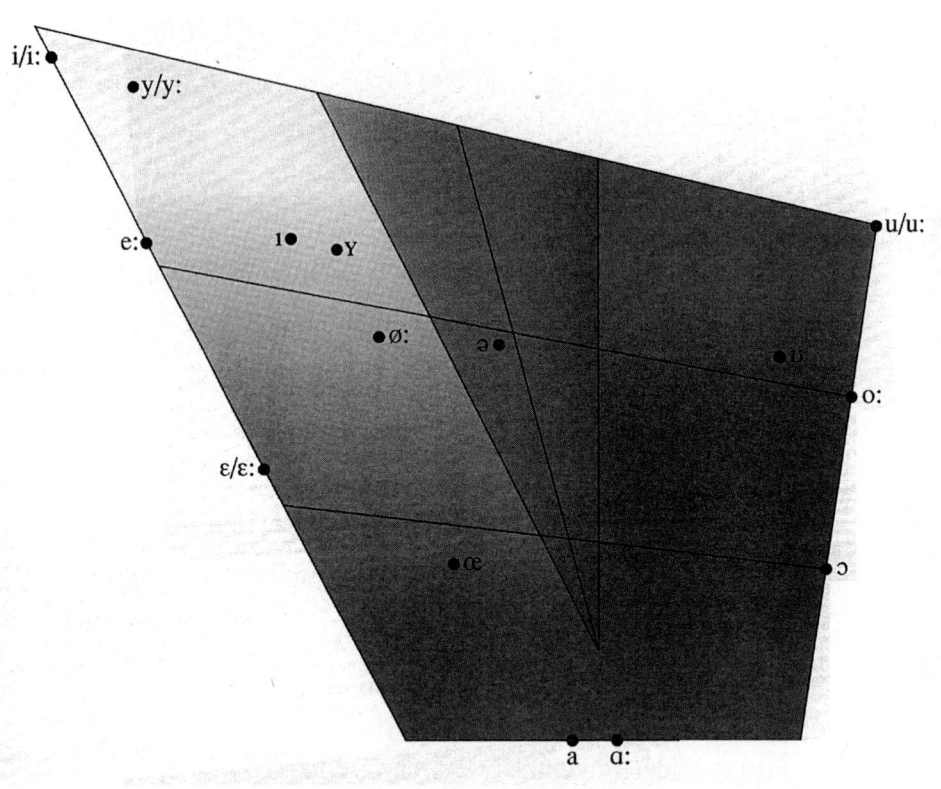

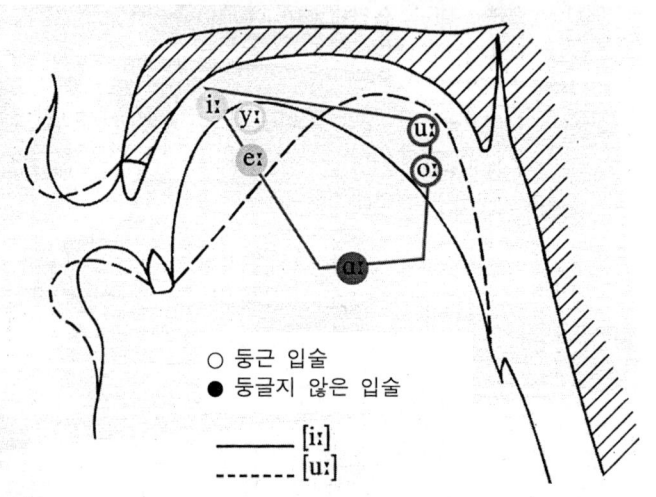

○ 둥근 입술
● 둥글지 않은 입술

──── [iː]
------- [uː]

쉬어가기 2   각 모음의 입술모양

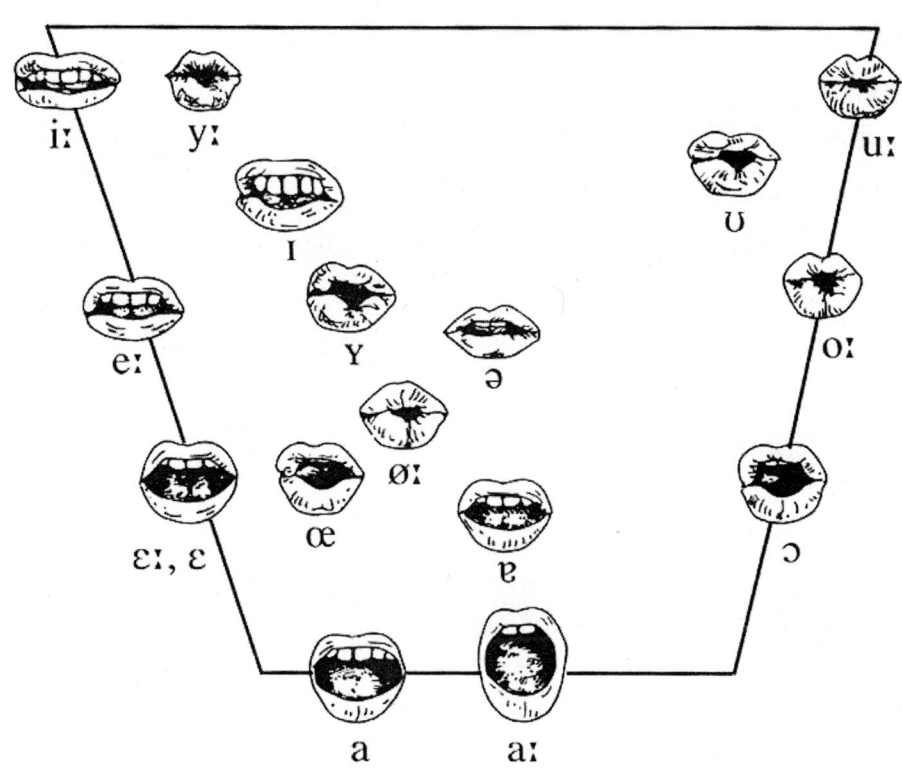

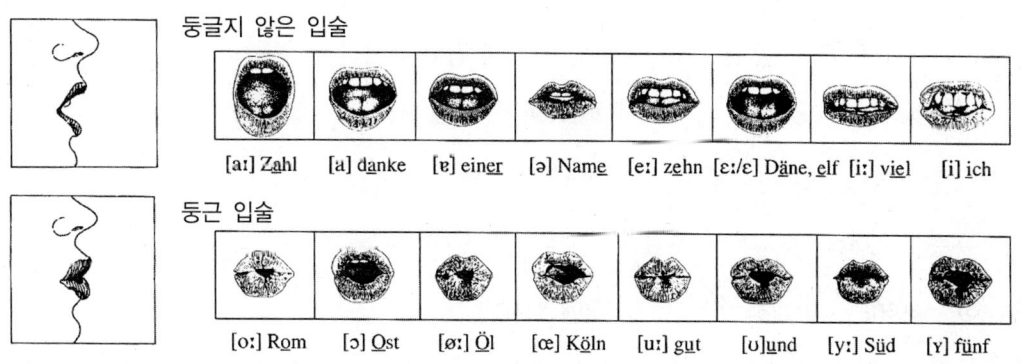

3. 강 세

(1) 순수 독일어는 첫째 음절 다시 말하면 첫번째 모음에 강세가 있다

   보기 lésen(읽다), die Spráche(언어), die Érde(땅, 지구), kómmen(오다), der Váter(아버지), mánchmal(가끔)

(2) 분리 전철 ab-, an-, auf-, aus-, ein-, vor-, zu- 등이 들어 있는 분리 동사와 분리 동사에서 파생된 명사는 분리 전철에 강세가 있다

   보기 áufstehen(일어나다), ánkommen(도착하다), die Ánkunft(도착), éinsteigen(올라타다), mítkommen(같이오다), die Vórsicht(조심), die Zúkunft(미래)

(3) 비분리 전철 be-, emp-, ent-, er-, ge-, ver-, zer- 등이 들어 있는 비분리 동사나 거기에서 파생된 명사는 비분리 전철 다음 음절에 강세가 있다

   보기 bekómmen(받다), besúchen(방문하다), der Besúch(방문), verstéhen(이해하다), gewínnen(이기다), gefállen(마음에 들다)

(4) 합성어는 첫째 단어에 강세가 있다

   보기 das Stádtzentrum(도심지), der Káufmann(상인), die Gróßstadt(대도시), das Póstamt(우체국), der Záhnarzt(치과의). 예외 das Jahrhúndert(세기)

(5) -ei, -ion, -ur 등으로 이루어진 단어는 마지막 음절에 강세가 있다

   보기 die Partéi(정당), die Bäckeréi(제과점), die Polizéi(경찰), die Natión(국가), die Funktión(기능), die Situatión(상황), die Natúr(자연), die Figúr(몸매), das Abitúr(아비투어)

(6) -ie(n)로 끝난 단어는 -ie 바로 앞 음절에 강세가 있다

   보기 die Famílie(가족), die Férien(휴가), das Itálien(이탈리아), das Ásien(아시아)

(7) 합성부사는 끝 음절에 강세가 있다

   보기 wohér(어디에서), wohín(어디로), vielléicht(아마도)

(8) -ieren, -ismus로 끝난 단어는 i에 강세가 있다

   보기 telefoníeren(전화하다), studíeren(공부하다), der Optimísmus(낙관주의), der Kapitalísmus(자본주의)

(9) 대부분의 외래어는 마지막 음절에 강세가 있다

> 보기 die Idée(아이디어), der Studént(학생), der Dialóg(대화), die Musík(음악), das Idól(우상), der Protést(항의), das Pakét(꾸러미, 소포)

(10) 첫째 음절에 강세가 있지 않고 두 번째나 마지막 음절 등에 강세가 있는 단어들은 다음과 같으며, 대부분 외래어이다

> 보기 alléin(혼자서), der Appetít(식욕), der Apríl(4월), das Berlín(베를린), das Büró(사무실), der Charákter(성격), der Exámen(시험), das Formulár(서식), die Grammátik(문법), das Hotél(호텔), interessánt(재미있는), der Kafée(커피), das Kapitál(자본), die Kartóffel(감자), das Klavíer(피아노), der Konflíkt(갈등), der Kongréß(회의), das Konzért(콘서트), lebéndig(살아있는), die Marmeláde(잼), die Minúte(분), der Miníster(장관), modérn(현대적인), das Muséum(박물관), die Medizín(의학), nationál(국가의), nervös(신경질적인), der Október(10월), der Palást(궁전), das Paradíes(낙원), der Román(소설), die Schokoláde(초콜릿), die Sekúnde(초), der Septémber(9월), das Theáter(연극장), die Toilétte(화장실), die Universität(대학), die Violíne(바이올린), die Zigarétte(담배), zufríeden(만족하는), zusámmen(함께)

쉬어가기 3   ABC-Lied 아베체 송 가사

1
A B C D E F G
H I J K L M N O P
Q R S T U V W
X Ypsilon Z, juchhe.
Jetzt können wir das ABC,
so geht unser Alphabet.

2
A B C D E F G
H I J K L M N O P
Q R S T U V W
X Ypsilon Z, juchhe.
Das ist das ganze ABC,
sing mit uns das ABC!

3
A B C D E F G
H I J K L M N O P
Q R S T U V W
X Ypsilon Z, juchhe.
Das nächste mal, da singst du mit,
dann wird dieses Lied ein Hit!

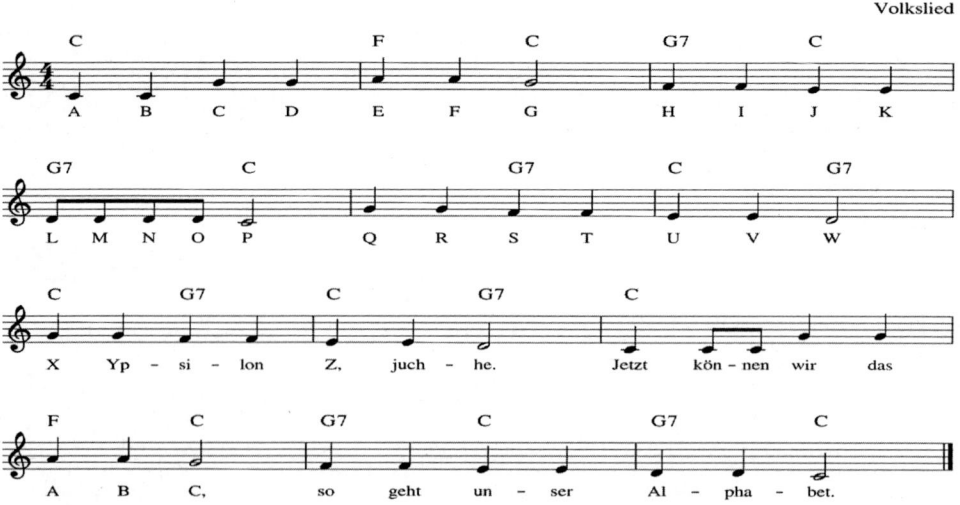

제1장 발음과 강세 29

연습문제 Übungen

정답

1 다음 중 굵은 부분의 발음이 나머지와 다른 하나를 고르시오

1. ① do**ch**   ② das Bu**ch**   ③ au**ch**   die Milch
   ④ a**ch**   ⑤ die Mil**ch**(우유)

2. ① der **V**etter   ② der **V**ater   ③ die **V**ase   die Vase(꽃병)
   ④ das **V**ieh(가축)   ⑤ **v**ier

3. ① ge**s**tern   ② die **S**traße   ③ die **S**prache   gestern
   ④ **s**pielen   ⑤ **s**pät

4. ① **s**agen   ② **s**o   ③ die Rei**s**e   der Stern(별)
   ④ die **S**eite   ⑤ der **S**tern

5. ① das **H**aus   ② ge**h**eim(비밀의)   ③ ge**h**en   gehen
   ④ die **H**eimat   ⑤ der **H**onig(꿀)

6. ① die Lieb**e**   ② der Bri**e**f   ③ die Famili**e**   die Familie(가족)
   ④ vi**e**l   ⑤ geschi**e**den(이혼한)

7. ① die Han**d**   ② der Hun**d**   ③ das Lan**d**   dumm(어리석은)
   ④ **d**umm   ⑤ gesun**d**(건강한)

8. ① nich**ts**   ② je**tz**t   ③ Deu**tsch**   Deutsch
   ④ der Sa**tz**   ⑤ der Lan**ds**mann

9. 다음 중 das Genie에서의 G의 발음이 있는 단어는?   die Garage(차고)
   ① **g**eben   ② die **G**arage   ③ das **G**eld
   ④ der Ta**g**   ⑤ **g**ewinnen(이기다, 얻다)

2 다음 중 모음의 길이가 나머지와 다른 하나를 고르시오

10. ① das M**ä**dchen   ② das M**ä**rchen   ③ der K**ä**se   der März(3월)
    ④ der M**ä**rz   ⑤ z**ä**hlen(수를 세다)

11. ① der M**o**nd   ② das **O**stern   ③ **o**ben(위에)   oft(자주)
    ④ der **O**fen   ⑤ **o**ft

| 12. ① die Bibel   ② ihr   ③ bitten | bitten(간청하다) |
| ④ die Musik   ⑤ das Kino | |

3 다음 중 강세가 맞게 표시된 것은?

13. ① kómmen ② die Sékunde ③ die Mínute	kómmen
④ zúsammen ⑤ lébendig	
14. ① der Musíker ② zúfrieden ③ lebén	alléin(혼자)
④ das Muséum ⑤ alléin	

4 첫 음절에 강세가 있는 단어는?

| 15. ① einsteigen   ② verstehen   ③ gefallen | éinsteigen |
| ④ zerstören   ⑤ besuchen | |

5 두 번째 음절에 강세가 있는 단어가 아닌 것은?

| 16. ① modern   ② das Theater   ③ interessant | interessánt |
| ④ das Hotel   ⑤ der Examen | |

6 다음 중 강세표시가 잘못된 것은?

17. ① wohér ② vielléicht ③ das Jahrhúndert	die Universität
④ das Abitúr ⑤ die Universítät	
18. ① entschúldigen ② die Famílie ③ das Muséum	áussehen
④ausséhen ⑤ vielléicht	

제2장 동사 I

1. 동사의 현재인칭 변화

(1) 규칙변화 동사

독일어의 동사는 wohnen(살다)처럼 거의 모두 '-en'으로 끝나는데 이 '-en'을 **어미**, 그 앞부분인 'wohn'을 **어간**이라고 한다. 독일어 동사의 현재형은 어간은 대개 변화하지 않고 인칭에 따라 규칙적으로 어미가 변화한다.

단수 1인칭(ich)에서는 어간에 -e를, 단수 2인칭(du)에서는 어간에 -st를, 단수 3인칭(er, sie, es)에서는 어간에 -t를 붙여준다.(이처럼 단수 3인칭에서 er, sie, es로 구분이 된 것은 독일어는 명사의 성이 엄격하게 구분이 되기 때문이다. 문장에서 앞에 나온 명사가 남성이면 er로, 여성이면 sie로, 중성이면 es로 대신 받는다)

복수 1인칭(wir)에서는 어간에 -en을, 복수 2인칭(ihr)에서는 어간에 -t를, 복수 3인칭(sie)에서는 어간에 -en을 붙이며, 존칭(Sie)에서도 어간에 -en을 붙인다. 특히 arbeiten(일하다, 공부하다)처럼 어간이 -t처럼 치음으로 끝났을 때는 du와 ihr에서 발음을 편하게 해주기 위해 모음 e를 하나 더 넣어준다.

인칭 \ 수	단 수	복 수
1 인칭	ich _____ e	wir _____ en
2 인칭	du _____ (e)st	ihr _____ (e)t
3 인칭	er, sie, es _____ (e)t	sie, Sie _____ en

A : Wohn**st** du hier in München?(너는 여기 뮌헨에 사니?)
B : Ja, ich wohn**e** hier.(응, 나는 여기 살아)
A : Wohn**en** sie auch in München?(그들도 뮌헨에 사니?)
B : Nein, sie wohn**en** in Augsburg.(아니, 그들은 아우그스부르크에서 살아)

A : Arbeit**est** du hier bei Siemens?(너는 여기 지멘스에서 일하니?)
B : Ja, ich arbeit**e** hier.(응, 나는 여기서 일해)
A : Und Klaus arbeit**et** auch hier?(그리고 클라우스도 여기서 일하니?)
B : Ja, wir arbeit**en** hier zusammen.(응, 우리는 여기서 함께 일해)
A : Komm**t** ihr aus Korea?(너희들은 한국 출신이니?)
B : Ja, wir komm**en** aus Korea.(응, 우리는 한국 출신이야)

A : Herr Schmidt, komm**en** Sie?(슈미트씨, 당신은 오실 겁니까?)
B : Ja, ich komm**e**.(예, 저는 갈 겁니다)

(2) 불규칙변화 동사

동사의 현재인칭 변화에서 대부분의 동사들은 어간이 변화되지 않지만 어떤 동사들은 2인칭과 3인칭 단수 현재에서 어간이 불규칙적으로 변화된다.

수 인칭	단 수	복 수
1 인칭	Ich fahre jetzt.	Wir fahren jetzt.
2 인칭	Du **fährst** jetzt.	Ihr fahrt jetzt.
3 인칭	Er **fährt** jetzt.	Sie fahren jetzt.

불규칙변화 동사는 대개 어간모음 a가 ä로, e가 i(ie)로 변한다.

A : a→ä
  fahren :   Wir fahren nach Busan.(우리는 부산으로 간다)
  (타고 가다)   Er **fährt** nach Jeonju.(그는 전주로 간다)
  schlafen :   Wir schlafen.(우리들은 잠을 잔다)
  (잠을 자다)   Er **schläft** auch.(그도 잠을 잔다)
  tragen :   Ich trage eine Brille.(나는 안경을 끼고 있다, die Brille : 안경)
  (들다, -을 끼다)   Sie **trägt** auch eine Brille.(그녀도 안경을 끼고 있다)
  halten :   Der Zug **hält** in Jeonju.(기차가 전주에서 정차한다)
  (멈추다, 정차하다)

B : e→i(ie)
  essen :   Ich esse Obst.(나는 과일을 먹는다, das Obst : 과일)

(먹다)	**Isst** du auch Obst?(너도 과일을 먹을래?, auch : 또한)
geben :	Ich **gebe** Inge Geld.(나는 잉에에게 돈을 준다)
(주다)	**Gibst** du auch Inge Geld?(너도 잉에에게 돈을 줄래?)
sprechen :	Ich **spreche** gut Deutsch.(나는 독일어를 잘 한다)
(말하다)	Er **spricht** auch gut Deutsch.(그도 독일어를 잘 한다)
treffen :	Ich **treffe** Inge.(나는 잉에를 만난다)
(만나다)	Sie **trifft** Thomas.(그녀는 토마스를 만난다)
sehen :	Ich **sehe** den Film.(나는 영화를 본다)
(보다)	Du **siehst** den Film.(너는 영화를 본다)
lesen :	Ich **lese** ein Buch.(나는 책을 읽는다)
(읽다)	Er **liest** auch ein Buch.(그도 책을 읽는다)
	Du **liest** ein Buch nicht.(너는 책을 읽지 않는다)
nehmen :	Ich **nehme** einen Kaffee.(나는 커피를 마신다)
(받다)	Er **nimmt** ein Bier.(그는 맥주를 마신다)

C : 기타

wissen :	Das **weiß** ich nicht.(나는 그것을 모른다)
(알다)	Er **weiß** das.(그는 그것을 안다)
	Du **weißt** das.(너는 그것을 알고 있다)

(3) sein, haben, werden동사의 현재인칭변화

A. sein 동사

수 인칭	단 수		복 수	
1 인칭	ich	**bin**	wir	**sind**
2 인칭	du	**bist**	ihr	**seid**
3 인칭	er, sie, es	**ist**	sie, Sie	**sind**

A : Was **sind** Sie?   B : Ich **bin** Lehrer.
(당신은 직업이 무엇입니까?)   B : 저는 교사입니다)

A : Was **bist** du?   B : Ich **bin** Übersetzer.
(A : 너는 직업이 뭐니?   B : 나는 번역가야, der Übersetzer : 번역가)

A : Was ist Dino?　　　　　　　B : Er ist Student.
(A : 디노는 직업이 뭐니?　　　　B : 그는 대학생이야)

A : Was ist Monika?　　　　　　B : Sie ist Studentin.
(A : 모니카는 직업이 뭐니?　　　B : 그녀는 여대생이야)

A : Was sind Sie?　　　　　　　B : Wir sind Techniker.
(A : 당신들은 직업이 무엇입니까?　B : 우리는 기술자입니다)

A : Was seid ihr?　　　　　　　B : Wir sind Dolmetscher.
(A : 너희들은 직업이 뭐니?　　　B : 우리들은 통역가야, der Dolmetscher : 통역가)

A : Was sind Dino und Monika?　B : Sie sind Maler.
(A : 디노와 모니카는 직업이 뭐니?　B : 그들은 화가야, der Maler : 화가)

A : Was sind Sie?　　　　　　　B : Ich bin Arzt.
(A : 당신의 직업은 뭐죠?　　　　B : 나는 의사입니다, der Arzt : 의사)

B. haben 동사

인칭＼수	단　수		복　수	
1 인칭	ich	habe	wir	haben
2 인칭	du	hast	ihr	habt
3 인칭	er, sie, es	hat	sie, Sie	haben

A : **Haben** Sie Geschwister?　　B : Ja, ich **habe** eine Schwester.
(A : 당신들은 형제자매가 있습니까?　B : 예, 여동생이 하나 있습니다.
　　das Geschwister : 형제자매. die Schwester : 자매. der Bruder : 남자형제)

A : **Hast** du Geschwister?　　　B : Nein.
(A : 너 형제자매가 있니?　　　　B : 아니)

A : **Hat** Dino Geschwister?　　　B : Ja, er **hat** vier Geschwister.
(A : 디노는 형제자매가 있니?　　B : 그래, 그는 4명 있어)

A : Und Monika?　　　　　　　B : Ja, sie **hat** zwei Geschwister.
(A : 그런데 모니카는?　　　　　B : 응, 그녀는 2명 있어)

제2장 동 사 Ⅰ 35

A : **Haben** Sie Kinder?　　　　　　B : Ja, wir **haben** eine Tochter.
(A : 당신들은 아이들이 있습니까?　　B : 예, 우리들은 딸 하나가 있습니다)

A : **Habt** ihr Kinder?　　　　　　　B : Ja, wir **haben** ein Kind.
(A : 너희들은 아이들이 있니?　　　　B : 응, 우리는 하나가 있어)

A : Und Herr und Frau Kim?　　　　B : Ja, sie **haben** zwei Kinder.
(A : 김씨 부부는?　　　　　　　　　B : 응, 그들은 두 명이 있어)

A : **Haben** Sie Kinder?　　　　　　B : Ja, zwei.
(A : 당신은 아이들이 있습니까?　　　B : 예, 두 명요)

> **참고** 복수를 만드는 방식에는 여러 가지가 있지만 das Kind - die Kinder, der Student - die Studenten처럼 단수에 -er나 -en을 결합하여 만든다.

C. werden 동사

수 인칭	단　　수		복　　수	
1 인칭	ich	**werde**	wir	**werden**
2 인칭	du	**wirst**	ihr	**werdet**
3 인칭	er, sie, es	**wird**	sie, Sie	**werden**

Ich studiere Medizin.　　　Ich **werde** Arzt.
(나는 의학을 공부한다.　　　나는 의사가 될 것이다, die Medizin : 의학)

Was **wirst** du?　　　　　Was studierst du?
(너는 뭐가 될거니?　　　　　너는 무슨 공부를 하니?)

Sie **wird** Schülerin.　　　Aber er **wird** Student.
(그녀는 학생이 될 것이다.　　그러나 그는 대학생이 될 것이다)

Wir **werden** Studenten.　　Was **werdet** ihr?
(우리는 대학생이 될 것이나.　너희들은 무엇이 될래?)

2. 배어법

배어법이란 문장에서 단어를 배열하는 방식인데, 독일어의 배어법에는 **정치법, 도치법, 후치법** 등 3가지가 있다.

(1) 정치법

"**주어 + 동사** + 보족어(의문사, 목적어, 부사 등)"의 순서로 되어 있는 문장을 말한다.

Ich gehe jetzt nach Hause.(나는 이제 집으로 간다)
Er wohnt hier.(그는 여기에 산다)
Wir trinken Kaffee.(우리는 커피를 마신다)

(2) 도치법

"보족어(의문사, 목적어, 부사 등) + **동사 + 주어**"의 순서로 되어 있는 문장을 말한다. 의문사가 있는 의문문이나 의문사가 없는 의문문 등은 도치문장이다.

Ich gehe jetzt nach Hause.(정치법)
= Jetzt **gehe ich** nach Hause.(도치법)
(나는 이제 집으로 간다 = 이제 나는 집으로 간다)

Er wohnt hier.(정치법)
= Hier **wohnt er**.(도치법)
(그는 여기에 살고 있다 = 여기에 그는 살고 있다)

Wir trinken Kaffee.(정치법)
= Kaffee **trinken wir**.(도치법)
(우리는 커피를 마신다 = 커피를 우리는 마신다)

Was **machst du**?
(너는 무엇을 하니?)

Lernen Sie Deutsch?
(당신은 독일어를 배웁니까?)

(3) 후치법

동사가 문장 끝에 나오는 형태를 말한다. 종속접속사 다음에 나오는 문장은 후치문장이다.

Es ist wichtig, **dass** man gesund **lebt**.
(사람들이 건강하게 사는 것이 중요하다. wichtig : 중요한. gesund : 건강한)

Er fragt, **ob** ich krank **bin**.
(그는 내가 아픈지 어떤지 묻는다, krank : 아픈)

Ich weiß nicht, **warum** er so böse **ist**.
(나는 그가 왜 그렇게 화를 내는지 모르겠다, böse : 화가 난)

Er arbeitet nicht, **weil** er krank **ist**.
(그는 일을 하지 않는다. 왜냐하면 아프기 때문이다)

3. 의문문

(1) 의문사가 없는 의문문

일반적으로 의문사가 없는 '주어 + 동사'의 형태로 되어 있는 평서문을 의문문으로 만들 때에는 주어와 동사의 위치를 바꾸어주고 문장의 마지막에 물음표를 붙여준다.

Ihr arbeitet oft zusammen.	→ **Arbeitet ihr** oft zusammen?
(너희들은 자주 함께 공부한다	→ 너희들은 자주 함께 공부하니?
oft : 자주. zusammen : 함께)	

Sie kommt nicht. → **Kommt sie** nicht?
(그녀는 오지 않는다 → 그녀는 오지 않니?)

의문사가 없는 긍정 의문문에 대한 대답은 긍정이면 ja, 부정이면 nein으로 한다. 긍정 의문문이 아닌 부정 의문문에서의 긍정의 대답은 ja가 아닌 **doch**로, 부정의 대답은 nein으로 한다. 이때 doch는 '**천만에**'라고 번역한다.

A : Arbeitest du hier?   B : **Ja**, ich arbeite hier.
(A : 너는 여기서 일하니?   B : 응, 나는 여기서 일해)

A : Wohnst du in München?   B : **Nein**, ich wohne nicht in München.
(A : 너는 뮌헨에 사니?   B : 아니, 나는 뮌헨에 살지 않아)

A : Kommt sie heute **nicht**?   B : **Doch**, sie kommt heute.
(A : 그녀는 오늘 오지 않니?   B : **천만에**, 그녀는 오늘 와)

A : Ist die Wohnung **nicht** groß?   B : **Nein**, sehr klein.
(A : 그 집은 크지 않니?   B : 아니, 매우 작아)

> **참고** 존칭 Sie에 대한 명령형은 의문문처럼 도치문장으로 문장의 마지막에 느낌표(!)를 넣어준다.
> Fahren Sie langsam!(천천히 달리십시오!)
> Arbeiten Sie fleißig!(열심히 일하십시오!)

(2) 의문사가 있는 의문문

의문사가 있는 의문문에서의 문장은 위에서 언급했듯이 도치문장이며 ja나 nein, doch등으로 대답할 수 없다.

A : **Wie** heißt du?　　　　B : Ich heiße **Thomas Schneider**.
(A : 너는 이름이 뭐니?　　　B : 나는 토마스 쉬나이더야)

A : **Wie** ist er?　　　　　B : Er ist **freundlich**.
(A : 그는 어때?　　　　　　B : 그는 친절해. freundlich : 친절한)

A : **Woher** kommst du?　　B : Ich komme **aus Korea**.
(A : 너는 어디 출신이니?　　B : 나는 한국출신이야)

A : **Wo** wohnst du?　　　B : Ich wohne **in Seoul**.
(A : 너는 어디에 사니?　　　B : 나는 서울에 살아)

A : **Wohin** gehen Sie?　　B : Ich gehe **nach Hause**.
(A : 당신은 어디로 갑니까?　B : 나는 집으로 갑니다)

A : **Wer** ist das?　　　　B : Das ist **Frau Klein**.
(A : 그사람은 누구니?　　　B : 그 사람은 클라인 부인이야)

A : **Was** ist Herr Kim?　　B : Er ist **Techniker**.
(A : 김씨는 직업이 뭐니?　　B : 그는 기술자야)

A : **Wieviel** kostet das?　B : Das kostet **5 Euro**.
(A : 그것은 얼마니?　　　　B : 그건 5 유로야)

쉬어가기 4 독일어 인사

Guten Morgen!

Guten Tag!

Guten Abend!

```
Mein Name ist...              Ich komme aus...
              Hallo!              Guten Abend!
   Tag!       Servus!        Das ist Herr/Frau...
       Grüß Gott!     Guten Morgen!        Ade!
Gute Nacht!         Ich heiße...       Tschüß!
       Auf Wiedersehen!  Guten Tag!  Er/Sie kommt aus...
```

쉬어가기 5 세계 각국의 인사말

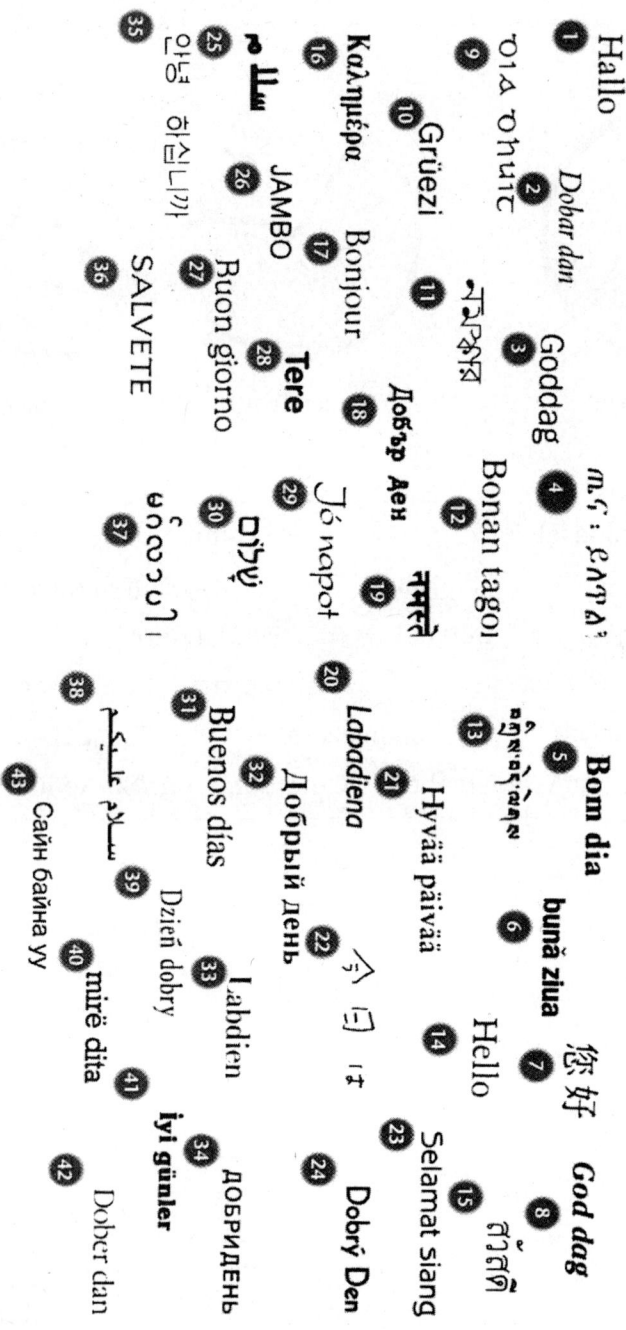

쉬어가기 6 처음 만났을 때의 대화

Herr Lagemann: Guten Tag. Mein Name ist Lagemann. Ich komme aus Hamburg.
Frau Obermayer: Grüß Gott. Ich heiße Obermayer. Das ist meine Tochter Anita. Wir kommen aus Österreich.
Herr Lagemann: Und wo wohnen Sie in Österreich?
Frau Obermayer: In Wien. Und das ist Herr Jöhri, er kommt aus der Schweiz, aus Bern.
Herr Jöhri: Grüezi.
Herr Lagemann: Guten Tag, Herr Jöhri.

쉬어가기 7 **수화 알파벳**

Das Fingeralphabet

제2장 동 사 I 43

연습문제 Übungen

정답

1 다음 _____에 적당한 어미나 단어를 넣으시오

1. Herr Wild komm___ aus München.	-t
Er arbeit___ in Seoul.	-et
_____ lernt Koreanisch.	Er
(빌트 씨는 뮌헨 출신입니다.	
그는 서울에서 일을 합니다.	
그는 한국어를 배웁니다)	
2. _____ heißt Miran Kim.	Sie
_____ heißt Dino.	Er
_____ kommt aus Rom, _____ kommt aus Busan.	Er, sie
(그녀는 김미란입니다	
그는 디노입니다	
그는 로마 출신이고, 그녀는 부산 출신입니다)	
3. Frau Kim wohnt _____ Seoul.	in
(김씨 부인은 서울에서 삽니다)	
4. Dino kommt _____ Italien.	aus
(디노는 이탈리아 출신입니다)	
5. Frau Kim lern___ Deutsch.	-t
(김씨 부인은 독일어를 배웁니다)	
6. Ich lern___ auch Deutsch.	-e
(나도 또한 독일어를 배웁니다)	
7. _____ komme aus Italien.	Ich
(나는 이탈리아 출신입니다)	
8. Ich _____ in Bonn.	wohne
(나는 본에 삽니다)	
9. Ich _____ Dino.	heiße(bin)
(나는 디노입니다)	

2 다음 _____ 안에 적당한 의문사나 어미 등을 넣으시오

10. _____ macht Herr Wild in Korea? Was
    (빌트씨는 한국에서 무엇을 합니까?)

11. _____ kommt Dino? Woher
    (디노는 어디 출신입니까?)

12. _____ wohnt Monika? Wo
    (모니카는 어디에 삽니까?)

13. Wie heiß____ Sie? -en
    (당신의 이름은 무엇입니까?)

14. Was _____ Sie hier? machen
    (당신은 여기서 무엇을 합니까?)

15. _____ wohnen Sie? Wo
    (당신은 어디에 삽니까?)

16. Arbeit____ Sie hier? -en
    (당신은 여기서 일하십니까?)

17. ____ Sie Deutsch? Lernen
    (당신은 독일어를 배우십니까?)

18. ____ Herr Wild aus Bonn? Kommt
    (빌트씨는 본 출신입니까?)

19. Heißt ____ Monika? sie
    (그녀는 모니카입니까?)

20. Kommen ____ auch aus Italien? Sie(sie)
    (당신도(혹은 그들도) 이탈리아 출신입니까?)

제2장 동 사 I 45

3 다음 _____ 안에 sein 동사를 현재인칭 변화시키시오

21. Ich _____ Müller. (나는 뮐러입니다)	bin
22. Wer _____ Sie? (당신은 누구십니까?)	sind
23. Herr Weber _____ Techniker. (베버씨는 기술자입니다)	ist
24. Wir _____ zu Hause. (우리는 집에 있습니다)	sind
25. _____ du Student? (너는 대학생이니?)	Bist

4 다음 _____ 안에 werden 동사를 현재인칭 변화시키시오

26. A : Was _____ du? B : Ich _____ Professor. (A : 너는 무엇이 될래? B : 나는 교수가 될거야)	wirst, werde
27. Wir _____ Schüler. Was _____ ihr? (우리는 학생이 될 거야. 너희들은 뭐가 될래?)	werden, werdet

5 다음 _____ 안에 haben 동사를 현재인칭 변화시키시오

28. Ich _____ eine Familie. (나는 가족이 있다)	habe
29. Wir _____ Hunger und Durst. (우리는 배가 고프고 목이 마르다. der Hunger : 배고픔, 허기, der Durst : 목마름, 갈증)	haben
30. _____ du Zeit? (너 시간이 있니? die Zeit : 시간)	Hast
31. _____ ihr heute Zeit? (너희들 오늘 시간이 있니)	Habt

6   다음 _____ 안에 적당한 불규칙 동사의 형태를 넣으시오

32. Ich fahre um 17 nach Hause. Dino _____ um 18.	fährt
Und du? Wann _____ du?	fährst
(나는 17시에 집으로 간다. 디노는 18시에 간다.	
그런데 너는? 너는 언제 가니?)	
33. Ich esse um 12. Dino _____ auch um 12	isst
(나는 12시에 식사한다. 디노도 12시에 식사한다)	
34. Ich schlafe mittags nicht. Dino _____ mittags.	schläft
(나는 점심때 자지 않는다. 디노는 점심때 잠을 잔다.	
mittags : 점심때)	
35. Ich lese vormittags Zeitung. Dino _____	liest
nachmittags. Und du? Wann _____ du Zeitung?	liest
(나는 오전에 신문을 읽는다. 디노는 오후에 신문을 읽는다.	
그런데 너는? 너는 언제 신문을 읽니? vormittags : 오전에.	
die Zeitung : 신문. nachmittags : 오후에)	

7   다음 _____안에 적당한 의문사나 어미를 넣으시오

36. A : ____ ist das?	B : Das ist ein Hochhaus.	Was
(A : 이것은 무엇입니까?	B : 그것은 고층건물입니다,	
das Hochhaus : 고층건물)		
37. A : ____ wohnt sie?	B : Sie wohnt in Wien.	Wo
(A : 그녀는 어디에 삽니까?	B : 그녀는 빈에 삽니다)	
38. A : ____ geht sie?	B : Sie geht nach Hause.	Wohin
(A : 그녀는 어디로 갑니까?	B : 그녀는 집으로 갑니다)	
39. A : ____ wohnt da?	B : Da wohnt Frau Kim.	Wer
(A : 저기에 누가 삽니까?	B : 거기에 김씨 부인이 삽니다.	
da : 여기, 저기)		

40. A : _____ kostet die Wohnung? 　B : Sie kostet 680 Euro 　(A : 그 집은 얼마입니까? B : 그 집은 680 유로입니다)	Was(Wieviel)
41. A : _____ ist die Wohnung? B : Sie ist sehr modern. 　(A : 그 집은 어떻습니까? B : 그것은 매우 현대적입니다)	Wie
42. A : _____ ist sie von Beruf?(= _____ macht sie?) 　B : Sie ist Sekretärin 　(A : 그녀의 직업은 무엇입니까? B : 그녀는 여비서입니다)	Was, Was
43. A : _____ kommt(= ist) sie? 　B : Sie kommt aus Korea. 　(A : 그녀는 어디 출신입니까? B : 그녀는 한국 출신입니다)	Woher

쉬어가기 8 여러 가지 인사말

제3장 관사와 명사

1. 관 사

독일어는 영어와는 달리 정관사와 부정관사가 성과 수와 격에 따라 다양하게 달라진다. 독일어의 정관사와 부정관사는 다음과 같다. 괄호 안의 어미는 정관사와 부정관사 어미변화하는 품사에 붙는 어미이다.

(1) 정관사

	남 성	여 성	중 성	복 수
주 격(1)	der (er)	die (e)	das (es)	die (e)
소유격(2)	des (es)	der (er)	des (es)	der (er)
여 격(3)	dem (em)	der (er)	dem (em)	den (en)
목적격(4)	den (en)	die (e)	das (es)	die (e)

(2) 부정관사

	남 성	여 성	중 성
주 격(1)	ein (−)	eine (−e)	ein (−)
소유격(2)	eines (−es)	einer (−er)	eines (−es)
여 격(3)	einem (−em)	einer (−er)	einem (−em)
목적격(4)	einen (−en)	eine (−e)	ein (−)

(3) 관사의 용법

A. 성을 표시

독일어 명사에는 일정한 성이 있다. 성은 자연적인 성을 따르는 경우와 그렇지 않은 경우가 있다. 일반적으로 명사의 성을 표시할 때는 **정관사나 부정관사의 1격**을 사용하지만 주로 정관사를 사용한다.

남 성	= **der**, ein
여 성	= **die**, eine
중 성	= **das**, ein

der Name(이름)	**das** Hotel(호텔)	**die** Nummer(번호)
der Herr(씨, 신사)	**das** Zimmer(방)	**die** Frau(여자, 부인)
der Schlüssel(열쇠)	**das** Telefon(전화)	**die** Post(우체국)
der Brief(편지)	**das** Buch(책)	**die** Bar(술집)
der Lift(엘리베이터)	**das** Mädchen(소녀)	**die** Stadt(도시)

B. 부정관사

① **알려지지 않았거나 새로운 것**(정관사는 이미 한번 언급되어서 알려졌거나 새롭지 않은 것을 가리킬 때 사용한다)

Das ist **ein** Interview. **Das** Interview dauert zwei Minuten.
(그것은 인터뷰다. 그 인터뷰는 2분 동안 진행된다.
das Interview : 인터뷰. dauern : 지속되다. die Minute : 분)

② **대표단수** : **Ein** Bauer muss früh aufstehen.
(농부는 일찍 일어나야 한다.
der Bauer : 농부. müssen : 해야하다. früh : 일찍. aufstehen : 일어나다.)

③ nein 다음의 문장에서 형용사 보족어 등을 부정하거나 문장 전체를 부정할 때는 nicht를 쓰지만 **명사, 특히 부정관사가 있는 명사를 부정할 때는 kein-을 사용**한다. 이때 kein-은 **부정관사 어미변화**한다. 복수명사는 부정관사가 없기 때문에 정관사 어미변화한다.

A : Sind Sie Koreaner?   B : Nein, ich bin **kein** Koreaner.
(A : 당신은 한국인입니까?   B : 아뇨, 저는 한국인이 아닙니다)

A : Hast du eine Freundin?   B : Nein, ich habe **keine** Freundin.
(A : 너는 여자 친구가 있니?   B : 아니, 나는 여자 친구가 없어)

A : Haben Sie Hunger?   B : Nein, ich habe **keinen** Hunger.
(A : 배고픕니까?   B : 아뇨, 저는 배가 고프지 않습니다)

A : Haben Sie Durst?   B : Nein, ich habe **keinen** Durst.
(A : 목마릅니까?   B : 아뇨, 저는 목마르지 않습니다)

④ 부정관사 ein-이나 kein-이 명사를 받을 때는 **정관사 어미변화**한다.

    A : Haben Sie Obst?   B : Nein, ich habe **keines**(= **keins**).
    (A : 과일이 있습니까?   B : 아뇨, 없습니다. das Obst : 과일)
    A : Haben Sie eine Kamera?   B : Ja, ich habe **eine**.
    (A : 카메라가 있습니까?   B : 예, 하나 있습니다)

C. 정관사

① 한번 언급된 명사 :

Max Lempner macht **ein** Interview. Wir lesen **das** Interview in der Zeitung.(막스 렘프너가 인터뷰를 한다. 우리는 신문에서 그 인터뷰를 읽는다. machen : 만들다, 하다. lesen : 읽다. die Zeitung : 신문. in der Zeitung : 신문에서)

② 하나밖에 없는 명사 :

Heute scheint **die** Sonne.(오늘 햇빛이 난다. scheinen : 빛나다, 비추다. die Sonne : 태양, 해)

③ 최상급 앞에 :

Das ist **die** schönste Jahreszeit.(지금이 가장 아름다운 계절이다. schönst : 가장 아름다운. die Jahreszeit : 계절)

④ 계절, 월, 하루의 일부분 :

Der Herbst ist schön.(가을은 아름답다. der Herbst : 여름)

⑤ 고정된 양의 물질명사 :

Das Holz ist schon bestellt.(그 목재는 벌써 주문했다. das Holz : 목재, 나무. bestellt : 주문된)

⑥ 호수나 강 산맥 이름 :

Das ist **der** Chiemsee.(그것은 킴제 호수입니다. der Chiemsee : 킴제 호수)

⑦ dies-(이것), jen-(저것), solch-(그러한) 등은 **정관사 어미변화**한다.

Ich habe **dieses** Buch.(나는 이 책을 갖고 있다)
Was kostet **jenes** Buch?(저 책은 얼마니? kosten : 비용이 얼마다)
Ich habe **solchen** Hunger.(나는 아주 배가 고프다. der Hunger : 기아, 배고픔)

D. 무관사

① 불특정의 복수

Wir sprechen mit **Bauern**.(우리는 농부들과 이야기 한다. sprechen : 이야기하다. die Bauern : der Bauer(농부)의 복수.)

Wir machen **Spaziergänge**.(우리는 산보를 한다. machen : 만들다, 하다. die Spaziergänge : der Spaziergang(산보)의 복수)

② 불특정의 물질명사

Wir brauchen **Holz**.(우리는 목재가 필요하다. brauchen : 무엇이 필요하다. das Holz : 목재, 나무)

Es sind **Milch** und **Käse** da.(치즈와 우유가 저기 있다. Es sind (복수) : 무엇이 있다. die Milch : 우유. der Käse : 치즈. da : 저기, 여기)

③ 직업 : Ich bin **Bäuerin**.(나는 농부다. die Bäuerin : 여자 농부. der Bauer : 농부)

④ 국민 : Ich bin **Österreicherin**.(나는 오스트리아인이다. die Österreicherin : 오스트리아 여자)

⑤ 교회의 축제일

Weihnachten feiern sie zusammen.(그들은 크리스마스를 함께 축하한다. das Weihnachten : 크리스마스. feiern : 축하하다. zusammen : 함께)

⑥ 인 명

Thomas erzählt ein Märchen.(토마스가 동화 하나를 이야기해준다. erzählen : 이야기하다. das Märchen : 동화)

⑦ 국 명

Er kommt aus **Frankreich**.(그는 프랑스 출신이다)

⑧ 도시명

Wir wohnen in **Regensburg**.(우리는 레겐스부르크에서 산다. wohnen : 살다)

⑨ 숙 어

Wir haben **Zeit**.(우리는 시간이 있다. die Zeit : 시간)

Er hat **Durst**.(그는 목마르다. der Durst : 목마름)

Ich habe **Hunger**.(나는 배고프다. der Hunger : 배고픔)

2. 명 사

(1) 명사의 성

독일어 명사의 성은 남성, 여성, 중성으로 나누어지는데 자연적인 성을 따르는 경우와 그렇지 않은 경우가 있다. 이 성은 앞서 언급했듯이 정관사와 부정관사의 1격으로 표시한다(**der** Mann, **der** Fisch, **die** Frau, **eine** Uhr, **ein** Kind, **ein** Buch). 명사의 성을 구별하는 방법에는 다음과 같은 원칙이 있다.

A. 남성 명사

① 요일, 월, 계절, 방위

der Montag(월), **der** Dienstag(화), **der** Mittwoch(수), **der** Donnerstag(목), **der** Freitag(금), **der** Samstag = **der** Sonnabend(토), **der** Sonntag(일).

der Januar(1월), **der** Februar(2월), **der** März(3월), **der** April(4월), **der** Mai(5월), **der** Juni(6월), **der** Juli(7월), **der** August(8월), **der** September(9월), **der** Oktober(10월), **der** November(11월), **der** Dezember(12월).

der Frühling(봄), **der** Sommer(여름), **der** Herbst(가을), **der** Winter(겨울).

der Osten(동), **der** Westen(서), **der** Süden(남), **der** Norden(북)

② -ee로 끝나는 단어

der Kaffee(커피), **der** Klee(클로버), **der** Schnee(눈), **der** See(호수)

③ 동사의 어간에서 파생된 명사

der Fall(추락, 경우, fallen : 떨어지다), **der** Hass(증오, hassen : 증오하다), **der** Anfang(시작, anfangen : 시작하다)

④ -er, -el, -ling과 외래어 어미 -ant, -är, -ent, -eur, -ier, -ist, -or, -ismus

der Lehrer(선생), **der** Schlüssel(열쇠), **der** Lehrling(견습생), **der** Musikant(음악가), **der** Sekretär(비서), **der** Student(대학생), **der** Friseur(이발사), **der** Offizier(장교), **der** Germanist(독문학자), **der** Doktor(의사, 박사), **der** Kapitalismus(자본주의)

B. 여성 명사

① 수사가 명사가 되면 여성 명사가 된다
   die Eins(1), die Tausend(1000)

② 선박이나 비행기
   die Deutschland(독일호), die Boeing(보잉)

③ -ei, -heit, -keit, -schaft, -t, -ung, -e 등으로 끝난 명사
   die Partei(정당), die Krankheit(병), die Einsamkeit(고독, einsam : 고독한), die Not(필요, 위급, 급박, 궁핍함), die Gesellschaft(사회, 회사), die Wohnung(집), die Karte(표, 카드)

C. 중성 명사

① 동사 등 다른 품사에서 파생된 명사
   das Essen(식사), das Leben(삶), das Ich(자아), das Rot(붉은 색)

② Ge-로 시작되는 집합명사
   das Gemüse(채소), das Gebirge(산맥), das Gefühl(감정), das Gebäude(건물)

③ 축소형어미 -chen, -lein으로 끝나는 명사
   das Mädchen(소녀), das Büchlein(das Buch의 축소형 : 조그마한 책)

(2) 단수와 복수의 원칙

A. 동미식

단수와 복수의 끝이 같은 변화유형으로 어미가 -er, -el, -en으로 끝난 **남성 명사**와 **중성 명사**가 여기에 속하며 **여성 명사**는 die Tochter와 die Mutter 뿐이다. 특히 단수에 모음 a, o, u가 있을 때는 일반적으로 복수에서 변모음된다.

der Lehrer	– die Lehrer(교사)	der Fehler	– die Fehler(실수)
das Fenster	– die Fenster(창)	der Schüler	– die Schüler(학생)
das Zimmer	– die Zimmer(방)	der Sänger	– die Sänger(가수)
der Morgen	– die Morgen(아침)	der Vater	– die Väter(아버지)
die Mutter	– die Mütter(어머니)	die Tochter	– die Töchter(딸)

B. e식

단수에 e를 붙여 복수를 만드는 유형으로 여기에 속하는 명사는 대부분의 **남성 명사**이다. 여기서도 단수에 모음 a, o, u가 있을 때는 일반적으로 복수에서 변모음된다.

der Tag	- die Tage(날, 낮)	der Brief	- die Briefe(편지)
der Bleistift	- die Bleistifte(연필)	der Freund	- die Freunde(친구)
der Baum	- die Bäume(나무)	der Tisch	- die Tische(책상)
der Satz	- die Sätze(문장)	der Plan	- die Pläne(계획)
das Jahr	- die Jahre(연, 해)	die Stadt	- die Städte(도시)
die Hand	- die Hände(손)		

C. er식

단수에 어미 er를 붙여서 복수를 만드는 유형으로 여기에 속하는 명사는 대부분의 **중성 명사**이다. 여기서도 단수에 모음 a, o, u가 있을 때는 일반적으로 복수에서 변모음된다.

das Land	- die Länder(국가)	das Haus	- die Häuser(집)
das Kind	- die Kinder(아이)	das Bild	- die Bilder(그림)
das Lied	- die Lieder(노래)	das Kleid	- die Kleider(옷)
das Feld	- die Felder(들, 평야)	das Rad	- die Räder(바퀴)
der Mann	- die Männer(남자, 남편)	der Wald	- die Wälder(숲)

D. en식

단수에 어미 -(e)n을 붙여 복수를 만드는 유형으로 여기에 속하는 명사는 대부분의 **여성 명사**이다. 남성 명사에 -in을 붙여 이루어진 여성 명사는 -n을 하나 붙이고 -en을 또 결합하여 복수를 만든다. -e, -t 등으로 끝난 남성 명사도 이런 유형에 속한다.

die Uhr	- die Uhren(시계)	die Zeitung	- die Zeitungen(신문)
die Übung	- die Übungen(연습)	die Fabrik	- die Fabriken(공장)
die Frau	- die Frauen(여자)	die Post	- die Posten(우체국)
die Antwort	- die Antworten(대답)	die Prüfung	- die Prüfungen(시험)
die Sprache	- die Sprachen(언어)	die Stunde	- die Stunden(시간)

| die Reise | - die Reisen(여행) | die Hose | - die Hosen(바지) |
| die Farbe | - die Farben(색) | die Lampe | - die Lampen(전등) |

die Lehrerin - die Lehrerinnen(여교사)

| der Student | - die Studenten(대학생) | der Knabe | - die Knaben(소년) |
| der Mensch | - die Menschen(인간) | die Firma | - die Firmen(회사) |

E. s식

단수에 어미 -s를 붙여 복수를 만드는 것으로 여기에 속하는 명사는 대부분의 **외래어**이다.

das Theater	- die Theaters(연극)	das Hotel	- die Hotels(호텔)
das Auto	- die Autos(자동차)	das Radio	- die Radios(라디오)
das Kino	- die Kinos(극장)	das Foto	- die Fotos(사진)
der Klub	- die Klubs(클럽)	die Kamera	- die Kameras(카메라)

참고 die Eltern(부모), die Leute(사람들), die Ferien(휴가)은 복수로만 사용된다.

(3) 명사의 단/복수 형태

위에서 알아본 명사의 단수와 복수 형태는 1격만을 예로 든 것이지만 명사는 복수 1격뿐 아니라 단수 2격과 복수 2, 3, 4격에서도 변화한다.

동미식, e식, er식의 단수 2격에서 명사는 -es나 -s가 붙고(**과거에는 단수 2격에는 단음절의 명사에는 -es, 단음절 이상의 명사에는 -s를 붙였다. 하지만 이런 원칙은 현재에는 지켜지지 않고 그냥 -s만을 붙이기도 한다**) 복수 2, 4격은 복수 1격과 동일하며, 복수 3격에서는 복수 1격형태에 -n을 붙인다.

s식은 단수 2격과 복수에 어미 s를 붙여주며, en식은 단수 1격을 제외한 모든 어미에 -en을 붙여준다. 그러나 **여성 명사는 어떠한 경우에도 단수에서 변화하지 않는다.** 따라서 여성 명사는 en식이어도 여성 명사는 단수에 아무런 어미가 붙지 않는다.

A. 동미식

	단 수		복 수	
주 격(1)	der	Vater(아버지)	die	Väter
소유격(2)	des	Vater**s**	der	Väter
여 격(3)	dem	Vater	den	Väter**n**
목적격(4)	den	Vater	die	Väter

	단 수		복 수	
주 격(1)	die	Mutter(어머니)	die	Mütter
소유격(2)	der	**Mutter**	der	Mütter
여 격(3)	der	Mutter	den	Mütter**n**
목적격(4)	die	Mutter	die	Mütter

B. e식

	단 수		복 수	
주 격(1)	der	Freund(친구)	die	Freund**e**
소유격(2)	des	Freund**es**	der	Freund**e**
여 격(3)	dem	Freund	den	Freund**en**
목적격(4)	den	Freund	die	Freund**e**

	단 수		복 수	
주 격(1)	der	Plan(계획)	die	Plän**e**
소유격(2)	des	Plan**es**	der	Plän**e**
여 격(3)	dem	Plan	den	Plän**en**
목적격(4)	den	Plan	die	Plän**e**

C. er식

	단 수		복 수	
주 격(1)	das	Kind(아이)	die	Kind**er**
소유격(2)	des	Kind**es**	der	Kind**er**
여 격(3)	dem	Kind	den	Kind**ern**
목적격(4)	das	Kind	die	Kind**er**

	단 수		복 수	
주 격(1)	das	Haus(집)	die	Häuser
소유격(2)	des	Hauses	der	Häuser
여 격(3)	dem	Haus	den	Häusern
목적격(4)	das	Haus	die	Häuser

D. (e)n식

어떤 명사가 -e로 끝나면 n만을, 남성 명사에 -in을 붙여 만든 여성 명사는 - n을 하나 첨가하고 -en을 붙여준다. -(e)n식은 단수1격만 제외하고 -(e)n을 결합하지만 여성 명사는 단수에서 변화하지 않기 때문에 아무런 어미가 붙지 않는다.

	단 수		복 수	
주 격(1)	der	Student(대학생)	die	Studenten
소유격(2)	des	Studenten	der	Studenten
여 격(3)	dem	Studenten	den	Studenten
목적격(4)	den	Studenten	die	Studenten

	단 수		복 수	
주 격(1)	die	Frau(부인)	die	Frauen
소유격(2)	der	**Frau**	der	Frauen
여 격(3)	der	Frau	den	Frauen
목적격(4)	die	Frau	die	Frauen

	단 수		복 수	
주 격(1)	die	Blume(꽃)	die	Blumen
소유격(2)	der	**Blume**	der	Blumen
여 격(3)	der	Blume	den	Blumen
목적격(4)	die	Blume	die	Blumen

	단 수		복 수	
주 격(1)	die	Schülerin(여학생)	die	Schülerinnen
소유격(2)	der	**Schülerin**	der	Schülerinnen
여 격(3)	der	Schülerin	den	Schülerinnen
목적격(4)	die	Schülerin	die	Schülerinnen

E. s식

	단 수		복 수	
주 격(1)	das	Hotel(호텔)	die	Hotels
소유격(2)	des	Hotels	der	Hotels
여 격(3)	dem	Hotel	den	Hotels
목적격(4)	den	Hotel	die	Hotels

F. 불규칙변화

	단 수		복 수	
주 격(1)	der	Herr(씨, 신사)	die	Herren
소유격(2)	des	Herrn	der	Herren
여 격(3)	dem	Herrn	den	Herren
목적격(4)	den	Herrn	die	Herren

	단 수		복 수	
주 격(1)	der	Name(이름)	die	Namen
소유격(2)	des	Namens	der	Namen
여 격(3)	dem	Namen	den	Namen
목적격(4)	den	Namen	die	Namen

3. 명사와 관사의 결합

(1) 명사의 주격(1격)

문장의 주어가 되거나 sein과 werden동사의 보어로 사용된다.

Das ist **ein** Tisch. **Der** Tisch kostet 200 Euro.
(그것은 책상이다. 그 책상은 200 유로이다)

Das ist **eine** Lampe. **Die** Lampe ist praktisch.
(그것은 전등이다. 그 전등은 실용적이다. praktisch : 실용적인)

Das ist **ein** Bild. **Das** Bild ist neu.
(그것은 그림이다. 그 그림은 새것이다)

Der Maler lebt in Deutschland.
(그 화가는 독일에 살고 있다)

Die Stadt heißt Köln.
(그 도시는 쾰른이다)

Das Land liegt in Europa.
(그 나라는 유럽에 있다. das Land : 나라, 시골)

Die Länder liegen in Europa.
(그 나라들은 유럽에 놓여있다. liegen : 놓여있다, 누워있다)

Der Bus fährt um 12.
(그 버스는 12시에 떠난다)

Das Flugzeug fliegt um 2.
(그 비행기는 2시에 떠난다. das Flugzeug : 비행기)

Die Schule beginnt um 9.
(수업은 9시에 시작한다. die Schule : 학교, 수업)

Die Kinder gehen in die Schule.
(아이들이 학교에 간다)

(2) 명사의 소유격(2격)

여성 명사는 단수에서 변하지 않지만 남성과 중성의 단수 2격에는 -(e)s가 붙는다.

Das ist die Antwort **des** Reporter**s**.
(그것이 그 기자의 대답이다. der Reporter : 기자)

Ich habe die Tasche **der** Frau.
(나는 그 부인의 가방을 가지고 있다. die Tasche : 가방, 지갑)

Wir haben jetzt ein Bild **des** Mann**es**.
(우리는 이제 그 남자의 사진을 갖고 있다. das Bild : 사진, 그림)

Die Bilder **des** Maler**s** sind berühmt.
(그 화가의 그림들은 유명하다. berühmt = bekannt : 유명한)

Die Hauptstädte **der** Länder sind berühmt.
(그 국가들의 수도들은 유명하다. die Hauptstadt : 수도)

Die Farbe **des** Wagens ist schön.
(그 자동차의 색깔은 예쁘다. die Farbe : 색)

Das ist das Buch **des** Kind**es**.
(그것은 그 아이의 책이다)

Wir lesen die Gedichte Goethe**s**.
= Wir lesen Goethe**s** Gedichte.
(우리는 괴테의 시들을 읽는다. die Gedichte : das Gedicht(시) 의 복수)

Deutschland**s** Hauptstadt
= die Hauptstadt Deutschland**s**
(독일의 수도)

고유 명사의 소유격은 어미 -s를 취하고 명사의 앞에 온다.
s나 z로 끝나거나 Herr, Frau, Fräulein이 앞에 있는 고유 명사의 소유격은 대개 von을 사용한다.

Georg**s** Vater ist zu Hause.(게오르크의 아버지는 집에 있다)
Das ist Anna**s** Heft.(그것은 안나의 공책이다)
Das ist das Heft **von** Hans.(그것은 한스의 공책이다)
Das ist der Wagen **von Herrn** Meier.(그것은 마이어씨의 자동차이다)

(3) 명사의 여격(3격)

Ich gebe **einem** Kind einen Ball.
(나는 한 아이에게 공을 준다)

Ich kaufe **einem** Schüler ein Buch.
(나는 한 학생에게 책을 사쥬다)

Ich bringe **einem** Gast ein Glas Bier
(나는 한 손님에게 한잔의 맥주를 가져온다. der Gast : 손님. bringen : 가져오다)

Der Lehrer antwortet **einem** Schüler.
(선생님이 한 학생에게 대답한다. j-m antworten : 누구에게 답하다)

Wir helfen **dem** Kind.
(우리는 그 아이를 돕는다)

Das Auto gehört **der** Firma.
(그 자동차는 회사의 것이다. die Firma : 회사)

Wie geht es **den** Kindern?
(아이들이 어떻게 지내니?)

Ich danke **dem** Freund.
(나는 그 친구에게 고마워 한다)

(4) 명사의 목적격(4격)

Ich kaufe **einen** Tisch.
(나는 책상 하나를 산다)

Ich nehme **den** Tisch.
(나는 그 책상을 택한다)

Er trinkt **einen** Kaffee.
(그는 커피 한잔을 마신다)

Er hat **eine** Verabredung.
(그는 약속이 있다. die Verabredung : 약속)

Er wiederholt **einen** Satz, **ein** Wort und **eine** Frage.
(그는 문장 하나, 단어 하나, 그리고 질문 하나를 반복한다. der Satz : 문장)

Thomas versteht **den** Satz, **das** Wort und **die** Frage.
(토마스는 그 문장과 그 단어와 그 질문을 이해한다.)

Der Lehrer verbessert **die** Fehler.
(선생님이 그 잘못들을 고쳐준다. verbessern : 무엇을 고쳐주다. der Fehler : 잘못, 실수)

Herr Müller nimmt **den** Bus um 12.
(뮐러씨는 12시 버스를 탄다. den Bus nehmen : 버스를 타다)

Herr Schneider nimmt **den** Zug um 6.
(쉬나이더씨는 6시 기차를 탄다. den Zug nehmen : 기차를 타다)

쉬어가기 9　의복과 장신구

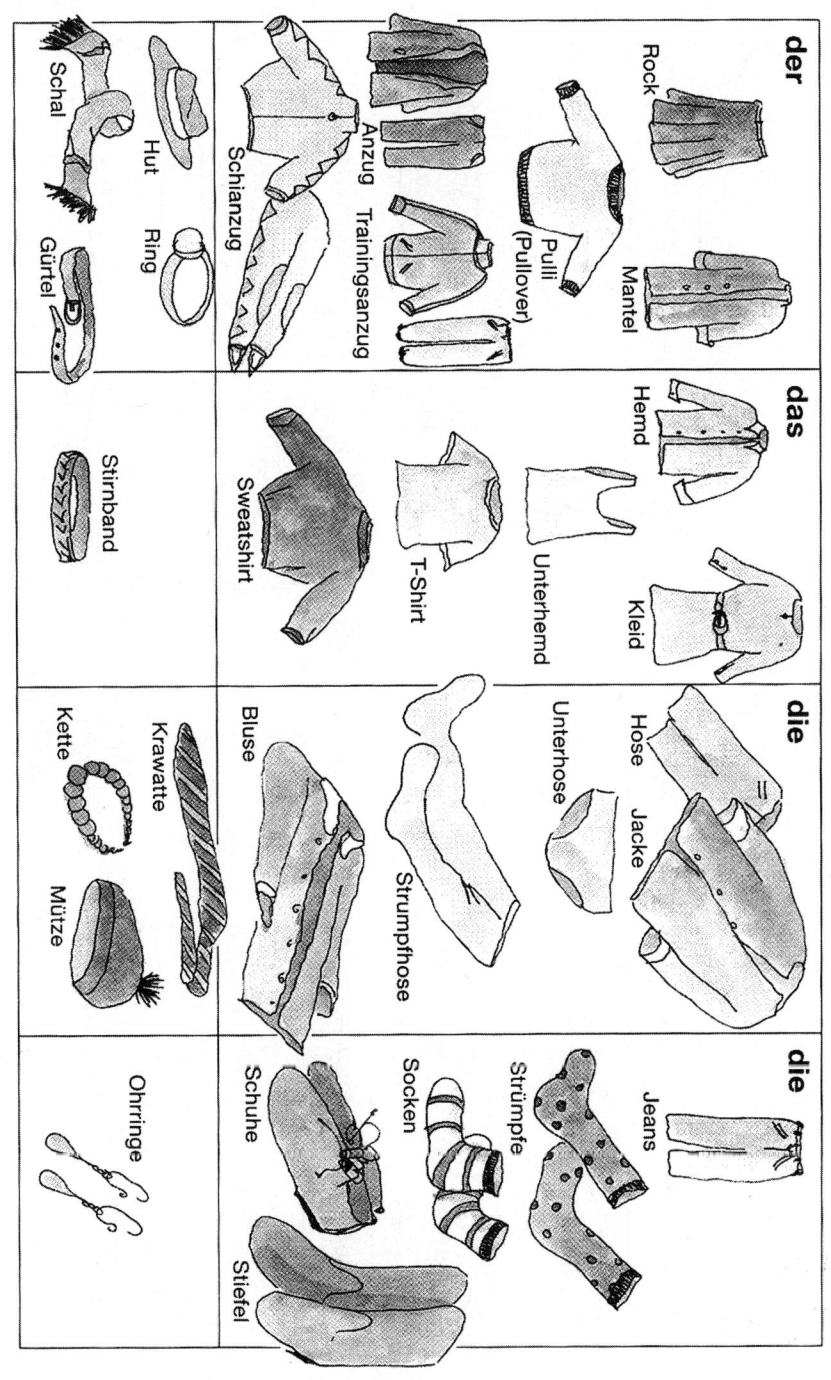

쉬어가기 10 가족관계

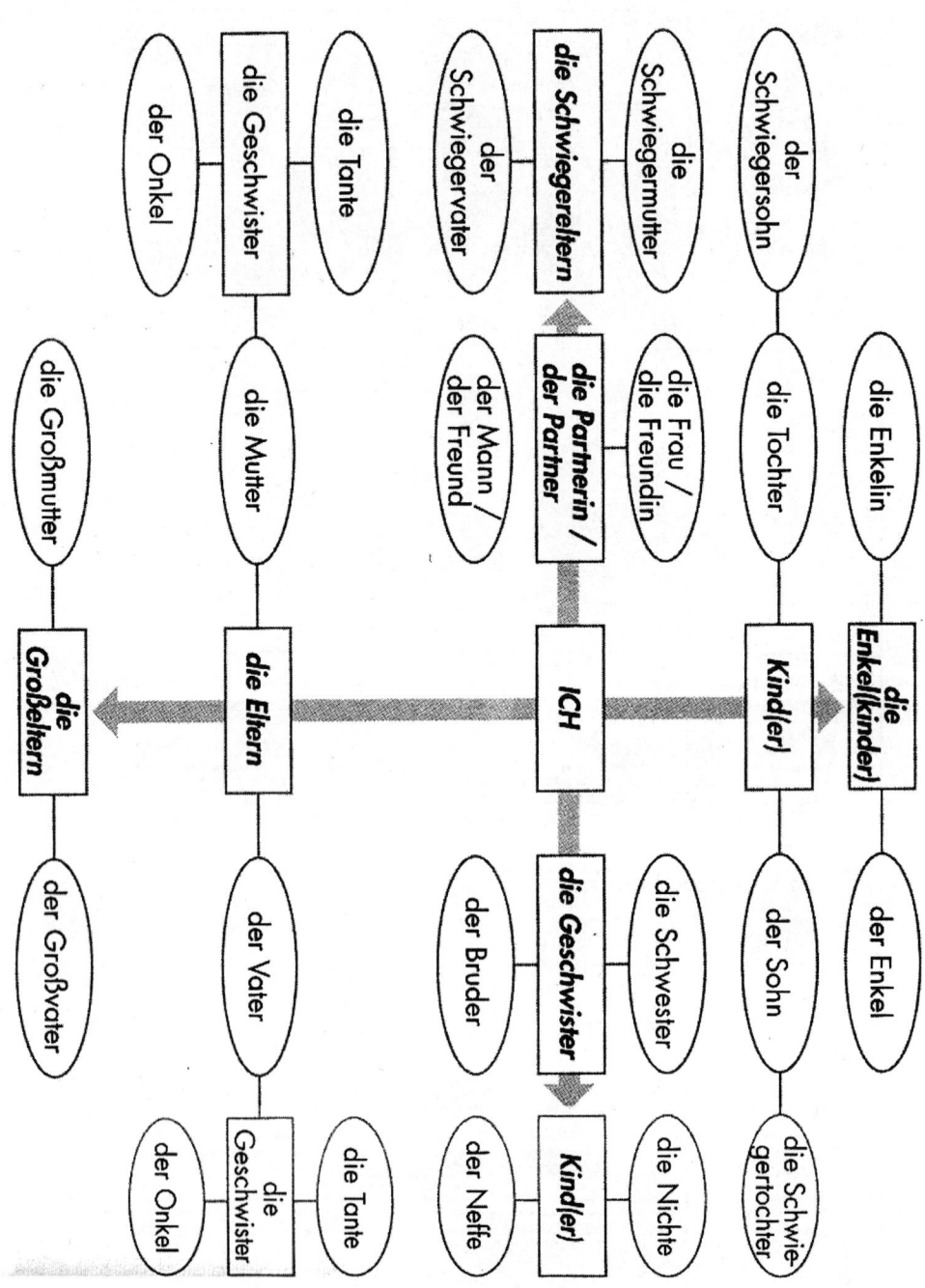

제3장 관사와 명사 65

연습문제 Übungen

1 다음 명사들의 뜻을 쓰시오

1. der Anzug	– ( )	옷, 의복
2. die Autobahn	– ( )	고속도로
3. das Bad	– ( )	욕조
4. der Bahnhof	– ( )	역
5. der Baum	– ( )	나무
6. das Bein	– ( )	다리
7. der Beruf	– ( )	직업
8. das Bild	– ( )	그림, 사진
9. der Brief	– ( )	편지
10. die Brille	– ( )	안경
11. der Durst	– ( )	목마름, 갈증
12. das Ende	– ( )	끝, 종말
13. die Fabrik	– ( )	공장
14. die Fahrkarte	– ( )	차표
15. der Fehler	– ( )	잘못, 과오, 실수
16. die Ferien	– ( )	휴가, 방학(복수)
17. die Firma	– ( )	회사
18. der Fluss	– ( )	강
19. das Geschäft	– ( )	가게, 장사
20. das Glück	– ( )	행복
21. der Hafen	– ( )	항구
22. die Haltestelle	– ( )	정거장
23. die Hose	– ( )	바지
24. der Käse	– ( )	치즈
25. die Kirche	– ( )	교회

26. das Kleid	–	( )	옷, 의복
27. der Kopf	–	( )	머리
28. der Kuchen	–	( )	케이크
29. das Licht	–	( )	빛, 불
30. die Luft	–	( )	공기
31. der Mond	–	( )	달
32. die Nase	–	( )	코
33. der Preis	–	( )	가격, 대가
34. die Prüfung	–	( )	시험
35. der Schlüssel	–	( )	열쇠
36. der Schuh	–	( )	신발
37. das Tier	–	( )	동물
38. der Unterricht	–	( )	수업
39. die Welt	–	( )	세계, 세상
40. der Zahn	–	( )	이, 치아

2 다음 명사들의 복수형을 쓰시오

41. ein Kino(극장)	–	_____	Kinos
42. eine Karte(표)	–	_____	Karten
43. eine Uhr(시계)	–	_____	Uhren
44. ein Büro(사무실)	–	_____	Büros
45. ein Brief(편지)	–	_____	Briefe
46. ein Mann(남자)	–	_____	Männer
47. ein Bus(버스)	–	_____	Bus**se**
48. ein Bruder(형제)	–	_____	Brüder
49. ein Sohn(아들)	–	_____	Söhne
50. ein Kind(아이)	–	_____	Kinder

제3장 관사와 명사 67

3 다음 _____안에 부정관사와 kein-의 형태를 넣으시오

51. A : Haben Sie kein Zimmer? B : Doch, ich habe _____. (A : 당신은 방이 없습니까? B : 천만에요, 저는 하나 있습니다)	eins
52. A : Hast du keinen Freund? B : Nein, ich habe _____. (A : 너는 친구가 없니? B : 아니, 나는 친구가 없어)	keinen
53. Hat er keine Tasche? B : Nein, er hat _____. (A : 그 사람은 가방이 없니? B : 아니, 그 사람은 가방이 없어)	keine

4 다음 _____안에 적당한 정관사를 넣으시오

54. Hier ist _____ Pass (여기에 여권이 있다. der Pass : 여권)	der
55. Ich brauche _____ Wagen heute nicht. (나는 자동차가 오늘 필요하지 않다. der Wagen : 자동차)	den
56. Er liest _____ Text und schreibt _____ Übung. (그는 텍스트를 읽고 연습을 쓴다. der Text : 텍스트. die Übung : 연습)	den, die
57. Wann kommt _____ Post? (언제 우편물이 옵니까? die Post : 우편물, 우체국)	die

5 다음 _____안에 nicht나 kein-을 넣으시오

58. A : Wie ist die Suppe? B : Sie schmeckt _____ gut. (A : 스프가 어떻습니까? die Suppe : 스프 B : 스프는 맛이 좋지 않습니다. schmecken : 맛이 어떻다, 좋다)	nicht
59. A : Möchtest du ein Bier? B : Weißt du das _____? Ich trinke doch _____ Alkohol.	nicht keinen

(A : 너는 맥주를 원하니?
B : 넌 그걸 모르니? 난 술을 마시지 않아.)

60. A : Gibt es noch Wein?
    B : Nein, wir haben _____ mehr.   keinen
    (A : 아직 와인이 있습니까?
    B : 아뇨, 우리는 와인이 더 이상 없습니다)

61. A : Nehmen Sie doch noch etwas!
    B : Nein danke, ich möchte _____ Fleisch mehr.   kein
    (A : 무엇인가를 조금 더 드시지요! noch etwas : 조금 더
    B : 고맙지만 괜찮습니다, 저는 더 이상 고기를 원하지 않습니다.
    das Fleisch : 고기, 살)

제4장 동사 II

1. 동사의 종류

독일어의 동사를 분류하는 데는 여러 가지 방식이 있지만 가장 일반적인 것은 격지배와 전철에 따른 분류이다.

(1) 격지배에 따른 분류

독일어의 동사는 격지배에 따라 2격, 3격, 4격 그리고 3, 4격 지배동사로 나눈다. 목적어가 일반적으로 우리말의 **'에게'**로 번역되면 3격을 **'을,를'**로 번역되면 4격을 지배하지만 항상 그런 것은 아니다. 따라서 2격지배 동사 등 **우리말과 일치하지 않는 동사의 격지배는 암기할 수 밖에 없다.**

A. 2격 지배 동사

bedürfen : 무엇을 필요로 하다

    Wir bedürfen **der** Hilfe des Vaters.

    (우리는 아버지의 도움이 필요하다. die Hilfe : 도움)

gedenken : 누구를 생각하다.

    Ich gedenke **der** Studentin.

    (나는 그 여대생을 생각한다)

B. 3격 지배 동사

helfen : 누구를 돕다

    Er hilft **der** Frau.

    (우리는 그 부인을 돕는다)

gehören : 어디에 속하다, 누구의 것이다

    Das Auto gehört **der** Firma.

    (그 자동차는 회사의 것이다. die Firma : 회사)

schaden : 누구에게 해가 되다
Zigaretten schaden **der** Gesundheit.
(담배는 건강에 해롭다. die Gesundheit : 건강)

danken : 누구에게 고마워하다
Herr Walter dankt **dem** Freund.
(발터씨가 친구에게 고마워한다, der Freund : 친구)

passen(= stehen) : 누구에게 어울리다.
Die Hose passt(= steht) **dem** Vater.
(그 바지가 아버지에게 어울린다)

gratulieren : 누구에게 축하하다
Wir gratulieren **unserem** Freund.
(우리는 우리 친구에게 축하한다)

gefallen : 누구의 마음에 들다
Der Wagen gefällt **dem** Vater.
(그 자동차는 아버지 마음에 든다)

antworten : 누구에게 대답하다
Er antwortet Thomas.
(그는 토마스에게 대답한다)

C. 3, 4격 지배 동사

geben : 누구에게 무엇을 주다
Er gibt **der** Frau **das** Telegramm.
(그는 그 부인에게 전보를 준다. das Telegramm : 전보)

kaufen : 누구에게 무엇을 사주다
Er kauft **dem** Kind **ein** Heft.
(그는 그 아이에게 공책 하나를 사준다. das Heft : 공책)

zeigen : 누구에게 무엇을 보여주다
Sie zeigt **der** Freundin **den** Brief.
(그녀는 그 여자친구에게 편지를 보여준다. der Brief : 편지)

schenken : 누구에게 무엇을 선물로 주다

    Ich schenke **der** Freundin **eine** Uhr.

    (나는 그 여자친구에게 시계 하나를 선물로 준다)

D. 4격 지배 동사

fragen : 누구에게 묻다

    Herr Braun fragt **den** Freund.

    (브라운씨는 친구에게 묻는다)

erreichen : 다다르다, ~에 도달하다, ~을 놓치지 않다

    Du erreichst **den** Zug.

    (너는 기차를 타게 될 것이다. der Zug : 기차)

brauchen : 무엇을 필요로 하다

    Ich brauche **kein** Taxi.

    (나는 택시가 필요하지 않다)

grüßen : 누구에게 인사하다

    Wir grüßen **die** Lehrerin.

    (우리는 여선생에게 인사한다)

nehmen : 무엇을 취하다, 타다

    Ich nehme oft **ein** Bad.

    (나는 자주 목욕한다. das Bad : 목욕, 욕조. 참고 : die Dusche : 샤워)

(2) 전철에 따른 분류

독일어의 동사는 전철에 따라 분리 동사, 비분리 동사, 분리 및 비분리 동사로 나눈다. 분리 동사란 일정한 기본 동사의 앞에 전철 ab-, an-, ein-, aus-, mit-, zurück-, vor- 등이 결합된 것으로, 문장을 만들 때 이 전철을 분리하여 문장의 마지막에 갖다 놓으며 강세는 분리전철에 온다.

비분리 동사란 er-, be-, ge-, ent-, ver-, emp- 등이 결합되어 있는 것으로 이런 전철은 절대 분리하지 않는다. 비분리 전철이 있으면 강세는 그 다음 전철에 온다. 분리 및 비분리 동사란 전철이 분리되기도 하고 분리되지 않기도 하는 동사를 말하

며 그 때마다 전혀 다른 의미를 지닌다. **전철이 분리되면 글자 그대로의 의미를, 분리되지 않으면 추상적인 의미를 지닌다.**

A. 분리 동사

ábfahren : 출발하다
  Der Zug fährt um 9 Uhr **ab**.
  (기차가 9시에 출발한다)

ábholen : 마중하다
  Ich hole Thomas **ab**.
  (나는 토마스를 마중한다)

ánkommen : 도착한다
  Der Zug kommt um 12 Uhr in Mainz **an**.
  (그 기차는 12시에 마인쯔에 도착한다)

ánfangen : 시작하다
  Der Film fängt um 7 **an**.
  (영화는 7시에 시작한다)

ánrufen : 전화하다
  Ich rufe Thomas **an**.
  (나는 토마스에게 전화한다)

áufmachen : 문을 열다
  Er macht das Fenster **auf**.
  (그는 창문을 연다)

áusgehen : 외출하다
  Ich gehe heute abend **aus**.
  (나는 오늘 저녁 외출한다)

áussehen : -처럼 보이다
  Er sieht sehr müde **aus**.
  (그는 매우 피곤한 것처럼 보인다. müde : 피곤한)

áussteigen : 내리다

    Herr Breuer steigt in Frankfurt **aus**

    (브로이어씨는 프랑크푸르트에서 내린다).

éinsteigen : 올라타다

    Herr Breuer steigt in Köln **ein**.

    (브로이어씨는 쾰른에서 올라탄다)

éinladen : 초대하다

    Ich lade den Freund **ein**.

    (나는 그 친구를 초대한다)

éinkaufen : 쇼핑하다

    Sie kauft immer morgens **ein**.

    (그녀는 항상 아침에 쇼핑을 한다. morgens : 아침에)

férnsehen : TV를 본다

    Ich sehe jeden Abend **fern**.

    (나는 매일 저녁 TV를 본다)

héimfahren : 집으로 가다.

    Sie fahren **héim**.

    (그들은 집으로 간다)

mítbringen : 가져가다

    Ich bringe Schokolade **mit**.

    (나는 초콜릿을 가져간다)

vórhaben : 계획하다

    Ich habe heute abend etwas **vor**.

    (나는 오늘 저녁 무엇인가 계획하고 있다)

vórstellen : 소개하다

    Ich stelle der Mutter den Freund **vor**.

    (나는 어머니에게 그 친구를 소개한다)

úmsteigen : 갈아타다
Ich steige in Bonn **um**.
(나는 본에서 갈아탄다)

zúmachen : 문을 닫다
Er macht das Fenster **zu**.
(그는 창문을 닫는다)

zurúckkommen : 돌아오다
Er kommt morgen **zurück**.
(그는 내일 돌아온다. morgen : 내일)

kénnenlernen : 누구를 알게 되다
Ich lerne einen Freund **kennen**.
(나는 친구 하나를 알게 된다)

spázierengehen : 산보하다
Ich gehe morgens **spazieren**.
(나는 아침마다 산보한다. morgens : 아침마다)

B. 비분리 동사

erkláren : 누구에게 무엇을 설명하다
Sie **er**klärt Anna das Wort.
(그녀는 안나에게 그 단어를 설명한다. das Wort : 단어, 말)

bestéllen : 주문하다
Ich **be**stelle ein Glas Bier.
(나는 맥주 한잔을 주문한다)

begínnen : 시작하다
Die Schule **be**ginnt um 9.
(수업은 9시에 시작한다. die Schule : 학교, 수업)

bedéuten : 무엇을 의미하다, 뜻하다
Was **be**deutet das?
(그것은 무슨 뜻이니?)

bekómmen : 무엇을 받다
　Ich **be**komme einen Brief.
　(나는 편지 하나를 받는다)

bezáhlen : 지불하다
　Er **be**zahlt die Rechnung.
　(그는 계산서를 지불한다. die Rechnung : 계산서)

gefállen : 마음에 들다
　Deutschland **ge**fällt Thomas gut.
　(독일은 토마스의 마음에 든다)

gehóren : 누구에 속하다
　Der Wagen **ge**hört der Firma.
　(그 자동차는 회사의 것이다)

verstéhen : 이해한다
　Ich **ver**stehe das Wort nicht.
　(나는 그 단어를 이해하지 못한다)

verlássen : 떠나다
　Er **ver**lässt den Bahnhof.
　(그는 역을 떠난다. der Bahnhof : 역)

zerstóren : 파괴하다
　Der Krieg **zer**stört die Stadt.
　(전쟁이 그 도시를 파괴한다. der Krieg : 전쟁)

C. 분리 및 비분리 동사

분리되면 글자 그대로의 의미를 분리되지 않으면 추상적인 의미를 지닌다

wíederholen : 다시 가져오다
　Der Hund holt den Ball **wieder**.
　(개가 공을 다시 가져온다. der Hund : 개. der Ball : 공)

wiederhólen : 반복하다

Der Lehrer **wieder**holt den Satz.

(선생님이 문장을 반복한다. der Satz : 문장)

übersétzen : 건네주다

Der Fährmann setzt die Leute **über**.

(뱃사공이 사람들을 건네준다. der Fährmann : 사공)

übersétzen : 번역하다

Er **über**setzt den Roman.

(그는 소설을 번역한다. der Roman : 소설)

únterhalten : 밑에서 받치다.

Er hält das Glas **unter**.

(그는 유리잔을 밑에서 받친다)

unterhálten : 재미있게 해주다, 부양하다

Ich **unter**halte den Vater.

(나는 아버지를 부양한다)

쉬어가기 11 독일의 정당 로고

1. CDU    2. CSU

3. SPD    4. PDS

5. FDP   6. 녹색당

쉬어가기 12 극우파의 외국인 배척에 반대하여 독일 도시 홍보단체가 붙인 벽보

Dein Christus ein Jude
Dein Auto ein Japaner
Deine Pizza italienisch
Deine Demokratie griechisch
Dein Kaffee brasilianisch
Dein Urlaub türkisch
Deine Zahlen arabisch
Deine Schrift lateinisch
Und Dein Nachbar nur ein Ausländer?

쉬어가기 13 연기
-베르톨트 브레히트

호수가 나무들 아래 조그마한 집.
지붕에서 연기가 피어오른다.
만약 연기가 없다면
집과 나무들과 호수가
얼마나 쓸쓸할까.

Der Rauch
-Bertold Brecht

Das kleine Haus unter Bäumen am See.
Vom Dach steigt Rauch.
Fehlte er
Wie trostlos dann wären
Haus, Bäume und See.

제4장 동사 II 79

연습문제 Übungen

1 다음 _____에 적당한 격을 써넣으시오

1. Herr Müller erklärt d____ Kindern d____ Fahrplan. -en, -en
   (뮐러씨가 아이들에게 차 시간표를 설명해준다.
   der Fahrplan : 차 시간표)
2. Frau Braun gibt d____ Gast d____ Hand. -em, -ie
   (브라운 부인이 손님과 악수를 한다)
3. Der Film gefällt _____ Vater. -em
   (그 영화가 아버지 마음에 든다)
4. Die Frau bringt d____ Mann d____ Zeitung. -em, -ie
   (부인이 남편에게 신문을 가져 온다)
5. Ich gebe d____ Schülern d____ Bücher. -en, -ie
   (나는 학생들에게 책들을 준다)
6. Das Auto gehört d____ Gast. -em
   (그 자동차는 손님의 것이다)
7. Kaffee schadet d____ Kind. -em
   (커피는 아이에게 해가 된다)
8. Ich grüße _____ Lehrer. -en
   (나는 선생님에게 인사한다)
9. Er zeigst d____ Freund d__ Weg. -em, -en
   (그는 친구에게 길을 알려준다. zeigen : 보이다, 가리키다)

2 ( )아의 동사를 적당한 형태로 넣으시오

10. Herr Wild _____ heute abend _____.(fernsehen) sieht … fern
    (빌트씨는 오늘 저녁 TV를 본다)
11. Frau Wild _____ heute abend _____.(ausgehen) geht … aus
    (빌트 부인은 오늘 저녁 외출한다)
12. Sie _____ Fräulein Kim _____.(anrufen) ruft … an
    (그녀는 김양에게 전화를 한다)

13. Sie _____ Fräulein Kim _____.(einladen) (그녀는 김양을 초대한다)	lädt … ein
14. Sie _____ sehr schön _____, (aussehen) (당신은 아주 아름다워 보인다)	sehen … aus
15. Um 11 _____ sie wieder _____. (zurückfahren) (11시에 그녀는 다시 돌아온다)	fährt … zurück
16. Sie _____ um 23. 25 _____. (ankommen) (그녀는 23시 25분에 도착한다)	kommt … an
17. Dino _____ heute abend etwas _____. (vorhaben) (디노는 오늘 저녁 무엇인가를 계획하고 있다)	hat … vor
18. Monika ____ ins Theater _____. (mitkommen) (모니카는 연극관에 같이 간다)	kommt … mit
19. Um 8 _____ das Theater _____. (anfangen) (8시에 그 연극은 시작한다)	fängt … an
20. Um 18 _____ sie _____. (heimfahren) (18시에 그녀는 집으로 차를 타고 간다)	fährt … heim
21. _____ Sie ein Taxi _____? (bestellen) (당신은 택시를 주문하시겠습니까?)	Bestellen ___
22. Ich _____ täglich einen Brief ___.(bekommen) (나는 날마다 편지를 받는다)	bekomme ___
23. _____ Sie das Wort nicht?(verstehen) (당신은 그 단어를 이해하지 못하시겠습니까?)	Verstehen ___
24. Gut, ich _____ das Wort ____.(erklären) (좋습니다, 제가 그 단어를 설명해드리겠습니다)	erkläre ___
25. Ich _____ den Vater ____.(unterhalten) (나는 아버지를 부양한다)	unterhalte ___
26. _____ Sie den Satz _____?(wiederholen) (당신은 그 문장을 반복하시겠습니까?)	Wiederholen ___

제5장 대명사 I

1. 인칭 대명사

(1) 인칭 대명사의 형태

인 칭	단 수				
	1.	2.	3.		
주 격(1)	ich	du	er	sie	es
소 유 격(2)	meiner	deiner	seiner	ihrer	seiner
여 격(3)	mir	dir	ihm	ihr	ihm
목 적 격(4)	mich	dich	ihn	sie	es

인 칭	복 수			존 칭
	1.	2.	3.	
주 격(1)	wir	ihr	sie	Sie
소 유 격(2)	unser	euer	ihrer	Ihrer
여 격(3)	uns	euch	ihnen	Ihnen
목 적 격(4)	uns	euch	sie	Sie

(2) 용 법

A. 인칭 대명사의 1격은 앞에 나온 사물이나 사람을 다시 받을 때 사용한다.

A : Lernt **der Schüler** Deutsch?   B : Ja, **er** lernt Deutsch.
(A : 그 학생은 독일어를 배우니?)   B : 응, 그는 독일어를 배워)

A : Wo ist **der Bleistift**.   B : **Er** ist hier.
(A : 연필이 어디 있지?)   B : 그것은 여기 있어)

A : Geht **das Kind** in die Schule?   B : Ja, **es** geht in die Schule.
(그 아이는 학교에 가니?)   B : 응, 그는 학교에 가)

A : Liegt **das Buch** dort?   B : Ja, **es** liegt dort.
(A : 그 책은 거기에 놓여 있니?)   B : 응, 그것은 거기에 놓여 있어)

A : Kommt **Frau Meier** aus Berlin?   B : Nein, **sie** kommt aus Köln.
(A : 마이어 부인은 베를린 출신입니까?   B : 아뇨, 그녀는 쾰른 출신입니다)

A : Wo liegt **die Stadt** Hamburg?   B : **Sie** liegt in Deutschland.
(A : 함부르크라는 도시가 어디 있죠?   B : 그 도시는 독일에 있습니다)

B. 인칭 대명사의 3, 4격은 앞에 나온 사람을 가리키며 격지배를 하는 동사의 목적어 역할을 한다

Ich frage **dich**, und **du** fragst **mich**.
(나는 너에게 묻고, 너는 나에게 묻는다)

Wir fragen **euch**, und **ihr** fragt **uns**.
(우리는 너희들에게 묻고, 너희들은 우리들에게 묻는다)

A : Wie geht es **dir**?   B : Danke, es geht **mir** gut.
(A : 너는 어떻게 지내니?   B : 고마워, 나는 잘 지내)

A : Wie geht es **euch**?   B : Danke, es geht **uns** gut.
(A : 너희들은 어떻게 지내니?   B : 고마워, 우리는 잘 지내)

C. 인칭 대명사의 2격은 동사나 전치사 등의 목적어 역할을 한다.

Ich gedenke **ihrer**.
(나는 그녀를 생각한다)

Statt **seiner** kommt sein Vater.
(그 대신 그의 아버지가 온다. statt : 누구 대신에 : 2격 지배 전치사)

(3) 인칭 대명사와 명사의 어순

인칭 대명사는 명사보다 우선한다. 3, 4격 목적어가 명사일 때는 '**3격 + 4격**'의 순서로, 두개의 목적어가 대명사일 때는 '**4격 + 3격**'의 순서로 문장이 이루어진다.

Der Vater kauft **dem Kind das Buch**.
(아버지가 아이에게 책을 사준다 : **3격 + 4격**)

= Er kauft **es ihm**. (그가 그것을 그에게 사준다 : **4격 + 3격**)

도치나 후치 문장에서 주어가 명사이고 목적어가 대명사이면 대명사인 목적어가 명사인 대명사보다 우선한다. 정치 문장은 주어가 항상 제일 먼저 오기 때문에 이 원칙에 해당되지 않는다.

Kauft er dem Kind das Buch?

(그는 아이에게 책을 사주니?)

→ Kauft ihm der Vater das Buch?

→ Kauft es der Vater dem Kind?

→ Kauft er ihm das Buch?

→ Kauft er es dem Kind?

→ Kauft es ihm der Vater?

2. 소유 대명사

명사의 앞에 나와서 명사의 소유관계를 나타내는 것이 소유 대명사인데 각 인칭에 따른 소유 대명사는 다음과 같다. 소유 대명사는 **부정관사의 어미변화**를 한다.

인 칭	단 수		복 수	
	주 격	소유 대명사	주 격	소유 대명사
1 인칭	ich	**mein**	wir	**unser**
2 인칭	du	**dein**	ihr	**euer**
3 인칭	er sie es	**sein** **ihr** **sein**	sie Sie	**ihr** **Ihr**

Mein Bleistift ist lang.

(내 연필은 길다. der Bleistift : 연필. lang : 긴)

Herr Breuer nimmt **seinen** Koffer und **seine** Tasche.

(브로이어씨는 그의 트렁크와 가방을 든다. der Koffer : 트렁크)

Was macht **deine** Tochter?

(네 딸은 무엇을 하니? machen : 만들다, 하다)

Das Auto gehört **deiner** Firma.

(그 자동차는 너의 회사 것이다. die Firma : 회사)

Herr und Frau Braun begrüßen **ihren** Freund.

(브라운 부부는 그들의 친구를 환영한다)

Mein Mann ist Dolmetscher.

(내 남편은 통역가이다. der Dolmetscher : 통역가)

Und **dein** Vater? Was ist er?
(너의 아버지는? 그분은 직업은 뭐니?)

Sein Vater ist Lehrer.
(그의 아버지는 선생님이다)

Ihr Mann ist Arzt.
(그녀의 남편은 의사다)

Unser Lehrer ist aus Wien.
(우리 선생님은 빈 출신이다)

Und **euer** Lehrer? Woher kommt er?
(그런데 너희들의 선생님은? 그분은 어디 출신이니?)

Ihr Vater ist in München.
(당신의 아버지는 뮌헨에 계십니다)

> **참고** 주어의 성수가 분명할 때 소유 대명사는 변하지 않으며, 주어의 성수가 분명하지 않을 때 즉 Das로 문장이 시작될 때는 정관사 어미변화를 한다. 이것은 ein-이나 kein-이 어떤 명사를 받을 때 정관사 어미변화하는 경우와 같다.
> Der Bleistift ist **mein**.(그 연필은 내 것이다)
> Der Hut, das ist **meiner**(= der meine, der meinige).
> (그 모자, 그것은 내 것이다)

3. 지시 대명사 das

지시 대명사 das는 사람이나 사물, 단수나 복수의 구별없이 사용한다.

A : Wer ist **das**?   B : **Das** ist Herr Müller.
(A : 저 사람은 누구입니까?)   B : 그 사람은 뮐러씨입니다)

A : Wer sind **das**?   B : **Das sind** Herr und Frau Müller.
(A : 저 사람들은 누구입니까?) B : 그 사람들은 뮐러 부부입니다)

A : Was ist **das**?   B : **Das ist** ein Zug.
(A : 이것은 무엇입니까?)   B : 그것은 기차입니다)

A : Was sind **das**?   B : **Das sind** fünf Stühle.
(A : 이것들은 무엇입니까?)   B : 그것들은 5개의 의자입니다)

연습문제 Übungen

1 다음 _____ 에 적당한 인칭 대명사를 넣으시오

1. A : Gehört dir der Schlüssel?
   B : Nein, er gehört _____ nicht.   mir
   (A : 열쇠가 너의 것이니?
   B : 아니, 그것은 내 것이 아니야, der Schlüssel : 열쇠)

2. A : Schreibst du Gaby und Peter einen Brief?
   B : Nein, ich schreibe _____ nicht.   ihnen
   (A : 너는 가비와 페터에게 편지를 쓰니?
   B : 아니, 나는 그들에게 편지를 쓰지 않아)

3. A : Gibst du mir deine Telefonnummer?
   B : Ja, ich gebe sie _____ gerne.   dir
   (A : 너 나에게 너의 전화번호를 줄래?
   B : 응, 내가 그것을 너에게 기꺼이 주지, gerne : 기꺼이)

4. A : Kaufst du mir ein Auto?
   B : Nein, ich kaufe _____ kein Auto.   dir
   (A : 너 나에게 자동차를 사줄래?
   B : 아니, 나는 너에게 자동차를 사주지 않을 거야)

5. A : Gefällt euch der Film?
   B : Nein, er gefällt _____ nicht.   uns
   (A : 영화가 너희들 맘에 드니?
   B : 아니, 그것은 우리들 마음에 들지 않아)

6. A : Wo ist mein Pass?
   B : Da, nehmen Sie _____.   ihn
   (A : 제 여권이 어디 있지요?
   B : 저기요, 그것을 가져가십시오, der Pass : 여권)

7. A : Wo ist das Buch?
   B : Sehen Sie _____ nicht?   es
   (A : 책이 어디 있지요?
   B : 당신은 그것을 보고 있지 않습니까?)
8. A : Brauchen Sie das Auto?
   B : Nein, heute brauche ich _____ nicht.   es
   (A : 당신은 자동차가 필요하십니까?
   B : 아뇨, 오늘 저는 그것이 필요하지 않습니다)
9. A : Verstehst du mich nicht?
   B : Nein, ich verstehe _____ nicht.   dich
   (A : 너는 나를 이해하지 못하겠니?
   B : 아니, 나는 너를 이해하지 못하겠어)
10. A : Gehört Ihnen das Auto?
    B : Ja, es gehört _____.   mir
    (A : 그 자동차가 당신의 것입니까?
    B : 예, 그것은 저의 것입니다)
11. A : Passt die Hose Gaby?
    B : Nein, sie passt _____ nicht.   ihr
    (A : 바지가 가비에게 어울리니?
    B : 아니, 그 바지는 그녀에게 어울리지 않아,
    j-m passen : 누구에게 어울리다)
12. Das ist nicht meine Sache. Das ist _____ egal.   mir
    (그것은 내 일이 아니다. 그것은 내게 아무 상관없다.
    die Sache : 일, 사건. j-m egal : 누구에게 아무 상관없는)
13. Bist du um 2 zu Hause? Ich rufe _____ an.   dich
    (너 2시에 집에 있니? 내가 너에게 전화할게)

2 다음 _____ 에 소유 대명사를 고쳐 넣으시오

14. Das ist _____ Gast.(sein)　　　　　　　　sein
    (저 사람이 그의 손님이다, der Gast : 손님)
15. Ich hole _____ Auto.(mein)　　　　　　　mein
    (나는 내 자동차를 가져 온다)
16. Ist das _____ Koffer?(sein)　　　　　　　sein
    (저것이 그의 트렁크냐? der Koffer : 트렁크)
17. Wie geht es _____ Kindern?(dein)　　　　deinen
    (너의 아이들은 잘 지내니?)
18. Kommt _____ Mutter auch?(Ihr)　　　　　Ihre
    (당신의 어머니도 옵니까?)
19. Du erreichst _____ Zug pünktlich.(dein)　deinen
    (너는 기차를 시간에 맞게 탈 것이다. pünktlich : 시간에 맞게)
20. Er hilft _____ Frau.(unser)　　　　　　　unserer
    (그는 우리 처를 도와 준다)
21. Zigaretten schaden _____ Gesundheit.(euer)　eu(e)rer
    (담배는 너희들의 건강을 해칠 것이다, die Gesundheit : 건강)
22. Herr Ober, wo bleibt _____ Bier?(mein)　mein
    (이봐요, 제 맥주 어디 있지요? der Ober : 급사, 종업원)
23. Ist _____ Vater noch krank?(ihr)　　　　ihr
    (그녀의 아버지가 아직도 아프니?)
24. _____ Telefonnummer ist fünf drei vier vier.(unser)　Unsere
    (우리 전화번호는 5344번이다)
25. _____ Fahrrad ist kaputt.(mein)　　　　　Mein
    (내 자전거가 고장났다, das Fahrrad : 자전거)

쉬어가기 14 안개 속에서 Im Nebel
-헤르만 헤세 Hermann Hesse

묘하다, 안개 속에서 방랑한다는 것이!Seltsam, im Nebel zu wandern!
모든 관목과 돌은 고독하다,Einsam ist jeder Busch und Stein,
어떤 나무도 다른 나무를 보지 않는다,Kein Baum sieht den anderen,
누구나 혼자다.Jeder ist allein.

내 주변에는 친구들이 넘쳐났다,Voll von Freunden war mir die Welt,
내 삶이 아직 빛나고 있었을 때는.Als noch mein Leben licht war;
이제, 안개가 내리니,Nun, da der Nebel fällt,
더 이상 아무도 보이지 않는다.Ist keiner mehr sichtbar.

정말, 그런 사람은 현명하지 못하다,Wahrlich, keiner ist weise,
어둠을 모르는 사람은,Der nicht das Dunkel kennt,
피할 수 없이 조용히 다가와Das unentrinnbar und leise
모든 것으로부터 자신을 떼어놓는 어둠을.Von allem ihn trennt.

묘하다, 안개 속에서 방랑한다는 것이!Seltsam, im Nebel zu wandern!
산다는 것은 고독하다는 것이다.Leben ist Einsamsein.
아무도 다른 사람을 알지 못한다,Kein Mensch kennt den andern,
누구나 혼자다.Jeder ist allein.

제6장 전치사

1. 2격 지배 전치사

전치사 statt(= anstatt), trotz, während, wegen, außerhalb, innerhalb 등은 언제나 2격을 지배한다.

(1) **statt** (= anstatt : 무엇 대신에)

　Er schickt **statt (anstatt) des** Geldes nur einen Brief.

　(그는 돈 대신에 편지만 보낸다. schicken : 누구에게 무엇을 보내다. nur : 단지, 뿐. der Brief : 편지)

(2) **trotz** (무엇임에도 불구하고)

　Es ist sehr neblig, aber wir landen **trotz des** Nebels.

　(매우 안개가 끼었다. 그러나 우리는 안개에도 불구하고 착륙할 것이다. sehr : 아주. neblig : 안개가 낀. landen : 착륙하다. der Nebel : 안개)

(3) **während** (무엇을 하는 동안에)

　Während des Essens kommt ein Gast.

　(식사 중에 손님이 온다. das Essen : 식사. der Gast : 손님)

(4) **wegen** (무엇 때문에)

　Es ist sehr neblig. **Wegen des** Nebels landet die Maschine nicht.

　(매우 안개가 끼었다. 안개 때문에 비행기가 착륙을 하지 못한다. die Maschine : 비행기)

(5) **außerhalb** (무엇의 밖에, 무엇이 아닐 때)

　Wir wohnen **außerhalb der** Stadt.

　(우리는 도시 밖에서 산다. wohnen : 살다)

　Kommen Sie **außerhalb der** Sprechstunde!

　(면담 시간이 아닐 때에 오십시오! die Sprechstunde : 면담 시간)

(6) **innerhalb** (무엇의 안에, 이내에)

Innerhalb der Stadt gibt es viele Autos.
(시내에 많은 자동차들이 있다. Es gibt etwas(4) : 무엇이 있다)

Innerhlab einer Woche besuche ich dich.
(일주일 내에 나는 너를 방문할 것이다. die Woche : 주. besuchen : 누구를 방문하다)

2. 3격 지배 전치사

장소	aus	Peter geht **aus dem** Haus. (페터는 집에서 나간다) Richard kommt **aus** London. (리하르트는 런던 출신이다) Kaffee trinkt man **aus einer** Tasse. (커피를 사람들은 잔으로 마신다)
	von	Der Zug kommt **von** Mainz. (그 기차는 마인쯔에서 온다) Das Geld ist **von meinem** Vater. (그 돈은 우리아버지에게서 나온 것이다) Ich komme **von zu** Hause. (나는 집에서 온다)
장소	nach	Wir fahren **nach** Köln. (도시) (우리는 쾰른으로 간다) Er reist **nach** Amerika. (국가) (그는 미국으로 여행한다) Er geht **nach** oben. (부사) (그는 위로 간다) Wir gehen **nach** Hause. (우리는 집으로 간다)
	zu	Wir gehen **zu einem** Freund. (사람) (우리는 친구에게로 간다) Wir gehen **zur** Universität. (건물) (우리는 대학교로 간다) Ich bin **zu** Hause. (집에) (나는 집에 있다) Wir gehen **zum** Essen. (목적) (우리는 식사하러 간다)

시간	bei	Gießen liegt **bei** Frankfurt. (기센은 프랑크푸르트 근처에 놓여 있다) Das Gasthaus ist **beim** Bahnhof. (그 음식점은 역 근처에 있다) Hans wohnt **bei seiner** Tante. (한스는 그의 숙모집에서 살고 있다)
	gegenüber	Die Wohnung liegt **gegenüber der** Post. (그 집은 우체국 맞은 편에 놓여 있다) Hans sitzt **seinem** Freund **gegenüber**. (한스는 그의 친구 맞은 편에 앉아 있다)
시간	nach	**Nach der** Vorlesung geht er spazieren. (강의 후에 그는 산보하러 간다) Ich komme **nach dem** Essen. (나는 식사 후에 올 것이다) Es ist 5 **nach** 7.(7시 5분이다)
	seit	Ich wohne **seit einer** Woche in München. (나는 일주일 전부터 뮌헨에 산다) Er studiert **seit einem** Jahr. (그는 일년 전부터 대학을 다닌다)
동행 수단	mit	Herr Müller reist **mit seinem** Sohn(-와 함께) (뮐러씨는 그의 아들과 여행한다) Ich möchte ein Zimmer **mit** Bad.(-있는) (나는 욕조가 있는 방을 원한다) Ich schreibe **mit einem** Füller.(-으로. **수단**) (나는 만년필로 쓴다) Wir fahren **mit dem** Zug.(-을 타고) (우리는 기차를 타고 간다)

3. 4격 지배 전치사

장소	durch	Hans geht **durch den** Park. (한스는 정원을 지나 간다) Ich sehe **durchs** Fenster. (나는 창문으로 본다) Er fährt **durch** Frankreich nach Spanien. (그는 프랑스를 통과해서 스페인으로 간다)

장소	gegen		Das Auto fährt **gegen ein** Haus. (자동차가 한 집과 부딪힌다) Die Fenster gehen **gegen** Norden. (창문들이 북향이다)
	um		Wir sitzen **um den** Tisch. (우리는 책상 주위에 앉아 있다) Das Auto fährt **um die** Stadt. (그 자동차는 도시 주위를 돈다)
	entlang		Wir fahren **die** Straße **entlang**. (우리는 도로를 따라 간다) **Den** Fluss **entlang** stehen Bäume. (강을 따라 나무들이 서 있다)
	bis		Der Zug fährt **bis** München. (그 기차는 뮌헨까지 간다) Gehen Sie bitte geradeaus **bis zur** Kirche! (똑바로 교회까지 가십시오!)
시간	gegen		Er kommt heute **gegen** 8 Uhr zum Essen. (그는 오늘 8시 경에 식사하러 온다) Ich komme **gegen** Abend. (나는 저녁 무렵에 올 것이다)
	um		Er kommt heute **um** 8 Uhr zum Essen. (그는 오늘 8시에 식사하러 온다) Der Zug fährt **um** 7.42 Uhr ab. (그 기차는 7시 42분에 출발한다)
	bis		Ich beende die Arbeit **bis** Montag. (나는 그 일을 월요일까지 끝마칠 것이다)
목적	für		Der Vater arbeitet **für seine** Familie. (아버지가 자신의 가족을 위해 일한다) Hier ist ein Brief **für** Peter. (여기에 페터에게 온 편지가 있다)
가부	gegen, für		Walter ist **gegen das** Rauchen. (발터는 흡연에 반대한다) Ich bin immer **für deine** Meinung. (나는 항상 너의 의견에 찬성한다)
-없이	ohne		Peter geht **ohne seinen** Freund spazieren. (페터는 그의 친구 없이 산보한다) Kaffee **ohne** Zucker und Milch bitte! (설탕과 크림을 넣지 않은 커피를 주십시오!)

4. 3, 4격 지배 전치사

3, 4격 지배 전치사는 모두 위치를 나타내는 전치사로 움직이거나 동작을 나타내면 4격을, 움직이지 않고 장소나 상태를 나타내면 3격을 사용한다.

(1)

장 소	Wohin? - 이동, 동작(4격)	Wo? - 위치, 상태(3격)
an	Ich hänge das Bild **an die** Wand.(나는 그 그림을 벽에 건다)	Das Bild hängt **an der** Wand.(그 그림이 벽에 걸려 있다)
auf	Ich stelle das Glas **auf den** Tisch.(나는 그 잔을 책상 위에 놓는다)	Das Glas steht **auf dem** Tisch.(그 잔이 책상 위에 놓여 있다)
hinter	Gehen Sie **hinter das** Haus!(집 뒤로 가십시오!)	Der Garten ist **hinter dem** Haus.(정원이 집 뒤에 있다)
neben	Fahren Sie den Wagen **neben das** Haus!(차를 집 옆으로 모십시오!)	Die Garage ist **neben dem** Haus.(차고가 집 옆에 있다)
in	Heute gehen wir **ins** Kino. (오늘 우리는 극장에 간다)	Wir sind **im** Kino. (우리는 극장에 있다)
über	Wir hängen die Lampe **über den** Tisch.(우리는 전등을 책상 위에 건다)	Die Lampe hängt **über dem** Tisch.(전등이 책상 위에 걸려 있다)
unter	Ich gehe **unter den** Balkon. (나는 발코니 아래로 간다)	Jetzt stehe ich **unter dem** Balkon.(이제 나는 발코니 아래에 서 있다)
vor	Ich fahre **vor die** Garage.(나는 차고 앞으로 차를 몬다)	Mein Wagen steht **vor der** Garage.(내 자동차가 차고 앞에 서 있다)
zwischen	Legen Sie das Heft **zwischen die** Bücher!(공책을 책들 사이에 놓으십시오!)	Das Heft ist **zwischen den** Büchern.(그 공책은 책들 사이에 있다)

(2)

Wohin? - 이동, 동작(4격)	Wo? - 위치, 상태(3격)
1) Jenny geht **hinter das** Haus. (예니가 집 뒤로 간다) 2) Jenny kommt **vor das** Haus (예니가 집 앞으로 온다) 	1) Sie ist jetzt **hinter dem** Haus (그녀는 이제 집 뒤에 있다) 2) Jetzt steht sie **vor dem** Haus (이제 그녀는 집 앞에 서 있다) 
3) Sabine und Franz fliegen **über die** Weser.(자비네와 프란츠가 비행기를 타고 베저 강을 건너간다) 4) Das Schiff fährt jetzt **unter die** Brücke. (배가 이제 다리 아래를 지나간다) 	3) Das Flugzeug ist genau **über der** Weser.(비행기가 정확하게 베저 강 위에 있다) 4) Das Schiff ist gerade **unter der** Brücke. (배가 이제 다리 아래에 있다) 
5) Giovanna geht **ins** Klassenzimmer. (기오바나가 교실로 들어간다) 6) Sie stellt die Tasche **auf den** Tisch. (그녀는 가방을 책상 위에 놓는다) 7) Sie hängt ihren Mantel **an die** Wand.(그녀는 외투를 벽에 건다) 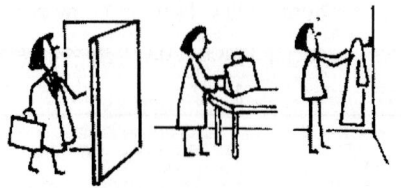	5) Sie ist jetzt **im** Klassenzimmer. (그녀는 이제 교실에 있다) 6) Ihre Tasche steht **auf dem** Tisch. (그녀의 가방이 책상 위에 놓여 있다) 7) Ihr Mantel hängt **an der** Wand. (그녀의 외투가 벽에 걸려 있다) 

8) Giovanna legt die Bücher **neben die** Tasche.
(기오바나가 책들을 가방 옆에 놓는다)
9) Sie legt den Füller **zwischen die** Tasche und **die** Bücher.(그녀가 만년필을 가방과 책 사이에 놓는다)

8) Die Bücher liegen **neben der** Tasche.
(책들이 가방 옆에 놓여 있다)
9) Der Füller liegt **zwischen der** Tasche und **den** Büchern.
(만년필이 가방과 책들 사이에 놓여 있다)

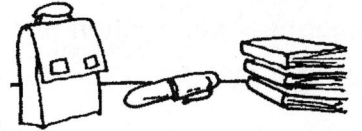

5. 3, 4격 지배 전치사와 시간

항상 3격을 지배한다

시 간	Wann? - 시간(3격)	
an	Ich komme **am** Montag. (나는 월요일에 온다) Ich bin **an** Weihnachten zu Hause. (나는 크리스마스에 집에 있다) **Am** Vormittag arbeite ich. (오전에 나는 일한다)	요일 휴일 하루의 일부분
in	**In diesem** Jahr kauft er ein Haus.(올해 그는 집 한 채를 산다) **In diesem** Monat kaufe ich ein Haus.(이번 달에 나는 집을 산다) **In dieser Woche** mache ich die Prüfung.(이번 주에 나는 시험을 치른다) **Im Jahr** 2010 kommt er wieder. = **2010** kommt er wieder. (2010년에 그는 다시 온다) **In drei Wochen** sind Ferien. (앞으로 3주 후면 방학이다)	년 달 주 연도 앞에 미래의 한 시점

vor	**Vor dem** Monat August kann ich nicht kommen. (8월 전에 나는 올 수 없다) Es ist viertel **vor** 5 Uhr. (5시 15분 전이다)
zwischen	Ich komme **zwischen** 3 und 4 Uhr. (나는 3시와 4시 사이에 온다)

6. legen-liegen, stellen-stehen, setzen-sitzen, hängen, stecken과 3, 4격 지배 전치사.

Ich lege das Buch **auf den** Tisch.   (4격)
(나는 책을 책상 위에 놓는다)

Das Buch liegt **auf dem** Tisch.   (3격)
(그 책은 책상 위에 있다)

Ich stelle die Tasse **auf den** Tisch.   (4격)
(나는 잔을 책상 위에 놓는다)

Die Tasse steht **auf dem** Tisch.   (3격)
(그 잔은 책상 위에 있다)

Die Mutter setzt das Kind **auf den** Stuhl.   (4격)
(어머니가 아이를 의자에 앉힌다)

Das Kind sitzt **auf dem** Stuhl.   (3격)
(그 아이는 의자에 앉아 있다)

Ich hänge das Bild **an die** Wand.   (4격)
(나는 그 그림을 벽에 건다)

Das Bild hängt **an der** Wand.   (3격)
(그 그림은 벽에 걸려 있다)

Ich stecke den Schlüssel **ins** Schloss.   (4격)
(나는 열쇠를 자물통에 꽂는다)

Der Schlüssel steckt **im** Scholss.   (3격)
(그 열쇠는 자물통에 꽂혀 있다)

7. 전치사 + 정관사의 단축형

an dem → **am**	zu dem → **zum**	durch das → **durchs**
bei dem → **beim**	zu der → **zur**	für das → **fürs**
in dem → **im**	an das → **ans**	in das → **ins**
von dem → **vom**	auf das → **aufs**	um das → **ums**

8. 의문사 Wo, Wohin, Woher와 전치사

의문사 Wo는 상태나 위치를 나타내며, Wohin은 상대방으로부터 다른 쪽으로의 방향을, Woher는 말하는 사람쪽으로의 방향을 나타낸다. **Wo**는 전치사 **in**과, **Wohin**은 전치사 **nach**와, **Woher**는 전치사 **aus**와 문장을 이루는 것이 보통이다.

대부분의 국명은 중성인데, 국명이 여성인 **die** Schweiz, **die** Bundesrepublik Deutschland, **die** DDR(구동독), Tschechische Republik(체코)과 남성인 **der** Sudan, **der** Irak, **der** Iran, **der** Libanon, 그리고 복수인 **die** Niederlande와 **die** Vereinigten Staaten(USA) 등은 아래의 **die** Türkei처럼 사용한다.

A : **Woher** kommt er? B : Er kommt **aus** Korea.
(A : 그는 어디 출신이니?) (B : 그는 한국출신이다)
(혹은 A : 그는 어디에서 오니?)

B : Er kommt **aus der** Türkei.
(B : 그는 터키 출신이다)

B : Er kommt **von** Seoul.
(B : 그는 서울로부터 온다)

B : Er kommt **aus der** Schule.
(B : 그는 학교에서 나온다)

B : Er kommt **von seinem** Onkel.
(B : 그는 그의 삼촌에게서 온다)

A : **Wo** ist er? B : Er ist **in** Korea.
(A : 그는 어디 있니?) (B : 그는 한국에 있어)

B : Er ist **in der** Türkei.
(B : 그는 터키에 있어)

B : Er ist **in** Seoul.
(B : 그는 서울에 있어)

B : Er ist **in der** Schule.
(B : 그는 학교에 있어)

B : Er ist **bei seinem** Onkel.
(B : 그는 그의 삼촌집에 있어)

A : **Wohin** fährt er? B : Er fährt **nach** Korea.
(A : 그는 어디로 가니?) B : 그는 한국에 간다)

B : Er fährt **in die** Türkei.
(B : 그는 터키로 간다)

B : Er fährt **nach** Seoul.
(B : 그는 서울로 간다)

B : Er fährt **in die** Schule.
(B : 그는 학교에 간다)

B : Er fährt **zu seinem** Onkel.
(B : 그는 자신의 삼촌에게 간다)

9. 의문 대명사 Wer, Was

(1) 의문 대명사 Wer, Was 등의 형태와 용법

Wer는 사람을, Was는 사물을 나타내는 데 그 격은 다음과 같다.

1	Wer	Was
2	Wessen	Wessen
3	Wem	—
4	Wen	Was

A : **Wer** ist er? B : Er ist **Herr Baumann.**
(A : 그는 누구니?) B : 그는 바우만씨야)

제6장 전치사 99

A : **Was** ist er?　　　　　　　B : Er ist **Student**.
(A : 그는 직업이 뭐지?　　　　　B : 그는 학생이야)

A : **Wer** fragt?　　　　　　　　B : **Der** Freund fragt.
(A : 누가 묻니?　　　　　　　　　B : 그 친구가 묻는다)

A : **Wen** fragt er?　　　　　　B : Er fragt **den** Freund.
(A : 그는 누구에게 묻니?　　　　B : 그는 친구에게 물어)

A; **Was** ist falsch?　　　　　　B : **Der Satz** ist falsch.
(A : 뭐가 틀렸니?　　　　　　　　B : 문장이 틀렸어)

A : **Was** schreibt er?　　　　　B : Er schreibt **den Satz**.
(A : 그는 무엇을 쓰니?　　　　　 B : 그는 문장을 쓴다)

A : **Wem** gehören die Bücher?　B : Sie gehören **dem** Freund.
(A : 책들은 누구거니?　　　　　　B : 그것들은 그 친구거야)

쉬어가기 15 ― 3, 4격 지배 전치사의 의미

쉬어가기 16   울엄마 Meiner Mutter
-베르톨트 브레히트 Bertold Brecht

엄마가 돌아가셨을 때 사람들은 엄마를 땅 속에 묻었다.
그 위로 꽃들이 자라고, 나비들이 날아다닌다...
엄마의 시신은 땅을 거의 누르지 않으셨다.
그렇게 가벼워지실 때까지 엄마는 얼마나 많이 고생을 하셨을까!

Als sie nun aus war, liess man in Erde sie
Blumen wachsen, Falter gaukeln darueber hin...
Sie, die Leiche, drueckte die Erde kaum
Wieviel Schmerz brauchte es, bis sie so leicht ward!

쉬어가기 17   나, 살아남은 자 Ich, der Überlebende
-베르톨드 브레히트 Bertold Brecht

나는 물론 알고 있다. 오직 운이 좋아서
그렇게 많은 친구들보다 오래 살아남았다는 것을. 그러나 지난 밤 꿈속에서
나는 이 친구들이 나에 대해 이야기하는 것을 들었다. "더 강한 자들이 살아남는 법이다."
그래서 나는 내 자신이 싫었다.

Ich weiß natürlich: einzig durch Glück
Habe ich so viele Freunde überlebt. Aber heute nacht im Traum
Hörte ich diese Freunde von mir sagen: "Die Stärkeren überleben"
Und ich haßte mich.

연습문제 Übungen

1 다음 _____ 안에 전치사 aus나 von을 넣으시오

1. Woher kommen Sie?	_____ Türkei?	Aus der
(당신은 어디 출신입니까?/당신은 어디에서 오십니까? 터키요?)		
	_____ Italien?	Aus
(이탈리아요?)		
	_____ Iran?	Aus dem
(이란요?)		
	_____ Büro?	Aus dem
(사무실에서요?)		
	_____ zu Hause?	Von
(집에서부터요?)		

2 다음 _____ 안에 전치사 nach, in, zu 중 하나를 넣으시오

2. Wohin fahren Sie?	_____ München?	Nach
(당신은 어디로 가십니까? 뮌헨으로요?)		
	_____ Schweiz?	In die
(스위스로요?)		
	_____ Universität?	Zur
(대학교에요?)		
	_____ Sudan?	In den
(수단으로요?)		
	_____ Büro?	Ins
(사무실로요?)		
	_____ Hause?	Nach
(집으로요?)		

3 다음 _____ 안에 전치사 in, zu, bei, an 중 하나를 넣으시오

3. Wo ist er? _____ Büro?	Im
(그는 어디에 있니? 사무실에?)	
_____ Bahnhof?	Am
(역에?)	
_____ Arzt?	Beim
(의사에게?)	
_____ Unterricht?	Im
(수업에?)	
_____ Türkei?	In der
(터어키에?)	

4 다음 _____에 in, zu, bei, mit, von, nach 중 하나를 넣으시오

4. Um 2 gehe ich _____ meinem Freund.	zu
(2시에 나는 나의 친구에게로 간다)	
5. Um 3 bin ich _____ Büro.	im
(3시에 나는 사무실에 있다)	
6. _____ dem Essen fahre ich _____ Bonn.	Nach, nach
(식사 후에 나는 본으로 간다)	
7. Abends gehe ich _____ Monika _____ Theater.	mit, ins
(저녁에 나는 모니카와 연극관에 간다)	
8. Monika wohnt _____ _____ Eltern.	bei ihren
(모니카는 그녀의 부모집에 산다)	
9. Er kommt _____ Arzt.	vom/von dem
(그는 의사로부터 온다)	
10. Er ist _____ Arzt.	beim
(그는 의사에게 가 있다)	

5 다음 _____안에 in, nach, bis, über, von 중 하나를 넣으시오

11. Er wohnt _____ Hamburg. (그는 함부르크에 살고 있다)	in
12. Der IC fährt nur _____ Mainz. (IC 열차는 마인쯔까지만 간다)	bis
13. Ich fahre heute _____ Stuttgart. (나는 오늘 슈투트가르트로 간다)	nach
14. Der Zug fährt _____ Köln ab und kommt um 13 Uhr _____ Frankfurt an. (그 기차는 쾰른을 출발해서 13시에 프랑크푸르트에 도착한다)	von, in
15. Der Zug Seoul-Busan fährt _____ Daegu. (서울에서 부산으로 가는 기차는 대구를 거쳐서 간다)	über
16. Was kostet eine Fahrkarte _____ Hamburg? (함부르크로 가는 기차표 값이 얼마입니까?)	nach

6 다음 _____안에 적당한 정관사를 넣으시오

17. Peter geht um 8 Uhr aus _____ Haus. (페터는 8시에 집에서 나온다)	dem
18. Nach _____ Essen besuchen wir Frau Kim. (식사 후에 우리는 김씨부인을 방문한다)	dem
19. Wir gehen _____ Ludwigstraße entlang. (우리는 루드비히街를 따라 간다)	die
20. Man sitzt da um _____ Tisch und redet. (사람들이 거기 탁자 주위에 앉아서 이야기 한다)	den
21. Gehen Sie durch _____ Tür? (그 문을 통과해서 가겠습니까?)	die

7 다음 _____안에 mit, ohne 중 하나를 넣으시오

22. Fahren Sie ____ dem Auto oder ____ dem Fahrrad? (당신은 자동차를 타고 가시겠습니까, 아니면 자전거를 타고 가시겠습니까?)	mit, mit
23. Heute ist Ihre Übung _____ einen Fehler. (오늘 당신의 연습은 틀린 것이 하나도 없습니다. der Fehler : 오류, 잘못)	ohne
24. A : Kommt Paul ____ seinen Geschwistern? 　B : Nein, ich denke, er kommt ____ die Schwester. (A : 파울은 그의 형제자매와 함께 오니? 　B : 아니, 내 생각에 그는 자매 없이 올거야)	mit ohne

8 다음 _____에 정관사 3, 4격 중 하나를 넣으시오

25. Die Antenne ist auf _____ Dach. (안테나가 지붕 위에 있다. die Antenne : 안테나. das Dach : 지붕)	dem
26. Herr Müller schreibt seinen Namen in ____ Buch. (뮐러씨가 자신의 이름을 책에 쓴다)	das
27. Das Hotel ist zwischen _____ Post und _____ Universität. (그 호텔은 우체국과 대학 사이에 있다)	der der
28. Bitte, steigen Sie in _____ Auto ein! (자, 자동차에 올라 타십시오! einsteigen : 올라타다 ↔ aussteigen : 내리다)	das
29. Das Bild über _____ Couch gehört meinem Vater. (안락의자 위의 그림은 우리 아버지 것이다. die Couch : 안락의자 = der Sessel : 안락의자)	der
30. Der Vater arbeitet hinter _____ Haus. (아버지가 집 뒤에서 일한다)	dem
31. Ich komme an _____ Mittwoch. (나는 수요일에 올 것이다)	dem

32. Mein Bruder stellt sein Fahrrad neben _____ Tür. (우리 형이 자전거를 문 옆에 놓는다) 33. Die Mutter setzt das Kind in _____ Sessel. (어머니가 아이를 안락의자에 앉힌다) 34. Hans stellt das Fahrrad hinter _____ Haus. (한스는 자전거를 집 뒤에 놓는다)	die den das

9 다음 _____에 wer, was를 격에 맞게 넣으시오

35. A : _____ fragt der Schüler? 　B : Der Schüler fragt den Lehrer. 　(A : 그 학생이 누구에게 묻습니까? 　 B : 그 학생은 선생님에게 묻습니다)	 Wen
36. A : _____ erklärt den Satz? 　B : Frau Becker erklärt den Satz. 　(A : 누가 그 문장을 설명합니까? 　 B : 베커 부인이 그 문장을 설명합니다. 　erklären : 누구에게 무엇을 설명하다)	 Wer
37. A : _____ zeigt sie? 　B : Sie zeigt den Tisch und den Stuhl. 　(A : 그녀는 무엇을 가리킵니까? 　 B : 그녀는 책상과 의자를 가리킵니다. 　zeigen : 누구에게 무엇을 가리키다, 보여주다)	 Was
38. A : _____ versteht der Schüler? 　B : Der Schüler versteht den Lehrer. 　(A : 그 학생은 누구를 이해합니까? 　 B : 그 학생은 선생님을 이해합니다)	 Wen
39. A : _____ ist das? 　B : Das ist ein Tisch. 　(A : 저것은 무엇입니까? 　 B : 저것은 책상입니다)	 Was

쉬어가기 18 소크라테스와 알키비아데스
-프리드리히 횔덜린

"고결한 소크라테스여, 그대는 왜 이 젊은이에게
　　항상 경의를 표하시나요? 그대는 좀 더 위대한 것을 모르시나요?
　　　그대는 왜 신들을 대하듯 이 젊은이에게
　　　　사랑의 눈길을 보내시나요?"

가장 심오한 것을 생각한 자는, 가장 생동하는 것을 사랑하는 법이고,
　　세상의 이치를 깊이 깨달은 자는, 청춘의 숭고함을 이해하는 법이다.
　　　그래서 현자들이 마지막에 이르러
　　　　종종 아름다움에 경도되는 것이다.

Sokrates und Alkibiades
-Friedrich Hölderlin

"Warum huldigest du, heiliger Sokrates,
　　Diesem Jünglinge stets? kennest du Größers nicht?
　　　Warum siehet mit Liebe,
　　　　Wie auf Götter, dein Aug' auf ihn?"

Wer das Tiefste gedacht, liebt das Lebendigste,
　　Hohe Jugend versteht, wer in die Welt geblickt,
　　　Und es neigen die Weisen
　　　　Oft am Ende zu Schönem sich.

제7장 화법 조동사

1. 화법 조동사의 각 인칭에 따른 형태

화법 조동사의 각 인칭에 따른 형태는 다음과 같다.

	wollen	müssen	können	dürfen	sollen	mögen	möchten
ich	will	muss	kann	darf	soll	mag	möchte
du	willst	musst	kannst	darfst	sollst	magst	möchtest
er(sie, es)	will	muss	kann	darf	soll	mag	möchte
wir	wollen	müssen	können	dürfen	sollen	mögen	möchten
ihr	wollt	müsst	könnt	dürft	sollt	mögt	möchtet
sie(Sie)	wollen	müssen	können	dürfen	sollen	mögen	möchten

화법 조동사가 없는 문장에 화법 조동사를 넣을 때에는 위의 도표를 보고 각 인칭에 걸맞는 화법 조동사를 넣고 문장의 마지막에 동사의 원형을 위치시킨다.

Richard **geht** heute abend zu Herrn Müller.(wollen)

→ Richard **will** heute abend zu Herrn Müller **gehen**. ← (원형)

(리하르트는 오늘 저녁 뮐러씨에게 간다

→ 리하르트는 오늘 저녁 뮐러씨에게 가려고 한다)

2. 화법 조동사의 용법

(1) **wollen**

Ich **will** zum Tanzen gehen.

(**의지**, 나는 춤을 추러 가겠다. das Tanzen : 춤, zum Tanzen : 춤을 추러)

Er **will** reich sein.

(**주장**, 그는 부자라고 주장한다)

(2) müssen

Ich **muss** noch schnell etwas kaufen.
(**강요**, 나는 또 빨리 무엇을 사야 한다. noch : 또, 아직. schnell : 빨리)

Man **muss** einmal sterben.
(**필연성**, 사람은 언젠가 죽어야 한다. einmal : 언젠가)

Er **muss** schwer krank sein.
(**강한 추측, 현재**, 그는 심하게 아픔에 틀림없다. schwer : 심하게)

> **참고** müssen의 부정은 müssen nicht보다 'brauchen nicht zu + 부정형'을 사용한다. A : Muss ich warten? B : Nein, du brauchst nicht zu warten.(A : 나는 기다려야 하니? B : 아니, 너는 기다릴 필요가 없어)

(3) sollen

Du **sollst** fleißig arbeiten.
(**의무**, 너는 열심히 공부해야 한다. fleißig : 열심히)

Du **sollst** deine Eltern ehren.
(**도덕적 의무**, 너는 너의 부모를 공경해야 한다. ehren : 존경하다)

Ich **soll** Lehrer werden. Meine Eltern wollen das.
(**제3자의 의지**, 나는 교사가 되어야 한다. 부모님이 그것을 원한다.)

Es **soll** dort sehr heiß sein. Die Leute sagen es.
(**소문**, 거기는 매우 덥다고 한다. 사람들이 그렇게 말한다. heiß : 더운)

(4) können

Kannst du heute zu uns kommen?
(**가능**, 너는 오늘 우리에게 올 수 있니?)

Können Sie Deutsch (sprechen)?
(**언어와 함께**, 당신은 독일어를 할 수 있습니까?)

Kann ich Ihr Ticket sehen?
(**공손한 표현**, 당신의 표를 좀 볼 수 있을까요? das Ticket : 표, 승차권)

Kann ich hier mal telefonieren?
(허가, 내가 여기서 전화할 수 있을까요?)

(5) dürfen

Du **darfst** heute abend ins Kino gehen.
(허가, 너는 오늘 저녁 극장에 가도 된다)

Man **darf** hier nicht rauchen.
(금지, 여기서 담배를 피워서는 안된다)

Darf ich Sie einladen?
(공손한 표현, 제가 당신을 초대해도 됩니까?)

Was **darf** es sein?
(관용적 표현, 무엇을 원하십니까?)

(6) mögen

Ich **mag** solche Menschen nicht.
(기호, 나는 그런 사람들을 좋아하지 않는다. der Mensch : 인간)

Jetzt **mag** ich keine Musik hören.
(순간적인 기호, 이제 나는 음악을 듣고 싶은 마음이 없다)

Das **mag** wahr sein.
(추측, 그것은 사실일 수 있다. wahr : 진실의)

Das **mag** sein.
(추측, 그럴지 모른다)

(7) möchten

Möchten Sie die Äpfel?
(의도, 당신은 사과를 원하십니까? der Apfel : 사과)

Was **möchten** Sie? = Was **darf** es sein?
(점원이 손님에게, 무엇을 원하십니까?)

쉬어가기 19 운명의 여신들에게 An die Parzen
-프리드리히 횔덜린 Friedrich Hölderlin

그대들 힘 있는 자들이여, 제게 여름 한철만이라도 내려주소서!
Nur Einen Sommer gönnt, ihr Gewaltigen!
   아니면 원숙한 노래를 부를 수 있는 가을 한철만이라도,
   Und einen Herbst zu reifem Gesange mir,
      그렇다면 저의 심장은 달콤한 유희에 흠뻑 젖어
      Daß williger mein Herz, vom süßen
         더욱 기꺼이 멎어도 좋습니다.
         Spiele gesättiget, dann mir sterbe.

사는 동안 그대들의 신적인 권리를 맛보지 못한 영혼은
Die Seele, der im Leben ihr göttlich Recht
   저 아래 지하세계에서도 평안을 누리지 못합니다.
   Nicht ward, sie ruht auch drunten im Orkus nicht;
      하지만 언젠가 제게 가장 소중한
      Doch ist mir einst das Heil' ge, das am
         성스러운 시詩가 성공을 거둘 수만 있다면,
         Herzen mir liegt, das Gedicht, gelungen,

오, 그렇다면, 그림자 세계의 정적이여, 언제든 환영합니다!
Willkommen dann, o Stille der Schattenwelt!
   저는 만족합니다, 비록 제 연주가
   Zufrieden bin ich, wenn auch mein Saitenspiel
      저 아래로 저를 바래다주지 못 하더라도,
      Mich nicht hinab geleitet; Einmal
         한 번 신들처럼 살아봤으니 저는 더 이상 원이 없습니다.
         Lebt ich, wie Götter, und mehr bedarfs nicht.

제7장 화법 조동사 111

연습문제 Übungen

정답

1 다음 _____ 안에 적당한 화법 조동사를 넣으시오

| dürfen, mögen |

1. Du _____ Bonbons.   magst
   (너는 봉봉사탕을 좋아한다. das Bonbon : 사탕, 캔디)
2. Das _____ sein.   mag
   (그것은 사실일지 모른다)
3. A : _____ Sie Herrn Kim?   Mögen
   B : Ja, ich _____ ihn sehr.   mag
   (A : 당신은 김씨를 좋아합니까?
   B : 예, 저는 그를 매우 좋아합니다)
4. Was _____ es sein?   darf
   (무엇을 원하십니까?)
5. _____ ich den Brief lesen?   Darf
   (내가 편지를 읽어도 됩니까? lesen : 읽다)

| müssen und können |

6. Ich habe keine Zeit, ich _____ nach Frankfurt fahren.   muss
   (나는 시간이 없다, 나는 프랑크푸르트로 가야 한다)
7. _____ ich Herrn Weber sprechen?   Kann
   (제가 베버씨와 이야기할 수 있을까요?)
8. Man _____ einmal sterben.   muss
   (사람은 언젠가 죽어야 한다. sterben : 죽다. einmal : 언젠가)
9. _____ Sie mir mal helfen? Ich weiß den Weg nicht.   Können
   (당신은 저를 도와 주시겠습니까? 저는 길을 모릅니다.
   der Weg : 길)

10. Sie sind krank und haben Fieber. Sie _____ im Bett bleiben. (당신은 아파서 열이 있습니다. 당신은 침대에 있어야 합니다. das Fieber : 열)	müssen
11. Ich habe in Paris keine Probleme. Ich _____ Französisch. (저는 파리에서 문제가 없습니다. 저는 불어를 할 수 있습니다)	kann

12. A : _____ Sie heute einkaufen gehen?
  B : Nein, heute brauche ich nicht einkaufen zu gehen.
  (A : 당신은 오늘 쇼핑하러 가야 합니까?
  B : 아뇨, 오늘 난 쇼핑하러 갈 필요가 없습니다.
  einkaufengehen : 쇼핑하러 가다.
  brauchen nicht zu 동사의 원형 : 무엇을 할 필요가 없다)
	Müssen

13. Ich _____ mit dem Fahrrad fahren. Mein Auto ist kaputt. (나는 자전거를 타고 가야 한다. 내 자동차가 고장났다. kaputt : 고장난)	muss
14. _____ du schwimmen? (당신은 수영할 줄 압니까?)	Kannst
15. Herr Ober, _____ Sie mir ein Glas Bier bringen? (여보세요, 저에게 맥주 한 잔 갖다 주겠습니까? der Ober : 종업원)	Können
16. Er _____ schwer krank sein. (그는 분명히 심하게 아플 것이다. schwer : 심한, 무거운)	muss
17. _____ ich hier telefonieren? (제가 여기서 전화를 걸어도 됩니까?)	Kann
18. Ich _____ nach Hause gehen. Mein Vater ist krank. (나는 집에 가야합니다. 우리 아버지가 아프십니다)	muss

können und möchten

19. Ich habe Hunger. Ich _____ eine Pizza essen. (나는 배가 고프다. 나는 피자를 먹고 싶다)	möchte
20. _____ ich Ihr Ticket sehen? (제가 당신 차표를 좀 보아도 될까요?)	Kann

21. Ich _____ die neuen Hosen anziehen.	möchte
Ich _____ sie aber nicht finden.	kann
(나는 새 바지를 입고 싶다. 그러나 나는 그것들을 찾을 수 없다.	
anziehen : 무엇을 입다. die Hose : 바지)	
22. Herr Genscher, wir _____ Sie einladen.	möchten
_____ Sie morgen abend kommen?	Können
(겐셔씨, 우리가 당신을 초대하려고 합니다.	
당신은 내일 저녁 올 수 있습니까? einladen : 초대하다)	
23. Ich bin krank. Ich _____ morgen nicht arbeiten.	kann
(저는 아픕니다. 저는 내일 일할 수 없습니다. morgen : 내일)	
24. Herr Doktor, _____ ich um 7 kommen?	kann/darf
Ich _____ nicht zwei Stunden warten.	kann
(선생님, 제가 7시에 와도 됩니까?	
저는 두 시간 동안 기다릴 수 없습니다)	
25. Er ist erkältet, er _____ nicht schlucken.	kann
(그는 감기걸려 있다. 그는 삼킬 수 없다.	
erkältet : 감기걸린. schlucken : 삼키다)	
26. Meine Freundin _____ chinesisch kochen.	kann
(내 여자친구는 중국식으로 요리할 수 있다. kochen : 요리하다)	
27. Andrea _____ in Berlin arbeiten. Sie findet aber	möchte
keinen Job.(안드레아는 베를린에서 일하고 싶어한다.	
그러나 그녀는 일자리를 찾지 못한다)	
28. Ich _____ nicht bar bezahlen. Ich habe kein Bargeld.	kann
(나는 현금으로 지불할 수 없다. 나는 현금이 없다.	
bar bezahlen : 현금으로 지불하다. das Bageld : 현금.	
참고 : der Scheck : 수표)	

2 다음 ( ) 안의 의미를 나타낼 수 있는 화법 조동사는?

29. _____ Sie Deutsch sprechen?(능력)	Können
(당신은 독일어를 할 수 있습니까?)	
30. Du _____ hier nicht rauchen.(금지)	darfst
(너는 여기서 담배를 피워서는 안된다. rauchen : 흡연하다)	
31. Ich _____ ihn nicht.(기호)	mag
(나는 그를 좋아하지 않는다)	
32. Ich _____ das Auto fahren.(의지)	will
(나는 자동차를 운전하고 싶다)	
33. Was _____ Sie kaufen?(희망)	möchten
(당신은 무엇을 사고 싶으십니까?)	
34. Der Mann _____ Professor sein.(주장)	will
(그 남자는 교수라고 주장한다)	
35. Ich _____ Lehrer werden. Meine Eltern wollen das.(제 3자의 의지)	soll
(나는 교사가 되어야 한다. 우리 부모님이 그것을 원한다)	
36. Wir _____ fleißig lernen.(당위)	sollen
(우리는 열심히 공부해야 한다. fleißig : 열심히)	
37. Du _____ ins Kino gehen.(허가)	darfst
(너는 극장에 가도 된다)	

| 쉬어가기 20 | 교통 표지판

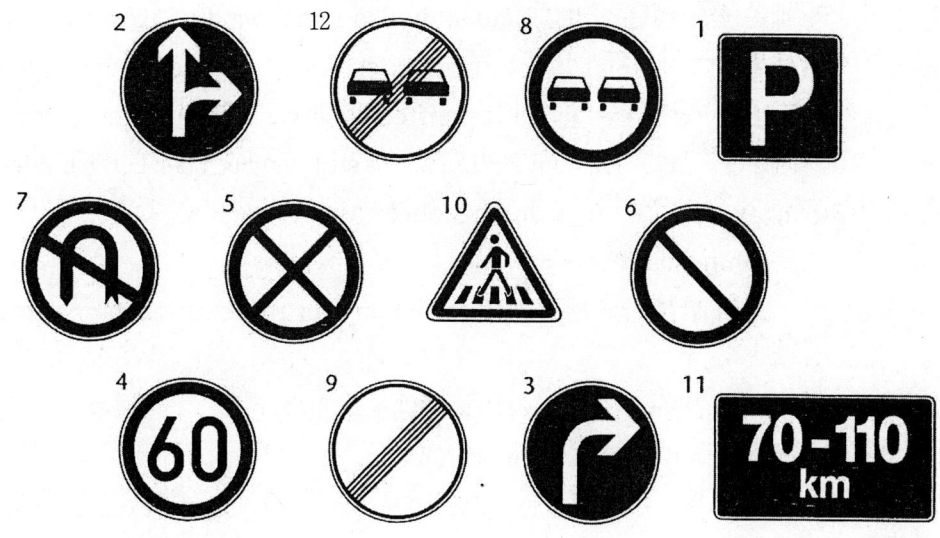

1. Hier darf man parken.
2. Man kann geradeaus oder nach rechts.
3. Man muss nach rechts fahren.
4. Man darf nur 60 km/h fahren.
5. Hier dürfen Sie nicht halten, das ist verboten.
6. Hier darf man nicht parken, aber kurz halten ist erlaubt.
7. Hier darfst du nicht umdrehen.
8. Überholen verboten!
9. Freie Fahrt!
10. Vorsicht, Fußgängerübergang!
11. Man soll 70 bis 110 km/h fahren.
12. Das Überholverbot ist zu Ende.

쉬어가기 21 당신은 그 나라를 아시나요?Kennst du das Land?
-요한 볼프강 폰 괴테Johann Wolfgang von Goethe

당신은 아시나요, 레몬 꽃이 피는 나라를,Kennst du das Land, wo die Zitronen blühn,
그늘진 잎 사이에선 황금색 오렌지가 빛나고,Im dunklen Laub die Goldorangen glühn,
파란 하늘에선 부드러운 바람이 불어오고, Ein sanfter Wind vom blauen Himmel weht,
도금양은 고요히 월계수는 드높이 서있는 나라를?Die Myrte still und hoch der Lorbeer steht?
당신은 혹시 그곳을 아시나요?Kennst du es wohl?
그곳으로, 그곳으로Dahin, dahin
오 나의 사랑이여, 당신과 함께 가고 싶어요!Möcht ich mit dir, o mein Geliebter, ziehn!

당신은 그 집을 아시나요? 둥근 기둥이 지붕을 떠받치고 있고,
Kennst du das Haus? Auf Säulen ruht sein Dach.
홀에선 빛이 나고, 방에선 윤이 나는 집을,Es glänzt der Saal, es schimmert das Gemach,
그리고 대리석 상들이 서서 나를 쳐다보며,Und Marmorbilder stehn und sehn mich an:
불쌍한 아이야, '사람들이 네게 무슨 짓을 했지?'하고 물어주는 곳.
Was hat man dir, du armes Kind, getan?
당신은 혹시 그곳을 아시나요?Kennst du es wohl?
그곳으로, 그곳으로Dahin, dahin
오 나의 보호자여, 당신과 함께 가고 싶어요!Möcht ich mit dir, o mein Beschützer, ziehn!

당신은 그 산과 그 산의 구름다리를 아시나요?Kennst du den Berg und seinen Wolkensteg?
노새가 안개 속에서 제 갈 길을 찾고,Das Maultier sucht im Nebel seinen Weg.
동굴 속엔 용들이 낳은 오래된 알들이 있고,In Höhlen wohnt der Drachen alte Brut.
바위가 무너지고 그 위로 계곡물이 넘쳐흐르는 곳을.Es stürzt der Fels und über ihn die Flut.
당신은 혹시 그곳을 아시나요?Kennst du ihn wohl?
그곳으로, 그곳으로Dahin, dahin
우리의 길은 뻗어 있어요.Geht unser Weg.
오 아버지, 우리 같이 가요!O Vater, lass uns ziehn!

「Wilhelm Meisters Lehrjahre빌헬름 마이스터의 수업시대」에서

제8장 과거형

1. 동사의 종류

앞에서 우리는 동사를 격지배나 전철에 따라 분류했다. 그러나 동사는 과거와 과거분사를 만드는 방법에 따라 약변화 동사, 강변화 동사, 혼합변화 동사로 구분할 수도 있다.

(1) 약변화 동사

약변화 동사란 과거와 과거 분사를 만들 때, 과거형은 **'동사의 어간 + te'**, 과거 분사형은 **'ge + 동사의 어간 + t'**의 형태로 규칙적으로 만드는 동사를 말한다.

sagen(말하다)	sagte	gesagt
machen(만들다)	machte	gemacht
hören(듣다)	hörte	gehört

(2) 강변화 동사

강변화 동사란 과거와 과거 분사를 만들때 동사의 어간이 많이 변화된 동사를 말한다. 이런 동사들은 기본적으로 암기하고 있어야 한다. 하지만 강변화 동사의 3요형에도 다음과 같이 일정한 규칙이 있다.

A. 제1유형 : a/ie(i)/a

schlafen(잠자다)	schlief	geschlafen
raten(충고하다)	riet	geraten
lassen(하게 하다)	ließ	gelassen
fangen(잡다)	fing	gefangen
fallen(떨어지다)	fiel	gefallen
halten(정차하다)	hielt	gehalten

B. 제2유형 : a/u/a

fahren(차를 타고가다)	fuhr	gefahren

laden(짐을 싣다)	lud	geladen
schlagen(치다, 때리다)	schlug	geschlagen
tragen(지다, 지니다)	trug	getragen
schaffen(창조하다)	schuf	geschaffen
wachsen(성장하다)	wuchs	gewachsen
waschen(씻다, 세탁하다)	wusch	gewaschen

C. 제3유형 : e/a/e

geben(주다)	gab	gegeben
geschehen(사건이 일어나다)	geschah	geschehen
lesen(읽다)	las	gelesen
sehen(보다)	sah	gesehen
essen(먹다)	aß	gegessen
fressen(동물이 먹다)	fraß	gefressen
vergessen(잊다)	vergaß	vergessen

D. 제4유형 : e/a/o

nehmen(취하다)	nahm	genommen
empfehlen(추천하다)	empfahl	empfohlen
sprechen(말하다)	sprach	gesprochen
brechen(깨뜨리다)	brach	gebrochen
erschrecken(놀라다)	erschrak	erschrocken
treffen(만나다)	traf	getroffen
sterben(죽다)	starb	gestorben
gelten(유효하다, 가치가 있다)	galt	gegolten
helfen(돕다)	half	geholfen
werfen(던지다)	warf	geworfen

E. 제5유형 : e/o/o

heben(올리다)	hob	gehoben
schmelzen(녹다, 녹이다)	schmolz	geschmolzen

F. 제6유형 : i/a/e

liegen(누워 있다)	lag	gelegen
sitzen(앉아 있다)	saß	gesessen

G. 제7유형 : i/a/o

beginnen(시작하다)	begann	begonnen
gewinnen(얻다, 이기다)	gewann	gewonnen
schwimmen(수영하다)	schwamm	geschwommen

H. 제8유형 : i/a/u

singen(노래하다)	sang	gesungen
binden(묶다)	band	gebunden
finden(발견하다)	fand	gefunden
klingen(소리가 나다)	klang	geklungen
verschwinden(사라지다)	verschwand	verschwunden
springen(뛰어오르다)	sprang	gesprungen
trinken(마시다)	trank	getrunken

I. 제9유형 : i/o/o

fliegen(날다, 비행기를 타고가다)	flog	geflogen
biegen(구부리다)	bog	gebogen
bieten(제시하다)	bot	geboten
verlieren(잃다)	verlor	verloren
ziehen(이동하다, 끌다)	zog	gezogen
gießen(붓다)	goss	gegossen
fließen(흐르다)	floss	geflossen
schließen(닫다)	schloss	geschlossen
schießen(총을 쏘다)	schoss	geschossen

J. 제10유형 : ei/i/i

schreiben(쓰다)	schrieb	geschrieben

bleiben(머물다)	blieb	geblieben
leihen(빌리다, 빌려주다)	lieh	geliehen
reiben(문지르다)	rieb	gerieben
scheinen(비추다)	schien	geschienen
steigen(올라가다)	stieg	gestiegen
treiben(밀다)	trieb	getrieben
schweigen(침묵하다)	schwieg	geschwiegen
reißen(잡아채다)	riss	gerissen
reiten(말을 타다)	ritt	geritten
schneiden(자르다)	schnitt	geschnitten

예외 이 규칙에서 벗어나는 동사들

stehen(서 있다)	stand	gestanden
gehen(가다)	ging	gegangen
hängen(매달려 있다)	hing	gehangen
kommen(오다)	kam	gekommen
tun(하다)	tat	getan
rufen(부르다)	rief	gerufen
laufen(뛰어가다)	lief	gelaufen
heißen(무엇으로 불리다)	hieß	geheißen
lügen(속이다)	log	gelogen
bitten(청하다)	bat	gebeten
gebären(태어나다, 낳다)	gebar	geboren

참고 과거분사는 일반적으로 전철 ge-를 갖는다. 분리동사(zumachen, einladen)의 경우 전철 -ge-는 분리전철과 동사의 사이에 온다. 그러나 비분리동사(vermieten, beginnen)와 어미가 -ieren(studieren, telefonieren)인 경우에는 전철 ge-가 붙지 않는다.

(3) 혼합변화 동사

혼합변화 동사란 과거형과 과거 분사형을 만들 때 약변화와 강변화의 변화유형을 다 따르는 동사를 말하며 강변화 동사로 간주되기도 한다.

denken(생각하다)	dachte	gedacht

bringen(가져오다)	brachte	gebracht
kennen(사람을 알다)	kannte	gekannt
wissen(어떤 사실을 알다)	wusste	gewusst

(4) sein, haben, werden 동사

sein(있다)	war	gewesen
haben(가지고 있다)	hatte	gehabt
werden(되다)	wurde	geworden

2. 과거인칭 변화

(1) 강변화 동사

독일어 동사의 과거형 문장은 **동사의 과거형**에 단수 1인칭과 3인칭에는 어미를 붙이지 않고, du에는 -st를, wir에는 -en을, ihr에는 -t를, sie(Sie)에는 -en을 결합하여 만든다.

강변화 동사와 약변화 동사 그리고 혼합변화 동사의 과거인칭 어미가 다른 것처럼 보이지만 사실은 그렇지 않다. 약변화동사는 위에서 언급했듯이 과거형이 -te로 끝나기 때문에 wir와 sie(Sie)에서 어미 e를 중복해서 결합시키지 않았을 뿐이다.

	geben	rufen	gehen	sein	어미
ich	gab	rief	ging	war	-
du	gabst	riefst	gingst	warst	-st
er, sie, es	gab	rief	ging	war	-
wir	gaben	riefen	gingen	waren	-en
ihr	gabt	rieft	gingt	wart	-t
sie	gaben	riefen	gingen	waren	-en
Sie	gaben	riefen	gingen	waren	-en

Ich **traf** ihn in Busan.
(나는 그를 부산에서 만났다)

Wir **saßen** im Park.
(우리는 정원에 앉아 있었다)

Er **begann** eine Unterhaltung.
(그는 환담을 시작했다)

Ihr **bliebt** eine Stunde.
(너희들은 한시간 동안 머물렀다)

Sie **stiegen** in den Bus ein.
(그들은 버스에 올라탔다)

Du **gingst** eilig nach Hause.
(너는 서둘러 집으로 갔다)

(2) 약변화 동사와 혼합변화 동사

약변화 동사나 혼합변화 동사의 과거인칭 변화도 강변화 동사의 과거인칭 변화와 동일하지만 다른 점이 있다면 **복수 1인칭과 3인칭 그리고 존칭에서 e를 붙이지 않는다는 것이다.** 약변화 동사나 혼합변화 동사의 과거형이 -te로 끝나기 때문이다. 약변화 동사 reden, antworten, öffnen처럼 어간이 -d, -t, -fn으로 끝나는 동사는 과거형 어간이 -ete가 된다.

	sagen	어미		antworten	어미
ich	sagte	–	ich	antwortete	–
du	sagtest	–st	du	antwortetest	–st
er, sie, es	sagte	–	er	antwortete	–
wir	sagten	–n	wir	antworteten	–n
ihr	sagtet	–t	ihr	antwortetet	–t
sie	sagten	–n	sie	antworteten	–n
Sie	sagten	–n	Sie	antworteten	–n

	denken	어미		wissen	어미
ich	dachte	–	ich	wusste	–
du	dachtest	–st	du	wusstest	–st
er, sie, es	dachte	–	er	wusste	–
wir	dachten	–n	wir	wussten	–n
ihr	dachtet	–t	ihr	wusstet	–t
sie	dachten	–n	sie	wussten	–n
Sie	dachten	–n	Sie	wussten	–n

Er **wohnte** in Seoul.
(그는 서울에 살았다)

Ich **heiratete** 1987.
(나는 1987년에 결혼했다)

Wir **kochten** zu Hause.
(우리들은 집에서 요리했다)

Ich **dachte**, er bleibt noch.
(나는 그가 아직 머물 거라고 생각했다)

Sie **arbeiteten** als Verkäufer.
(그들은 판매원으로 일했다)

Ihr **spieltet** oft Klavier.
(너희들은 자주 피아노를 연주했다)

Du **machtest** den Haushalt.
(너는 집안 일을 했다)

Wir **kannten** ihn noch nicht.
(우리는 그를 아직 알지 못했다)

Das **wusstet** ihr nicht.　　　　Sie **brachten** ein Geschenk.
(그걸 너희들은 몰랐다)　　　　　(그들은 선물 하나를 가져왔다)

(3) **sein, haben, werden** 동사의 과거형

	sein	haben	werden	어미
ich	war	hatte	wurde	—
du	war**st**	hatt**est**	wurd**est**	—st
er, sie, es	war	hatte	wurde	—
wir	war**en**	hatt**en**	wurd**en**	—en
ihr	war**t**	hatt**et**	wurd**et**	—t
sie	war**en**	hatt**en**	wurd**en**	—en
Sie	war**en**	hatt**en**	wurd**en**	—en

A : Wo **wart** ihr vor zehn Jahren? B : Wir **waren** in Berlin.

A : Ich **war** damals auch in Berlin.(A : 너희들은 10년 전에 어디에 있었니? B : 우리들은 베를린에 있었어. A : 나도 그 당시에 베를린에 있었다. damals : 그당시에)

Ich **hatte** keine Sorgen.
(나는 걱정이 없었다. die Sorge : 걱정)

Hattest du denn eine Stelle?
(너는 도대체 일자리가 있었니? denn : 도대체. die Stelle : 일자리)

Wir **hatten** kein Haus.(우리는 집이 없었다)

Das Wetter **wurde** schlecht.(날씨가 나빠졌다)

Ihr **wurdet** Studenten.(너희들은 대학생이 되었다)

Ich **wurde** Handwerker.(나는 수공업자가 되었다)

3. 화법 조동사의 과거

과거인칭 변화는 약변화 동사의 그것과 같다.

wollen	—	**wollte**	—	gewollt
dürfen	—	**durfte**	—	gedurft
müssen	—	**musste**	—	gemusst
sollen	—	**sollte**	—	gesollt

können - **konnte** - gekonnt
mögen - **mochte** - gemocht

	wollen	dürfen	müssen	sollen	können	mögen	möchten	어미
ich	wollte	durfte	musste	sollte	konnte	mochte	möchtete	-
du	wolltest	durftest	musstest	solltest	konntest	mochtest	möchtetest	-st
er, sie, es	wollte	durfte	musste	sollte	konnte	mochte	möchtete	-
wir	wollten	durften	mussten	sollten	konnten	mochten	möchteten	-n
ihr	wolltet	durftet	musstet	solltet	konntet	mochtet	möchtetet	-t
sie	wollten	durften	mussten	sollten	konnten	mochten	möchteten	-n
Sie	wollten	durften	mussten	sollten	konnten	mochten	möchteten	-n

Ich **wollte** immer Lehrerin werden.
(나는 항상 교사가 되려고 했다)

Wir **durften** nicht aufs WC gehen.
(우리는 화장실에 가서는 안되었다. aufs WC : 화장실에)

Wir **mussten** in der Schule immer aufstehen.
(우리는 학교에서 항상 일어서야 했었다. aufstehen : 일어나다)

Wir **konnten** in Englisch nie sprechen.
(우리는 전혀 영어로 말할 수 없었다. nie : 전혀 무엇을 하지 않다)

쉬어가기 22 **여행 안내소에서**

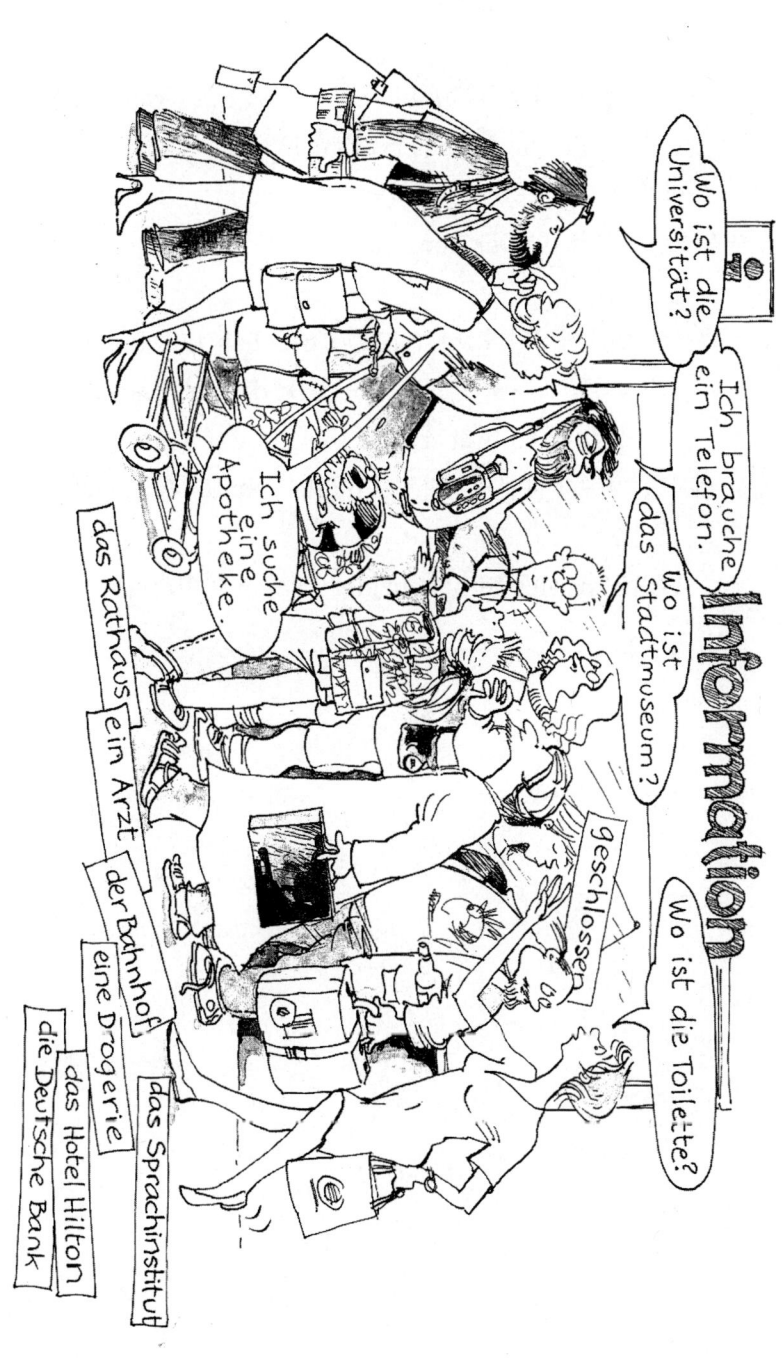

쉬어가기 23   눈물에 젖은 빵을 먹어보지 못한 사람은...
Wer nie sein Brot mit Tränen aß...

-요한 볼프강 폰 괴테Johann Wolfgang von Goethe

눈물에 젖은 빵을 먹어보지 못한 사람은Wer nie sein Brot mit Tränen aß,
걱정에 찬 수많은 밤들을Wer nie die kummervollen Nächte
자신의 침대에 앉아 울면서 지새어 보지 못한 사람은,Auf seinem Bette weinend saß,
그대들, 하늘의 힘들을 알지 못합니다!Der kennt euch nicht, ihr himmlischen Mächte!

그대들은 우리를 삶속으로 인도하십니다.Ihr führt in's Leben uns hinein,
하여 불쌍한 자로 하여금 죄의식을 느끼게 만드시어Ihr laßt den Armen schuldig werden,
그에게 깊은 고통을 안겨주십니다.Dann überlaßt ihr ihn der Pein:
모든 죄는 지상에서 업보를 치르기 때문입니다.Denn alle Schuld rächt sich auf Erden.

「Wilhelm Meisters Lehrjahre빌헬름 마이스터의 수업시대」에서

연습문제 Übungen

1 다음 (   )안의 동사를 과거형으로 고치시오

1. Früher _____ ich im Bus eine Griechin.(**treffen**)　　traf
 (전에 나는 버스에서 한 그리스 여자를 만났다. früher : 전에)
2. Sie _____ Antigoni.(**heißen**)　　hieß
 (그녀의 이름은 안티고니였다)
3. Sie _____ aus Athen.(**kommen**)　　kam
 (그녀는 아테네 출신이었다)
4. Sie _____ damals in Bremen.(**leben**)　　lebte
 (그녀는 그 당시에 브레멘에 살았다. damals : 그 당시에)
5. Ich _____ sie sehr schön.(**finden**)　　fand
 (나는 그녀가 매우 예쁘다고 생각했다.
 finden : 생각하다, 발견하다, 찾다)
6. Sie _____ sehr gut Deutsch.(**sprechen**)　　sprach
 (그녀는 독일어를 매우 잘 했다)
7. Und sie _____ sehr nett.(**sein**)　　war
 (그리고 그녀는 매우 친절했다. nett = freundlich : 친절한)
8. Sie _____ in Bremen.(**arbeiten**)　　arbeitete
 (그녀는 브레멘에서 일했다)
9. Dort _____ sie einen Mann _____.　　lernte, kennen
 (**kennenlernen**)(거기서 그녀는 한 남자를 알게 되었다)
10. Sie _____ ihn.(**heiraten**)　　heiratete
 (그녀는 그와 결혼했다. j-n heiraten; 누구와 결혼하다)
11. Ihr Mann _____ dann eine neue Stelle.　　bekam
 (**bekommen**)(그녀의 남편은 그후 새 일자리를 하나 얻게 되었다.
 der Mann : 남편, 남자. die Stelle : 일자리.
 bekommen = erhalten : 무엇을 받다)

12. Sie _____ zusammen nach München.(**gehen**) (그들은 함께 뮌헨으로 갔다. zusammen : 함께)	gingen
13. Aber sie _____ dort nicht bleiben.(**wollen**) (그러나 그녀는 거기에 머물려고 하지 않았다)	wollte
14. Sie _____ keine Arbeit.(**haben**) (그녀는 일자리가 없었다)	hatte
15. Es _____ ihr nicht.(**gefallen**) (그것이 그녀의 마음에 들지 않았다)	gefiel
16. Später _____ sie nach Bremen _____.(**zurückfahren**) (그 후 그녀는 브레멘으로 돌아갔다)	fuhr, zurück
17. Sie _____ dort wieder eine neue Stelle finden.(**wollen**) (그녀는 거기서 다시 새 일자리를 찾으려 했다)	wollte
18. Aber es _____ sehr schwierig.(**sein**) (그러나 그것이 그녀에게 매우 어려웠다. schwierig : 어려운)	war
19. Ich _____ ihr meine Adresse.(**geben**) (나는 그녀에게 내 주소를 주었다. die Adresse : 주소)	gab
20. Später _____ sie mich _____.(**anrufen**) (후에 그녀는 나에게 전화를 걸었다)	rief, an
21. Aber es _____ mir _____. (**leidtun**) (그러나 그것이 나에게는 안타까웠다. j-m leidtun : 누구에게 유감이다)	tat, leid
22. Ich _____ ihr nicht helfen.(**können**) (나는 그녀를 도울 수가 없었다)	konnte
23. Dann _____ ich sie.(**vergessen**) (그 후 나는 그녀를 잊었다)	vergaß
24. Gestern _____ ich ihr Foto in einer Zeitung.(**sehen**) (어제 나는 신문에서 그녀의 사진을 보았다)	sah
25. Ich _____ natürlich sehr neugierig.(**sein**) (나는 물론 매우 호기심이 생겼다. neugierig : 호기심이 있는)	war
26. Ich _____ die Zeitung.(**kaufen**) (나는 그 신문을 샀다)	kaufte

27. In der U-Bahn _____ ich sie dann.**(lesen)** las
(그 후 지하철에서 나는 그 신문을 읽었다)

2 다음 동사의 과거형이나 과거분사형을 쓰시오

28. treffen	_____	getroffen	traf
29. heißen	hieß	_____	geheißen
30. kommen	_____	gekommen	kam
31. halten	_____	gehalten	hielt
32. sprechen	sprach	_____	gesprochen
33. kennen	_____	gekannt	kannte
34. gehen	_____	gegangen	ging
35. haben	hatte	_____	gehabt
36. fallen	_____	gefallen	fiel
37. sein	_____	gewesen	war
38. geben	gab	_____	gegeben
39. rufen	rief	_____	gerufen
40. tun	_____	getan	tat
41. können	_____	gekonnt	konnte
42. sehen	sah	_____	gesehen
43. lesen	_____	gelesen	las
44. vergessen	vergaß	_____	vergessen

쉬어가기 24 가니메데스 Ganymed
-요한 볼프강 폰 괴테

아침햇살을 받은 그대가/사방에서 나를 몹시 설레게 한다,/봄이여, 나의 사랑이여! 엄청난 사랑의 환희로/내 가슴이 벅차오른다,/영원하면서도 따스한/그대 성스런 느낌이여, 한없는 아름다움이여!
Wie im Morgenglanze/Du rings mich anglühst,/Frühling, Geliebter!/Mit tausendfacher Liebeswonne/Sich an mein Herz drängt/Deiner ewigen Wärme/Heilig Gefühl,/Unendliche Schöne!

그대를 정말 꼭 끌어안고 싶다,/이 팔로!
Daß ich dich fassen möcht'/In diesen Arm!

아, 나 그대의 가슴에/누워서 애를 태우니,/그대의 꽃들, 그대의 풀밭이/내 가슴으로 밀려온다./내 가슴의 타는/갈증을 식혀준다,/사랑하는 아침 바람이여!/밤 꾀꼬리도 안개 계곡에서/사랑스럽게 나를 부른다./가고 싶다, 가고 싶다!/아, 어디로 가지? 어디로?
Ach an deinem Busen/Lieg' ich, schmachte,/Und deine Blumen, dein Gras/Drängen sich an mein Herz./Du kühlst den brennenden/Durst meines Busens,/Lieblicher Morgenwind,/Ruft drein die Nachtigall/Liebend nach mir aus dem Nebelthal./Ich komm'! Ich komme!/Wohin? Ach, wohin?

위로 가자! 위로 가!/그러자 구름들이 두둥실/아래로 내려오며,/지순한 나의 사랑에 화답한다./바로 내게로! 내게!/그대들 구름의 품에 안겨/위로 올라간다!/서로 품에 안고 안긴 채!/그대의 가슴에 안겨 위로 올라간다,/만물을 사랑하시는 아버지시여!
Hinauf! Hinauf strebt's./Es schweben die Wolken/Abwärts, die Wolken/Neigen sich der sehnenden Liebe./Mir! Mir!/In euerm Schooße/Aufwärts!/Umfangend umfangen!/Aufwärts an deinen Busen,/Alliebender Vater!

제9장 완료형

1. 현재 완료

```
haben
         + 과거 분사(완료 분사)
sein
```

Ich **gehe** nach Hause. → Ich **bin** nach Hause **gegangen**.

(나는 집으로 간다 → 나는 집으로 갔다)

Ich **kaufe** ein Buch. → Ich **habe** ein Buch **gekauft**.

(나는 책 한 권을 산다. → 나는 책 한 권을 샀다)

(1) sein + 과거분사

다음과 같은 경우의 현재 완료는 '**sein(현재인칭 변화) + 과거 분사**'의 결합으로 이루어지는데, 자동사 중 일부분이다.

A. 장소의 이동을 나타내는 자동사 : gehen, fahren, kommen, landen

Wir **sind** ins Theater **gegangen**.
(우리는 극장에 갔다. gehen : 가다)

Er **ist** mit dem Zug nach Köln **gefahren**.
(그는 기차를 타고 쾰른에 갔다. fahren : 차를 타고 가다)

Fritz **ist** nicht **gekommen**.
(프리츠는 오지 않았다. kommen : 오다)

Die Maschine **ist** gut **gelandet**.
(비행기가 잘 착륙했다. die Maschine : 비행기, 기계. landen : 착륙하다.)

B. 상태의 변화를 나타내는 자동사 : sterben, aufstehen, wachsen, einschlafen

Er ist 1970 gestorben.
(그는 1970년에 죽었다. sterben : 죽다)

Ich bin früh aufgestanden.
(나는 일찍 일어났다. früh : 일찍. aufstehen : 일어나다)

Das Kind ist schnell gewachsen.
(그 아이는 빨리 성장했다. schnell : 빨리. wachsen : 성장하다)

Sie ist sanft eingeschlafen.
(그녀는 부드럽게 잠이 들었다)

C. sein, bleiben, werden 동사

Ich bin in München gewesen.
(나는 뮌헨에 갔다왔다. sein : 있다)

Wir sind nicht zu Hause geblieben.
(우리는 집에 머물지 않았다. bleiben : 머물다)

Sie ist leider krank geworden.
(그녀는 유감스럽게도 병이 났다. werden : 되다)

D. 3격 지배 동사 : begegnen, passieren, geschehen, gelingen

Ich bin auf der Straße meinem Freund begegnet.
(나는 길거리에서 내 친구를 만났다. j-m begegnen : 누구와 만나다)

Was ist bei dem Unfall passiert?
(그 사고에서 무슨 일이 있었니? j-m passieren : 누구에게 사건이 일어나다)

Der Frau ist nichts geschehen.
(그 부인에게 아무 일도 일어나지 않았다. j-m geschehen : 누구에게 사건이 일어나다)

Der Versuch ist mir nicht gelungen.
(나는 그 실험에 성공하지 못했다. j-m gelingen : 누가 성공하다)

(2) haben + 과거분사

sein과 완료형을 만드는 자동사를 제외한 자동사와 모든 타동사

A. 상태의 변화가 아닌 상태를 나타내는 자동사

Ich **habe** gut **geschlafen.**
(나는 잠을 잘 잤다. schlafen : 잠을 자다)

Der Film **hat** schon **begonnen.**
(그 영화는 벌써 시작했다. schon : 벌써. beginnen : 시작하다)

B. 타동사

Ich **habe** ein Buch **gekauft.**
(나는 책 한 권을 샀다. kaufen : 사다)

Die Polizei **hat** dich **gesucht.**
(경찰이 너를 찾았다. suchen : 구하다, 찾다)

C. 재귀 동사

Wir **haben uns** lange **unterhalten.**
(우리는 오랫동안 환담을 나누었다. sich unterhalten : 환담하다)

Ich **habe mich** mit ihm **verabredet.**
(나는 그와 약속했다. sich verabreden : 약속하다)

D. 비인칭 동사

Gestern **hat es** hier stark **geregnet.**
(어제 여기는 비가 몹시 왔다. regnen : 비가 오다)

Es hat mir in Deutschland gut **gefallen.**
(독일이 내 마음에 꼭 들었다. gefallen : 마음에 들다)

(3) sein 혹은 haben과 완료형을 만드는 동사

① fahren(차를 몰다, 차를 타고 가다)

Ich **habe** den Wagen selbst **gefahren.**
(나는 스스로 차를 몰았다. **타동사**)

Ich **bin** nach Busan **gefahren**.
(나는 차를 타고 부산으로 갔다, **장소의 이동**)

② reisen(여행하다, 어디로 여행하다)
Ich **habe** viel **gereist**.
(나는 여행을 많이했다, **상태**)
Ich **bin** nach Jeonju **gereist**.
(나는 전주로 여행했다, **장소의 이동**)

③ schwimmen(수영하다, 수영을 해서 무엇을 건너다)
Ich **habe** im Fluss **geschwommen**.
(나는 그 강에서 헤엄을 쳤다, **상태**)
Ich **bin** über den Fluss **geschwommen**.
(나는 헤엄을 쳐 그 강을 건넜다, **장소의 이동**)

④ schmelzen(녹이다, 녹다)
Die Sonne **hat** den Schnee **geschmolzen**.
(태양이 눈을 녹였다, **타동사**)
Der Schnee **ist** schnell **geschmolzen**.
(눈이 빨리 녹았다, **자동사**)

⑤ heilen(치료하다, 치료되다)
Der Arzt **hat** die Wunde gut **geheilt**.
(의사가 상처를 잘 치료했다, **타동사**)
Die Wunde **ist** gut **geheilt**.
(그 상처가 잘 치료되었다, **상태의 변화**)

(4) 화법 조동사의 완료형

화법 조동사의 완료형도 haben과 만들지만 본동사가 아닌 조동사로 사용될 때는 **과거분사 대신 원형을 사용한다.** 아래 두 개의 문장은 의미에는 차이가 없으며 완료형만 다르다.

Ich **kann** das tun. → Ich **habe** das tun **können**.
(나는 그것을 할 수 있다 → 나는 그것을 할 수 있었다)

Ich kann das. → Ich habe das gekonnt.
(나는 그것을 할 수 있다 → 나는 그것을 할 수 있었다)

Gestern habe ich ins Theater gehen wollen.
(어제 나는 연극관에 가려고 했다)

Leider habe ich so lange nicht kommen können.
(유감스럽게도 나는 그렇게 오랫동안 올 수 없었다)

Ich habe heute nachmittag arbeiten müssen.
(나는 오늘 오후 일해야만 했었다)

Das habe ich nicht gewollt.
(나는 그것을 원하지 않았다)

Heute hat er seine Aufgabe nicht gekonnt.
(오늘 그는 자신의 숙제를 할 수 없었다. die Aufgabe : 숙제, 의무, 과업)

(5) 'hören (sehen, helfen, lassen) + 동사의 부정형'의 완료형

Ich höre den Vater sprechen.
→ Ich habe den Vater sprechen hören.
(나는 아버지가 말씀하시는 것을 듣는다.
→ 나는 아버지가 말씀하시는 것을 들었다)

Ich habe das Konzert gehört.
(나는 콘서트를 들었다)

Ihr seht die Männer arbeiten.
→ Ihr habt die Männer arbeiten sehen.
(너희들은 남자들이 일하는 것을 본다
› 너희들은 남자들이 일하는 것을 보았다)

Ich habe den Film gesehen.
(나는 그 영화를 보았다)

Sie hilft meiner Mutter die Koffer packen.
→ Sie hat meiner Mutter die Koffer packen helfen.

(그녀는 나의 어머니가 트렁크를 싸는 것을 돕는다.
→ 그녀는 나의 어머니가 트렁크를 싸는 것을 도왔다)

Ich **habe** ihr **geholfen**.(나는 그녀를 도왔다)

Er läßt die Kinder im Garten spielen.
→ Er **hat** die Kinder im Garten spielen **lassen**.
(그는 아이들이 정원에서 놀도록 허락한다
→ 그는 아이들이 정원에서 놀도록 허락했다)

Er **hat** das Auto zu Hause **gelassen**.
(그는 자동차를 집에 놓아 두었다)

(6) brauchen zu 동사의 부정형

Wir brauchen sonntags nicht zu arbeiten.
→ Wir **haben** sonntags nicht zu arbeiten **brauchen**.
(우리는 일요일에 일할 필요가 없다. → 우리는 일요일에 일할 필요가 없었다)

Er braucht seinem Vater nur zu schreiben, wenn er Geld haben will.
→ Er **hat** seinem Vater nur zu schreiben **brauchen**, wenn er Geld haben wollte.(그는 돈이 필요하면 그의 아버지에게 편지를 쓰기만 하면 된다. → 그는 돈이 필요하면 아버지에게 편지를 쓰기만 하면 되었다)

Wir **haben** viel Zeit **gebraucht**.(우리는 많은 시간이 필요했다)

(7) lernen, gehen, bleiben 동사의 완료형

Wir lernen Ski fahren.   → Wir **haben** Ski fahren **gelernt**.
(우리는 스키를 배운다   → 우리는 스키를 배웠다)

Wir gehen heute abend tanzen.   → Wir **sind** heute abend tanzen **gegangen**.(우리는 오늘 저녁 춤추러 간다 → 우리는 오늘 저녁 춤추러 갔다)

Der Kranke bleibt im Bett liegen. → Der Kranke **ist** im Bett liegen **geblieben**.(그 환자는 침대에 누워 있다 → 그 환자는 침대에 누워 있었다)

(8) 과거 완료

과거 완료는 다음과 같이 만든다.

| haben / sein 의 과거 + 과거분사 |

과거 완료는 과거보다 앞선 시제를 표현할 때 쓰이며 **대과거**라고도 한다.

Mein Freund kam sehr spät. Ich hatte ihn früher erwartet.
(내 친구는 매우 늦게 왔다. 나는 그가 더 일찍 올 것이라고 기대했었다. erwarten : 기대하다)

Nachdem Jochen zwei Stunden ferngesehen hatte, ging er ins Bett.(요흔은 2시간 동안 TV를 본 후에 자러 갔다. nachdem : 무엇을 한 이후로. 이 다음 문장의 시제는 주절보다 항상 한 시제가 앞선다.)

(9) 시제의 용법

A. 현 재

① 지금 현재의 사건

Wir **lernen** und **trainieren** jetzt zusammen.
(우리는 지금 함께 공부하고 훈련하고 있다)

② 시제에 관계없이 유효한 사실.

Volleyball **ist** ein Teamsport.
(배구는 팀웍이 필요한 스포츠다)

③ 과거에 일어난 사건이 현재까지 지속될 때

Seit zwei Jahren **lerne** ich Deutsch.
(2년 전부터 나는 독일어를 배우고 있다)

④ 미래의 사건이나 상태

Nächste Woche **machen** wir die Prüfung.
(다음 주에 우리는 시험을 치른다)

Ab morgen **haben** wir Ferien.
(내일부터 우리는 휴가다)

⑤ 역사적 사건(생동감있게 서술하기 위해)

Am 6. und 8. Mai 1945 **kapitulieren** die deutschen Truppen.
(1945년 5월 6일과 8일 독일군대는 항복한다. kapitulieren : 항복하다. die Truppe : 군대)

B. 현재 완료

① 과거의 사건이 현재까지 영향을 줄 때

Ich **bin** in Deutschland **gewesen.**
(나는 독일에 갔다 왔다)

② 과거의 사건(구어체)

Gestern **habe** ich meinen Freund **getroffen.**
(어제 나는 내 친구를 만났다)

③ 현재와 비교하여 그 전에 일어난 사건을 표현할 때

Mein Freund **kommt** sehr spät. Ich **habe** ihn früher **erwartet.**
(내 친구는 매우 늦게 온다. 나는 그가 더 일찍 오리라 기대했다)

④ 미래 완료를 대신하여 미래의 한 시점에 무엇이 완료될 것을 표현할 때

Nächste Woche **haben** Sie die Prüfung **bestanden.**
(다음 주에 당신은 시험에 합격할 것이다. die Prüfung bestehen : 시험에 합격하다)

C. 과거 : 과거의 사건(소설이나 신문의 문어체에서)

Gestern **geschah** ein Verkehrsunfall in der Goethestraße.
(어제 괴테街에서 교통사고가 일어났다. der Verkehr : 교통. der Unfall : 사고)

D. 과거 완료 : 과거 이전에 일어난 사건을 표시할 때

Sie **wollte** Briefmarken kaufen, aber sie **hatte** ihr Geld **vergessen.**
(그녀는 우표를 사려고 했다. 그러나 그녀는 돈을 가져오는 것을 잊어버렸다)

E. 미 래

미래는 'werden + 부정형(동사의 원형)'으로 만드는데 다음과 같이 미래뿐 아니라 다양한 의미를 지니고 있다.

① 미래의 일

　　Die Polizei **wird** den Dieb **verhaften.**
　　(경찰이 그 도둑을 체포할 것이다. der Dieb : 도둑. verhaften : 체포하다)

② 추 측

　　Es **wird** wohl **regnen.**
　　(아마 비가 올 것이다. wohl : 아마, 혹시)

③ 의 도

　　Ich **werde** morgen nicht **kommen.**
　　(나는 내일 오지 않을 것이다. morgen : 내일. morgens : 아침에)

F. 미래 완료

① 미래의 한 시점에 무엇이 완료될 것을 예상할 때

　　Er **wird** wohl die Lösung **gefunden haben.**
　　(그는 아마 그 해답을 찾게 될 것이다. die Lösung : 해답)

② 과거의 사실에 대한 추측을 나타내기도 한다.

　　A : Wo war Karl gestern? B : Er **wird** im Kino **gewesen sein.**
　　(A : 칼은 어제 어디 있었니? B : 그는 극장에 있었을 거야)

쉬어가기 25 독일의 아침식사

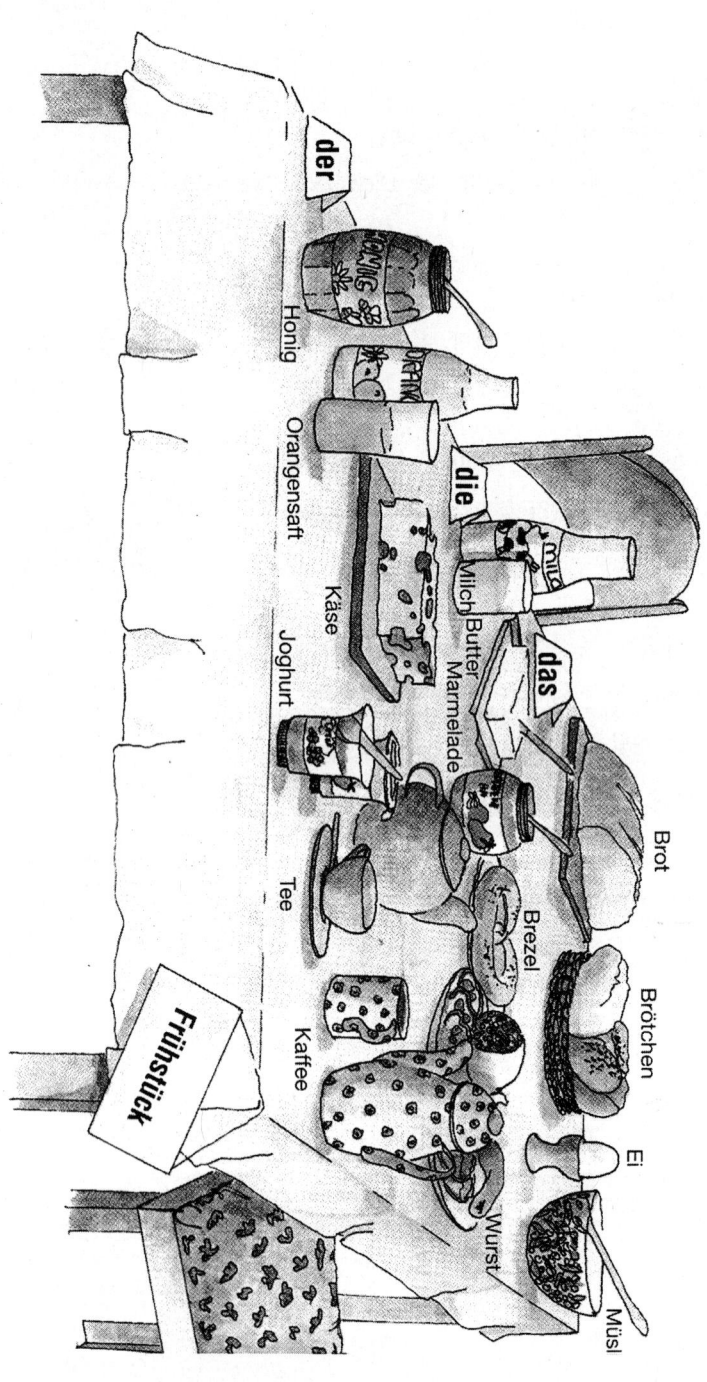

쉬어가기 26　독일의 점심과 저녁식사

쉬어가기 27 당신을 사랑해 Ich liebe dich
-카를 프리드리히 헤로제 Karl Friedrich Wilhelm Herrosee

당신을 사랑해, 당신이 나를 사랑하는 것처럼, Ich liebe dich, so wie du mich,
저녁에도 아침에도, Am Abend und am Morgen,
당신과 내가 우리의 걱정을 함께 Noch war kein Tag, wo du und ich
나누지 않은 날은 하루도 없었지. Nicht teilten unsre Sorgen.

또한 우리의 걱정이 당신과 내게로 Auch waren sie für dich und mich
나뉘어져 쉽게 이겨낼 수 있었지. Geteilt leicht zu ertragen;
당신은 내가 슬플 때 위로하고, Du tröstest im Kummer mich,
나는 당신이 슬플 때 눈물을 흘리지. Ich weint in deine Klagen.
당신이 슬플 때 In deine Klagen.

그러니 당신 위에 신의 축복이 내리시길, Drum Gottes Segen über dir,
당신, 나의 삶의 기쁨이여. Du, meines Lebens Freude.
신이 당신을 보호해주시고, 나를 위해 당신을 지켜주시길 Gott schütze dich, erhalt dich mir,
우리 둘을 보호해주시고 지켜주시길. Schütz und erhalt uns beide.

연습문제 Übungen

1 다음 ___ 안에 알맞은 말을 넣어 현재 완료형을 완성하시오

1. Die Mutter _____ fleißig gearbeitet. hat
   (어머니가 열심히 일을 하셨다)
2. Du _____ mir einen Brief geschrieben. hast
   (너는 나에게 편지를 썼다)
3. Der Dichter _____ gestorben. ist
   (그 시인이 죽었다)
4. Meine Schwester _____ nach Busan gereist. ist
   (내 누이는 부산으로 여행을 했다)
5. Er _____ zurückgekommen. ist
   (그는 돌아왔다)
6. Was _____ Sie zum Abendessen gegessen? haben
   (당신은 저녁식사로 무엇을 먹었습니까?)
7. _____ du gut geschlafen? Hast
   (너는 잠을 잘 잤니?)
8. Das Kind _____ sanft eingeschlafen. ist
   (그 아이는 부드럽게 잠이 들었다. sanft : 부드럽게)
9. Ich _____ gestern reisen wollen. habe
   (나는 어제 여행을 하려고 했다)
10. Wir _____ es nicht gekonnt. haben
    (우리는 그것을 할 수가 없었다)

2. 다음 문장을 현재 완료형으로 만들고 우리말로 옮기시오

11. Du sollst es nicht stehlen.
12. Ich muss drei Tage im Bett liegen.
13. Wir mögen sie nicht sprechen.
14. Du kannst den Fehler nicht finden.
15. Ich will meine Arbeit gut machen.
16. Er sieht einen Hund kommen.
17. Sie lässt die Kinder im Garten spielen.
18. Die Tochter hilft der Mutter kochen.
19. Mein Sohn lernt in der Schule lesen.
20. Wir bleiben lange im Restaurant sitzen.
21. Wir gehen immer früh schlafen.

정답

11. Du hast es nicht stehlen **sollen**.
    (너는 그것을 훔쳐서는 안 되었다. stehlen : 훔치다)
12. Ich habe drei Tage im Bett liegen **müssen**.
    (나는 3일 동안 침대에 누워 있어야만 했다)
13. Wir haben sie nicht sprechen **mögen**.
    (우리는 그녀와 이야기하고 싶은 마음이 없었다. j-n sprechen : 누구와 이야기하다)
14. Du hast den Fehler nicht finden **können**.
    (너는 잘못을 찾을 수 없었다. der Fehler : 잘못, 실수)
15. Ich habe meine Arbeit gut machen **wollen**.
    (나는 내 일을 잘 하려고 했다)
16. Er hat einen Hund kommen **sehen**.
    (그는 개 한 마리가 오는 것을 보았다. der Hund : 개)
17. Sie **hat** die Kinder im Garten spielen **lassen**.
    (그녀는 아이들이 정원에서 놀도록 허락했다. lassen : 허락하다, 시키다)
18. Die Tochter **hat** der Mutter kochen **helfen**.
    (딸이 엄마가 요리하는 것을 도와 주었다)

19. Mein Sohn **hat** in der Schule lesen **gelernt**.
    (내 아들이 학교에서 읽는 것을 배웠다. lesenlernen : 읽는 것을 배우다)
20. Wir **sind** lange im Restaurant sitzen **geblieben**.
    (우리는 오랫동안 음식점에서 앉아 머물렀다. sitzenbleiben : 앉아 머물다)
21. Wir **sind** immer früh schlafen **gegangen**.
    (우리는 항상 일찍 잠자러 갔다. schlafengehen : 잠자러 가다)

쉬어가기 28 헥토르의 작별 Hektors Abschied
― 프리드리히 쉴러 Friedrich Schiller

안드로마케 Andromache
헥토르여, 저를 영원히 떠나려 하시나요? Will sich Hektor ewig von mir wenden,
아킬레우스가 그 누구도 당해낼 수 없는 손으로 그대를 Wo Achill mit den unnahbarn Händen
파트로클로스에게 끔찍하게 제물로 바치려는 곳으로? Dem Patroklus schrecklich Opfer bringt?
누가 앞으로 그대의 어린 아들에게 Wer wird künftig deinen Kleinen lehren
창을 던지고 신을 섬기는 법을 가르칠까요? Speere werfen und die Götter ehren,
무서운 오르쿠스가 그대를 집어삼킨다면 말예요. Wenn der finstre Orkus dich verschlingt?

헥토르 Hektor
사랑하는 아내여, 울음을 참으시오, Teures Weib, gebiete deinen Tränen,
내 마음은 전쟁터를 향해 불타오르고 있소. Nach der Feldschlacht ist mein feurig Sehnen,
이 팔이 페르가모스를 지킬 것이오. Diese Arme schützen Pergamus.
나는 신들의 성스러운 화로를 위해 싸우다 Kämpfend für den heilgen Herd der Götter
쓰러질 것이오, 나는 조국의 수호자가 되어 Fall ich, und des Vaterlandes Retter
스틱스 강으로 내려갈 것이오. Steig ich nieder zu dem stygschen Fluß.

안드로마케 Andromache

저는 더 이상 그대의 무기 부딪히는 소리 듣지 못하겠지요.
Nimmer lausch ich deiner Waffen Schalle,
그대의 철검鐵劍 하릴 없이 홀에 방치되어 있겠지요. Müßig liegt dein Eisen in der Halle,
프리아모스의 위대한 영웅의 가문은 이제 없어지겠지요.
Priams großer Heldenstamm verdirbt.
그대가 더 이상 햇빛 비치지 않는 곳으로 내려가게 되면 말예요.
Du wirst hingehn, wo kein Tag mehr scheinet,
코키토스 강이 황야를 슬피 울며 흐르는 곳으로, Der Cocytus durch die Wüsten weinet,
그대의 사랑도 레테 강물속에서 사라질 곳으로. Deine Liebe in dem Lethe stirbt.

헥토르 Hektor

나는 내 모든 열망을, 내 모든 상념을 All mein Sehnen will ich, all mein Denken
고요한 레테 강물에 가라앉힐 것이오. In des Lethe stillen Strom versenken,
그러나 내 사랑만은 아니오. Aber meine Liebe nicht.
잘 들으시오! 그 난폭한 자가 벌써 성벽 밑에서 미쳐 날뛰고 있소.
Horch! der Wilde tobt schon an den Mauern,
내게 어서 검대劍帶를 채워주고, 슬픔일랑 접어두시오.
Gürte mir das Schwert um, laß das Trauern,
헥토르의 사랑만은 레테 강물 속에서도 결코 사라지지 않을 것이오.
Hektors Liebe stirbt im Lethe nicht.

제10장 재귀 대명사와 재귀 동사

1. 재귀 대명사의 의미

한 문장에서 주어와 목적어가, 똑같은 사람 또는 사물을 나타낼 때 목적어 대신에 쓰는 것을 재귀 대명사라고 한다.

1인칭과, 2인칭의 단수, 복수의 재귀 대명사는 인칭 대명사를 그대로 사용하고 3인칭과 존칭의 단수와 복수의 재귀 대명사는 sich인데 존칭에서도 sich를 대문자로 쓰지 않는다.

재귀 동사란 재귀 대명사와 동사가 한 개념으로 굳어 버린 동사를 말한다. 재귀 대명사는 일반적으로 4격을 쓴다. 그러나 4격 목적어가 들어가 있는 문장에서 재귀 대명사는 3격이다.

	4격 재귀 대명사		3격 재귀 대명사 + 목적어		
ich	wasche	**mich**	wasche	**mir**	die Hände
du	wäschst	**dich**	wäschst	**dir**	die Hände
er, sie, es	wäscht	**sich**	wäscht	**sich**	die Hände
wir	waschen	**uns**	waschen	**uns**	die Hände
ihr	wascht	**euch**	wascht	**euch**	die Hände
sie(Sie)	waschen	**sich**	waschen	**sich**	die Hände

2. 인칭 대명사와 재귀 대명사

(인칭 대명사, **다른 사람**)　　　　　　(재귀 대명사, **같은 사람**)

Ich ziehe **ihn** an.　　→　　Ich ziehe **mich** an.
(나는 그에게 옷을 입힌다)　　　(나는 옷을 입는다)

Ich wasche **ihr** die Hände.　　→　　Ich wasche **mir** die Hände
(나는 그녀의 손을 씻겨준다)　　　(나는 내 손을 씻는다)

Peter kauft **ihm** ein Buch.　　→　　Peter kauft **sich** ein Buch.
(페터는 그에게 책 한 권을 사준다)　　(페터는 자신의 책을 산다)

3. 재귀 대명사와 상호 대명사.

재귀 대명사가 복수일 때는 상호 대명사 einander(서로)의 뜻을 내포한다.

Wir treffen **uns**. → Wir treffen **einander**.(우리는 서로 만난다)

Sie kennen **sich**. → Sie kennen **einander**.(그들은 서로 알고 있다)

Wir begrüßen **uns**. → Wir begrüßen **einander**.(우리는 서로 환영한다)

Sie lieben **sich**. → Sie lieben **einander**.(그들은 서로 사랑한다)

4. 재귀 동사의 종류

(1) 순수 재귀 동사

Ich **erkälte mich** nicht.(나는 감기에 걸리지 않을 것이다)

Ich **verspäte mich** ein wenig.(나는 약간 늦을 것이다)

Ich **erhole mich** bald.(나는 곧 회복할 것이다)

(2) 타동사와 재귀 동사 두 가지로 사용되는 동사

Ich ziehe **ihn** an. → Ich ziehe **mich** an.
(나는 그에게 옷을 입힌다) (나는 옷을 입는다)

Ich wasche **ihr** die Hände. → Ich wasche **mir** die Hände
(나는 그녀의 손을 씻겨준다) (나는 내 손을 씻는다)

Peter kauft **ihm** ein Buch. → Peter kauft **sich** ein Buch.
(페터는 그에게 책 한 권을 사준다) (페터는 자신의 책을 산다)

Man ändert **das Gesetz**. → Ich ändere **mich** nicht.
(사람들이 그 법률을 변경한다) (나는 변하지 않을 것이다)

Ich setze **ihn** auf den Stuhl. → Ich setze **mich** auf den Stuhl.
(나는 그를 의자에 앉힌다) (나는 의자에 앉는다)

Er legt **das Buch** auf den Tisch. → Er legt **sich** ins Bett.
(그는 책을 책상 위에 놓는다) (그는 침대에 눕는다)

Der Brief freut mich. → Ich freue mich über den Brief.
(편지가 나를 기쁘게 한다)　　(나는 그 편지를 받아 기쁘다)

Die Politik interessiert ihn. → Er interessiert sich für die Politik.
(정치가 그의 흥미를 끈다)　　(그는 정치에 흥미를 느낀다)

5. 중요한 재귀 동사

A. 재귀 동사

Wir **fühlen uns** hier gut.(우리는 여기가 기분이 좋다)

Er **befindet sich** gut.(그는 상태가 좋다)

Du **änderst dich** nicht.(너는 변하지 않을 것이다)

Morgens **kämme** ich **mich**.(아침마다 나는 머리를 빗는다)

Täglich **rasiere** ich **mich**.(날마다 나는 면도한다)

Der Vater **zieht sich** den Mantel **an**.(아버지가 외투를 입는다)

Er **zieht sich** die Hose **aus**.(그는 바지를 벗는다)

Ich **putze mir** die Zähne.(나는 이를 닦는다)

Wir **waschen uns** die Hände.(우리는 손을 씻는다)

Du **kaufst dir** ein Buch.(너는 책 한 권을 산다)

Wir **sehen uns** den Palast **an**.(우리는 궁전을 구경한다)

Ich **stelle mir** Deutschland **vor**.(나는 독일을 상상한다)

Ihr **wünscht euch** die Tochter.(너희는 딸을 원한다)

B. 재귀 동사 + 전치사구

Wir **erinnern uns an** die Dame.
(우리는 그 부인을 기억한다)

Er **gewöhnt sich an** das Klima.
(우리는 그 기후에 익숙해진다)

Er **setzt sich an** den Tisch.
(그는 책상에 앉는다)

Ich **freue mich sehr auf** die Reise.
(나는 그 여행을 즐거운 마음으로 기다린다)

Er muss **sich bei** mir **entschuldigen.**
(그는 나에게 사과해야 한다)

Liebe **verwandelt sich** oft **in** Hass.(사랑이 자주 증오로 변한다)

Ich muss **mich ins** Bett **legen.**(나는 침대에 누워야 한다)

Ich **befinde mich in** Seoul.(나는 서울에 있다)

Wo kann ich **mich mit Ihnen treffen**?
(내가 당신을 어디에서 만날 수 있을까요?)

Er **beschäftigt sich mit** Deutsch.
(그는 독일어에 몰두한다)

Er **verheiratet sich mit** einer schönen Frau.
(그는 예쁜 여자와 결혼한다)

Ich **verabrede mich mit** einer Freundin.
(나는 여자친구와 약속한다)

Ich **unterhalte mich mit** dem Freund über den Ausflug.
(나는 친구와 소풍에 대해 환담한다. der Ausflug : 소풍)

Der Ausländer **sehnt sich nach** der Heimat.
(외국인이 고향을 그리워한다. die Heimat : 고향)

Ein Ausländer **erkundigt sich nach** dem Weg.
(한 외국인이 길을 물어본다)

Freuen Sie **sich über** die Einladung?
(당신은 그 초대에 기뻐합니까? die Einladung : 초대)

Ich **kümmere mich um** meine Eltern.
(나는 우리 부모님을 돌본다)

Er will **sich von mir trennen.**
(그는 나와 헤어지려고 한다)

Ich **verabschiede mich von** meiner Mutter.
(나는 어머니와 헤어진다)

Ich **erhole mich von** der Erkältung.
(나는 감기에서 회복한다. die Erkältung : 감기)

Das Kind **fürchtet sich vor** dem Hund.
(아이가 개를 두려워 한다. der Hund : 개)

Ich **interessiere mich für** die Literatur.
(나는 문학에 관심이 있다)

쉬어가기 29 독일 20대 기업 로고

1. DAIMLER
2. VW
3. SIEMENS
4. e·on
5. Hoechst
6. T (The Tengelmann Group)
7. ·······T··
8. BASF The Chemical Company
9. RWE
10. BAYER
11. (로고)
12. REWE GROUP
13. BOSCH
14. METRO Group The Spirit of Commerce
15. BMW
16. DB
17. OPEL
18. PREUSSAG
19. ALDI MARKT
20. RAG

연습문제 Übungen

1 _____안에 적당한 재귀 대명사를 넣으시오

1. Die Leute waschen _____ morgens und abends.   sich
   (사람들은 아침 저녁으로 몸을 씻는다)
2. Wo kann ich _____ die Hände waschen?   mir
   (내가 어디서 손을 씻을 수 있을까요?)
3. Wir kennen _____ gut.   uns
   (우리는 서로 잘 알고 있다)
4. Ein Gast bestellt _____ ein Glas Bier.   sich
   (손님이 맥주 한 잔을 주문한다)
5. Wir müssen _____ jetzt verabschieden.   uns
   (우리는 이제 헤어져야 한다)
6. Sie lieben _____.   sich
   (그들은 서로 사랑한다)
7. Die Freunde begrüßen _____ herzlich.   sich
   (친구들이 진심으로 환영을 한다. begrüßen : 환영하다.
   herzlich : 진심으로)
8. Ich will _____ ein Auto kaufen.   mir
   (나는 자동차를 사고 싶다)
9. Könnt ihr _____ heute abend treffen?   euch
   (너희들은 오늘 저녁 서로 만날 수 있니?)
10. Du musst _____ bei Peter entschuldigen.   dich
    (너는 페터에게 사과해야 한다)
11. Wie befindest _____ du?   dich
    (너는 지내기가 어떠니?)
12. Er erkältet _____.   sich
    (그는 감기에 걸린다)

13. Morgens kämme ich _____. (아침마다 나는 머리를 빗는다)	mich
14. Wir sehen _____ das Schloss an. (우리는 성을 구경한다. sich etwas(4) ansehen : 무엇을 구경하다)	uns
15. Du ziehst _____ aus. (너는 옷을 벗는다. sich ausziehen : 옷을 벗다)	dich
16. Fühlst du _____ nicht gut? (너 기분이 좋지 않니?)	dich
17. Sie putzen _____ die Zähne. (그들은 이를 닦는다. der Zahn : 이, 치아)	sich
18. Ihr stellt _____ unseren Lehrer vor. (너희들은 우리 선생님을 생각한다. sich etwas(4) vorstellen : 무엇을 상상하다, 생각하다)	euch
19. Helmut ändert _____ nicht! (헬무트는 변하지 않을 것이다!)	sich
20. Du wünschst _____ doch Kinder, oder? (너는 아이들을 원하지, 그렇지 않니?)	dir
21. Wann treffen wir _____ wieder? (우리들은 어디서 다시 만나지?)	uns

2 다음 _____안에 적당한 전치사를 넣으시오

22. Ich erhole mich bald _____ dem Schreck. (나는 곧 공포로부터 회복할 것이다. der Schreck; 공포)	von
23. Sie freut sich _____ ihr Glück. (그녀는 자신의 행복을 즐거워한다)	über
24. Das Mädchen fürchtet sich _____ dem Hund. (그 소녀는 개를 무서워 한다. der Hund : 개)	vor
25. Eine Frau erkundigt sich _____ dem Bahnhof. (한 여자가 역을 물어본다)	nach

26. Meine Großmutter erinnert sich _____ ihre Heimat. (우리 할머니는 고향을 회상한다. die Heimat : 고향)	an
27. Er befindet sich _____ Seoul. (그는 서울에 있다)	in

쉬어가기 30 독일 속담

1. 묵은 사랑은 녹슬지 않는다. Alte Liebe rostet nicht.
2. 침묵도 답변이다. Keine Antwort ist auch eine Antwort.
3. 맹목적인 열정은 손해만 끼친다. Blinder Eifer schadet nur.
4. 한번은 전혀 안 한 것과 같다. Einmal ist keinmal.
5. 모든 시작은 어렵다. Aller Anfang ist schwer.
6. 부른 배는 공부하는 것을 좋아 하지 않는다. Ein voller Bauch studiert nicht gern.
7. 인간은 생각하고, 신이 이끄신다. Der Mensch denkt, Gott lenkt.
8. 작은 일이 큰 결과를 가져온다. Kleine Ursache, große Wirkung.
9. 벽에도 귀가 있다. Die Wände haben Ohren.
10. 거짓말은 다리가 짧다. Lügen haben kurze Beine.
11. 옷이 사람을 만든다. Kleider machen Leute.
12. 불행은 혼자 오지 않는다. Ein Unglück kommt selten allein.
13. 진실은 중간에 있다. Die Wahrhaft liegt in der Mitte.
14. 잔잔한 물은 깊다. Stille Wasser sind tief.
15. 귀를 막은 사람에게 설교하기. Tauben Ohren predigen.
16. 사랑은 사람을 눈멀게 한다. Liebe macht blind.
17. 연습이 명인을 만든다. Übung macht den Meister.
18. 끝이 좋으면 모든 게 좋다. Ende gut, alles gut.
19. 비온 뒤에 햇빛이 비친다. Auf Regen folgt Sonnenschein.
20. 노력이 없으면 대가도 없다. Ohne Fleiß, kein Preis.
21. 시도하는 것이 알고만 있는 것보다 낫다. Probieren geht über Studieren.

22. 부정은 새로운 부정을 낳는다. Unrecht zeugt neues Unrecht.
23. 시대가 다르면 풍습도 다르다. Andere Zeiten, andere Sitten
24. 때가 되면 방도가 생기는 법이다. Kommt Zeit, kommt Rat.
25. 보지 않으면 잊어진다. Aus den Augen, aus dem Sinn.
26. 일어난 일은 일어난 일이다. Geschehen ist geschehen.
27. 가시 없는 장미는 없다. Keine Rose ohne Dornen.
28. 사람들은 손해를 당하고 현명해진다. Durch Schaden wird man klug.
29. 눈에는 눈, 이에는 이. Auge um Auge, Zahn um Zahn.
30. 사람이 많으면 생각도 많다. Viele Köpfe, viele Sinne.
31. 진실은 중간에 있다. Die Wahrhaft liegt in der Mitte.
32. 돈이 성격을 망친다. Geld verdirt den Charakter.
33. 시간이 모든 상처를 치료한다. Die Zeit heilt alle Wunden.

제11장 명령형

명령형은 명령을 받는 대상에 따라 크게 3가지로 나눈다. 명령을 받는 사람이 du일 경우는 '**동사의 어간 + (e)!**', ihr일 경우는 '**동사의 어간 + t!**', 존칭에 대한 명령형은 '**동사의 어간 + en Sie!**'의 형태로 만든다. 그리고 어간이 **치음 -d, -t** 등으로 끝났을 때는 du에 대한 명령형에서 발음상 **-e**를 반드시 붙여준다.

명령형에는 doch, mal, bitte 등을 관용적으로 붙여준다. sein동사의 du에 대한 명령형은 '**Sei...!**', 존칭 Sie에 대한 명령형은 '**Seien Sie ...!**'의 형태를 띤다. 강변화 동사는 a가 변모음된 동사를 제외하고 모두 어간을 변모음시킨 다음 명령형을 만든다.

1. 규칙 동사의 명령형

	du:어간 +(e)!	ihr:어간 + t!	Sie:어간 + en Sie!
gehen	Geh(e)!	Geht!	Gehen Sie!
trinken	Trink(e)!	Trinkt!	Trinken Sie!
kommen	Komm(e)!	Kommt!	Kommen Sie!
arbeiten	Arbeite!	Arbeitet!	Arbeiten Sie!
mitbringen	Bring(e)...mit!	Bringt...mit!	Bringen Sie...mit!
sich kämmen	Kämm(e) dich!	Kämmt euch!	Kämmen Sie sich!
entschuldigen	Entschuldige!	Entschuldigt!	Entschuldigen Sie!

2. 불규칙 동사의 명령형

	essen	lesen	fahren	schlafen	sein
(du)	Iss!	Lies!	Fahr!	Schlaf!	Sei...!
(ihr)	Esst!	Lest!	Fahrt!	Schlaft!	Seid...!
(Sie)	Essen Sie!	Lesen Sie!	Fahren Sie!	Schlafen Sie!	Seien Sie...!

3. 명령형 예문

Denk an deine Frau!
(너의 아내를 생각하라! an j-n denken : 누구를 생각하다)

Fahr vorsichtig!
(조심해서 운전해라! vorsichtig : 조심스러운)

Nimm dir Zeit und nicht das Leben!
(시간을 빼앗기지 생명을 빼앗기지 말아라!)

Helft euren Freunden!
(너희들의 친구들을 도와줘라!)

Hilf mir bitte!
(나를 도와다오!)

Antwortet mir bitte sofort!
(내게 즉시 답장해다오! sofort : 즉시)

Kaufen Sie sich dieses Buch!
(이 책을 사십시오!)

Seien Sie doch nicht so ungeduldig!
(그렇게 초조해 하지 마십시오! ungeduldig : 초조해하는)

Sei fleißig!
(열심히 해라!)

4. 청유형

'어간 + en wir!'나 'Lass uns + 동사의 원형!' 혹은 'Lasst uns + 동사의 원형!'의 형태로 만든다.

Es ist schon halb sieben.   **Essen wir** doch jetzt!
(벌써 6시 반이다.   우리 이제 식사하자!)

Wann fängt der Film an?   **Rufen wir** doch mal an!
(영화가 언제 시작하지?   우리 전화하자!)

Wir haben keine Zeit!   Gehen wir doch jetzt!
(우리 시간이 없다!   이제 우리 가자!)

Wir haben keine Zeit.   Lass uns gehen!(상대방이 하나)
(우리 시간이 없다.   우리 가자!)

Wir haben keine Zeit.   Lasst uns gehen!(상대방이 둘이상)
(우리 시간이 없다.   우리 가자!)

5. 명령형 첨가어

명령문에는 doch, mal, bitte 중 한 개나 두 개, 혹은 3개 모두 넣어줄 수 있다.

Geh **doch mal bitte**! = Geh **mal**! = Geh **doch mal**! = Geh **bitte**!(가라!)

쉬어가기 31 인체 각 부분의 이름

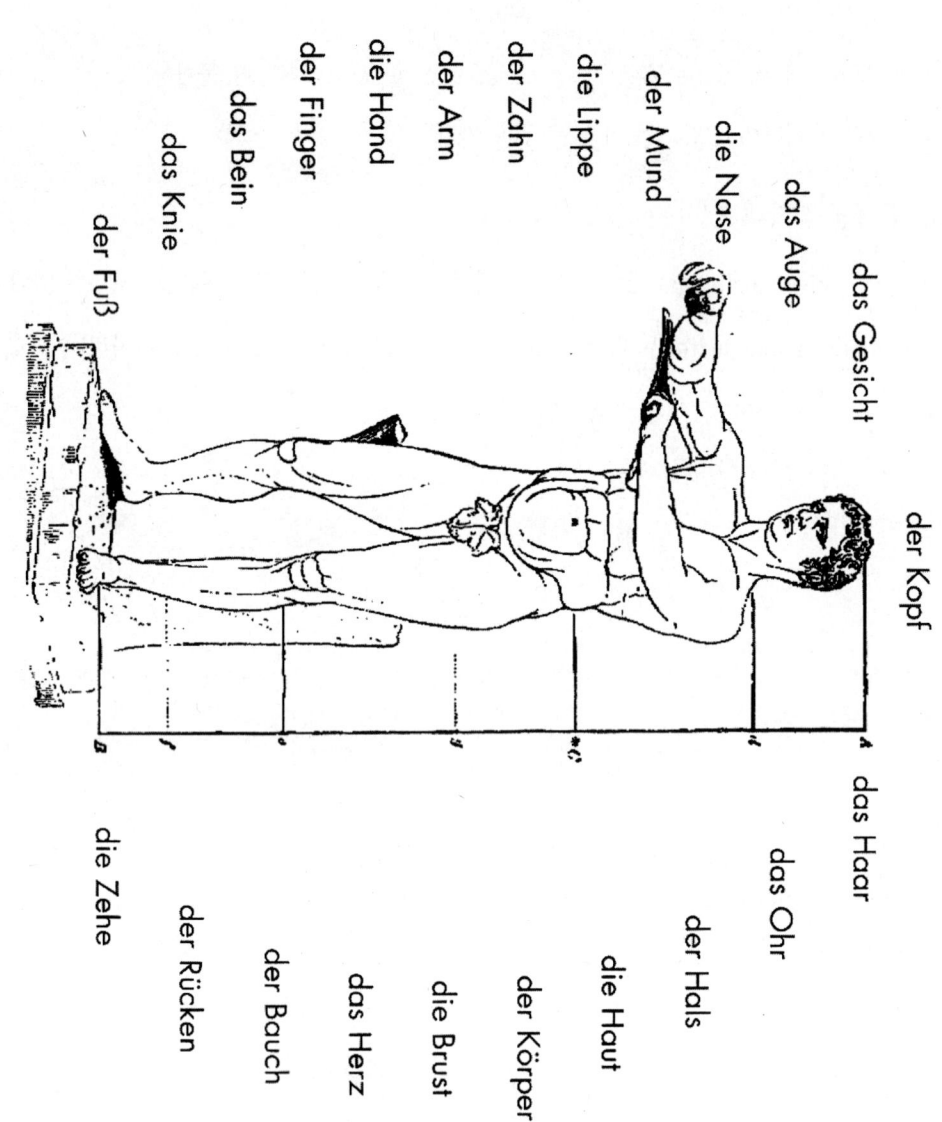

- der Kopf
- das Gesicht
- das Auge
- die Nase
- der Mund
- die Lippe
- der Zahn
- der Arm
- die Hand
- der Finger
- das Bein
- das Knie
- der Fuß
- das Haar
- das Ohr
- der Hals
- die Haut
- der Körper
- die Brust
- das Herz
- der Bauch
- der Rücken
- die Zehe

연습문제 Übungen

1 다음 문장을 du와 ihr에 대한 명령형으로 고쳐 쓰시오

1. Schreiben Sie Ihren Namen!(당신의 이름을 쓰십시오!)
2. Trinken Sie nicht viel!(많이 마시지 마십시오!)
3. Arbeiten Sie fleißig!(열심히 일하십시오!)
4. Helfen Sie mir!(저를 도와 주십시오!)
5. Sehen Sie mal hinten!(뒤를 보십시오!)
6. Seien Sie ruhig!(조용히 해주십시오!)
7. Sprechen Sie Deutsch!(독일어를 말하십시오!)
8. Fahren Sie langsam!(천천히 운전하십시오!)
9. Essen Sie mehr Obst!(더 많은 과일을 드십시오!)
10. Schlafen Sie früh!(일찍 주무십시오!)
11. Laufen Sie schnell!(빨리 뛰어가십시오!)
12. Kommen Sie!(오십시오!)
13. Ziehen Sie sich an!(옷을 입으십시오!)
14. Treten Sie herein!(들어오십시오!)
15. Vergessen Sie mich nicht!(저를 잊지 마십시오!)
16. Rauchen Sie nicht so viel!(그렇게 많이 피우지 마십시오!)
17. Setzen Sie sich bitte!(앉으십시오!)
18. Nehmen Sie den Zug!(그 기차를 타십시오!)

정답

1. Schreib deinen Namen! / Schreibt eure Namen!
2. Trink nicht viel! / Trinkt nicht viel!
3. Arbeite fleißig! / Arbeitet fleißig!
4. Hilf mir! / Helft mir!
5. Sieh mal hinten! / Seht mal hinten!
6. Sei ruhig! / Seid ruhig!
7. Sprich Deutsch! / Sprecht Deutsch!
8. Fahr langsam! / Fahrt langsam!
9. Iss mehr Obst! / Esst mehr Obst!
10. Schlaf früh! / Schlaft früh!
11. Lauf schnell! / Lauft Schnell!
12. Komm! / Kommt!
13. Zieh dich an! / Zieht euch an!
14. Tritt herein! / Tretet herein!
15. Vergiss mich nicht! / Vergesst mich nicht!
16. Rauch nicht so viel! / Raucht nicht so viel!
17. Setz dich bitte! / Setzt euch bitte!
18. Nimm den Zug! / Nehmt den Zug!

제12장 형용사

1. 형용사의 격변화

독일어 형용사에는 두가지 용법이 있다. **서술적 용법과 한정적 용법이다.** 형용사는 동사의 술어로 쓰이는 서술적 용법에서는 변화하지 않는다.

Die Haare sind **schwarz**.(머리카락이 검다)

Die Landschaft ist **wunderbar**.(경치가 멋지다)

Die Farbe ist **grün**.(색이 초록색이다)

Der Berg ist **hoch**.(산이 높다)

Der Mann ist **ledig**.(그 남자는 미혼이다)

하지만 **형용사가 명사 앞에서 한정적(제한적)으로 사용될 때는 그 어미가 변화한다.** 형용사 어미가 변화하는 유형에는 다음과 같이 3가지가 있다.

(1) 강변화 : 형용사 + 명사

이 경우 형용사는 정관사 어미변화를 한다. 다만 남성과 중성의 2격에서는 명사의 소유격 어미에 따라 -en 또는 -es의 어미를 갖는다.(gut**es** Student**en**)

Guten Tag!(안녕!)

Gute Nacht!(안녕히 주무십시오!)

Gute Idee!(좋은 생각입니다!)

Guter Wein ist teuer.(좋은 와인은 비싸다)

Jetzt haben Sie **grünes** Licht!(이제 초록불입니다!, das Licht : 빛)

Er arbeitet trotz **schwerer** Krankheit.
(그는 중병에도 불구하고 일한다, die Krankheit : 병)

Wegen **schlechten** Wetters konnte er nicht kommen.
(나쁜 날씨 때문에 그는 올 수 없었다, wegen : 2격지배 전치사, 무엇 때문에. das Wetter : 날씨)

Ich gebe **guten** Kindern **süße** Bonbons.
(나는 착한 아이들에게 달콤한 봉봉사탕을 준다, der Bonbon : 사탕, 캔디)

	남성	여성	중성	복수
주 격(1)	alt**er** Wein	gut**e** Frau	grün**es** Licht	klein**e** Häuser
소유격(2)	alt**en** Weins	gut**er** Frau	grün**en** Lichtes	klein**er** Häuser
여 격(3)	alt**em** Wein	gut**er** Frau	grün**em** Licht	klein**en** Häusern
목적격(4)	alt**en** Wein	gut**e** Frau	grün**es** Licht	klein**e** Häuser

	남성	여성	중성	복수
주 격(1)	-er	-e	-es	-e
소유격(2)	-en(-es)	-er	-en(-es)	-er
여 격(3)	-em	-er	-em	-en
목적격(4)	-en	-e	-es	-e

(2) 약변화 : 정관사(지시대명사) + 형용사 + 명사

단수 남성 1격과 여성과 중성 1, 4격만 -e이고 나머지는 모두 -en의 어미를 지닌다. 복수에서의 어미는 격에 관계없이 항상 -en이다.

Wer ist **der alte** Mann dort?(저 노인은 누구니?)

Wollen Sie **das neue** Haus kaufen?(당신은 새 집을 사시겠습니까?)

Auf **dem 3. (dritten)** Bild sehen Sie eine Stadt.
(3번째 그림에서 여러분들은 도시를 보고 계십니다, das Bild : 그림)

Die Größe **des gelben** Pullovers ist 100.
(노란 스웨터의 치수는 100이다, die Größe : 치수, 크기. der Pullover : 단추가 없는 스웨터)

	남 성	여 성	중 성	복 수
주 격(1)	der alt**e** Mann	die groß**e** Stadt	das neu**e** Haus	die klein**en** Häuser
소유격(2)	des alt**en** Mannes	der groß**en** Stadt	des neu**en** Hauses	die klein**en** Häuser
여 격(3)	dem alt**en** Mann	der groß**en** Stadt	dem neu**en** Haus	die klein**en** Häusern
목적격(4)	den alt**en** Mann	die groß**e** Stadt	das neu**e** Haus	die klein**en** Häuser

	남성	여성	중성	복수
주 격(1)	-e	-e	-e	-en
소유격(2)	-en	-en	-en	-en
여 격(3)	-en	-en	-en	-en
목적격(4)	-en	-e	-e	-en

> **참고** 1. -a로 끝나는 형용사와 도시명에 -er를 붙여 만든 형용사는 어미변화를 하지 않는다.
> (das rosa Kleid : 붉은 옷, der Kölner Dom : 쾰른 성당, das Münchner Bier : 뮌헨의 맥주)
> 2. 다음과 같은 형용사(부사)는 어미를 바꾼 다음 어미변화시킨다.
>
>   anders   → die ande**r**e Seite(다른 편)
>   besonders   → eine besonde**r**e Frage(특별한 문제)
>   links   → die lin**k**e Hand(왼쪽 손)
>   rechts   → das rech**t**e Bein(오른 쪽 다리)
>   dunkel   → die dunk**l**e Nacht(어두운 밤)
>   teuer   → der teu**r**e Mantel(비싼 외투)
>   hoch   → der ho**h**e Berg(높은 산)

(3) 혼합변화 : 부정관사(소유 대명사) + 형용사 + 명사

혼합변화라고 한 것은 단수 1격과 중성 1, 4격은 강변화, 나머지는 약변화의 변화 유형을 따르기 때문이다.

Dort geht **ein alter** Mann über die Straße.
(저기 한 노인이 길을 건너고 있다. die Straße : 거리)

Er kauft **ein neues** Haus.(그는 새집을 하나 산다)

Familie Breuer wohnt in **einer kleinen** Stadt.
(브로이어 가족은 소도시에 산다)

Der Vater schreibt **seinem kranken** Sohn **einen langen** Brief.
(아버지가 자신의 아픈 아들에게 긴 편지 하나를 쓴다. krank : 아픈. lang : 긴)

	남성	여성	중성	복수
주 격(1)	ein alter Mann	eine große Stadt	ein neues Haus	seinen guten Freunde
소유격(2)	eines alten Mannes	einer großen Stadt	eines neuen Hauses	seinen guten Freunde
여 격(3)	einem alten Mann	einer großen Stadt	einem neuen Haus	seinen guten Freunden
목적격(4)	einen alten Mann	eine große Stadt	ein neues Haus	seinen guten Freunde

주 격(1)	-er	-e	-es	(-en)
소유격(2)	-en	-en	-en	(-en)
여 격(3)	-en	-en	-en	(-en)
목적격(4)	-en	-e	-es	(-en)

2. 형용사의 비교급과 최상급

형용사의 비교급은 어미 -er, 최상급은 어미 -st(-est)를 붙여 만든다. 그러나 (1) 단음절로 된 형용사는 변모음한다. (2) -er이나 -el로 끝나는 형용사는 비교급에서 맨 끝의 e가 없어진다. (3) 형용사의 비교급과 최상급이 불규칙적으로 변하는 경우도 있지만 그런 형용사는 많지 않다.

원 급	비교급	최상급	
		부가어적	술어적
schön	schöner	der(die, das) schönste	am schönsten
klein	kleiner	kleinste	am kleinsten
groß	größer	größte	am größten
alt	älter	älteste	am ältesten
jung	jünger	jüngste	am jüngsten
lang	länger	längste	am längsten
teuer	teurer	teuerste	am teuersten
dunkel	dunkler	dunkelste	am dunkelsten
hoch	höher	höchste	am höchsten
gut	besser	beste	am besten
viel	mehr	meiste	am meisten
gern	lieber	liebste	am liebsten

(1) 부가어적 용법

비교급과 최상급이 부가어적으로 사용될 경우에는 일반 형용사처럼 격변화 한다.

Das Auto ist **ein schnelles** Verkehrsmittel.
(자동차는 빠른 교통수단이다. schnell : 빠른. das Verkehrsmittel : 교통수단)

Der Zug ist **ein schnelleres** Verkehrsmittel.
(기차는 더 빠른 교통수단이다. der Zug : 기차)

Das Flugzeug ist **das schnellste** Verkehrsmittel.
(비행기는 가장 빠른 교통수단이다. das Flugzeug = die Maschine : 비행기)

(2) 술어적 용법

형용사 최상급의 술어적 용법은 최상급 자체가 아니라 'am + 최상급 + en'이다.
Das Auto fährt **schnell**. Der Zug fährt **schneller**. Das Flugzeug fährt **am schnellsten**.(자동차는 빠르다. 기차는 더 빠르다. 비행기는 가장 빠르다)

3. 비교 문장

(1) 동등 비교 : so(genauso, ebenso) - wie

Die Stadt ist **so** groß, **wie** ich gedacht habe.
(그 도시는 내가 생각했던 것처럼 아름답다)

Diese Stadt ist nicht **so** schön **wie** München.
(이 도시는 뮌헨처럼 아름답지 않다)

Es ist keine **so** schöne Stadt **wie** Tübingen.
(그 도시는 튀빙엔처럼 아름다운 도시는 아니다)

Er ist **genauso** groß **wie** sein Vater, aber größer als sein Bruder.
(그는 그의 아버지와 키가 똑 같다, 그러나 형보다는 크다. genauso : 똑 같은)

Er ist zweimal/doppelt **so** reich **wie** ich.
(그는 나보다 두 배 부자다. zweimal = doppelt : 두배)

Berlin ist zehnmal **so** groß **wie** unsere Stadt.
(베를린은 우리 도시보다 10배 크다. zehnmal : 10배)

Er ist nicht **so** freundlich **wie** sein Freund.
(그는 자신의 친구처럼 친절하지 못하다. freundlich : 친절한)

Der Film war nicht **so** interessant, **wie** du gesagt hast.
(그 영화는 네가 말한 것처럼 그렇게 재미 없었다. sagen : 말하다)

(2) 열등 비교 : 비교급 + als(mehr, weniger는 명사 앞에서 무변화)

Das Flugzeug ist **schneller als** das Auto.
(비행기는 자동차보다 더 빠르다)

Der Läufer ist **schneller, als** man gedacht hat.
(그 주자는 사람들이 생각했던 것보다 더 빠르다. der Läufer : 주자)

Der Kölner Dom ist **höher als** der Mainzer.
(쾰른 성당은 마인쯔 성당보다 더 높다. der Dom : 성당)
Heute ist ein schöner Tag, aber gestern war es **schöner als** heute.
(오늘은 날씨가 좋다. 하지만 오늘보다 어제 날씨가 더 좋았다)

Er hat einen **interessanteren** Beruf **als** ich.
(그는 나보다 더 재미있는 직업을 가졌다. der Beruf : 직업)
Ich habe noch kein **besseres** Buch gelesen **als** dieses.
(나는 아직 이 책보다 좋은 책을 읽지 못했다. lesen : 읽다)

Er hat **mehr** Zeit **als** ich.(그는 나보다 더 시간이 더 많다)
Die Universität hat **mehr** Studentinnen, **als** wir gedacht haben.
(그 대학은 우리가 생각했던 것보다 여학생이 더 많다)
Ich habe **weniger** Freizeit **als** er.
(나는 그보다 자유시간이 더 적다. die Freizeit : 자유시간)
Mein Freund hat **mehr** Geld/Bücher **als** ich.
(내 친구는 나보다 더 많은 돈/책을 갖고 있다).
Mein Sohn ist **weniger** fleißig **als** meine Tochter.
(내 아들은 딸보다 부지런하지 못하다)
Mein Sohn ist **mehr** fleißig **als** meine Tochter.
(독일어에 이런 문장은 없음. 따라서 이 문장은 'Mein Sohn ist fleißiger als meine Tochter'가 되어야 옳다)

(3) Je + 비교급 + 후치문장, desto (= um so) + 비교급 + 동사 : 무엇을 하면 할수록 더욱 더 무엇을 하다

Je schneller wir arbeiten, **desto weniger** Zeit brauchen wir.
(우리가 더 빨리 일을 하면 할수록 우리는 더 적은 시간이 필요하다)
Je weniger Obst es gibt, **um so** teurer ist es.
(과일은 더 적으면 적을수록 비싸다)

(4) immer + 비교급 = 비교급 und 비교급 : 점점 더 무엇을 하다

Das Wetter wird **immer kälter**

= Das Wetter wird **kälter und kälter.**
(날씨가 점점 더 추워지고 있다)

Das Auto fährt **immer schneller.**
= Das Auto fährt **schneller und schneller.**
(자동차가 점점 더 빨리 달린다)

(5) mehr A als B : B라기 보다는 오히려 A이다

Er ist **mehr** traurig **als** ärgerlich.(그는 화가 났다기보다는 슬프다)

Du bist **mehr** schlau **als** klug.(너는 영리하기 보다 교활하다)

(6) 최상급

A. der + 최상급 + 어미변화

어떤 것이 같은 종류 중에서 최고일 때 사용한다. 일반적으로 문장 뒤에 in, von, unter, 2격 등이 오면 sein, bleiben, werden에서 형용사는 이 형태를 띤다.

Der schönste Tag dieser Woche war der Sonntag.
(이번 주 중 가장 좋았던 날은 일요일이었다)

Er ist **der fleißigste in** der Klasse.
(그는 학급에서 가장 부지런한 학생이다)

Der Schüler ist **der größte von den** Schülern(**unter den** Schülern).
(그 학생은 학생들 중에서 가장 키가 크다)

Dieses Gebäude ist **das höchste der** Stadt.
(이 건물은 도시에서 가장 높은 건물이다)

Der heutige Tag war **der schönste meines** Urlaubs.
(오늘이 내 휴가 중 가장 좋았던 날이다)

B. am + 최상급 + en

어떤 것이 가진 하나의 성질이 여러 조건하에서 비교하여 최고일 때와, 여러 대상들이 동일한 성격에서 비교하여 최고일 때 사용한다.

Er bleibt **am meisten** im Ausland.(그는 외국에 가장 많이 머문다)

Auf den Autobahnen fährt man **am schnellsten.**
(고속도로에서 가장 빨리 달린다)
Der See ist hier **am tiefsten.** (호수는 여기가 가장 깊다)
Er ist vor der Prüfung **am fleißigsten.**
(그는 시험 전에 가장 부지런하다)
Anna ist **am schönsten**, wenn sie singt.
(안나는 노래 부를 때 가장 예쁘다)
Das Fahrrad fährt schnell. Das Motorrad fährt schneller. Der Wagen fährt **am schnellsten.** (자전거는 빠르다. 오토바이는 더 빠르다. 자동차는 가장 빠르다)
Ich trinke gern Kaffee, lieber Wein, **am liebsten** Ginsengtee.
(나는 커피 마시는 것을 좋아하지만, 와인을 더 좋아하며 인삼차를 가장 좋아한다)

(7) 비교급을 강조할 때는 viel이나 noch 등을 사용한다.

Er ist **viel größer** als seine Frau.(그는 부인보다 키가 훨씬 크다)

Sie ist **noch fleißiger** als ihre Schwester.
(그녀는 그녀의 자매보다 훨씬 더 부지런하다)

(8) 전치사 um은 정도를 나타낸다

Er ist **um** einen Kopf größer als ich.(그는 나보다 머리 하나만큼 크다)

4. 형용사의 명사적 용법

명사화된 형용사의 어미변화는 일반 형용사의 변화와 같다. 다만 형용사 뒤의 명사가 생략되고 형용사가 대문자가 되어 명사가 된 것이다.

viel과 etwas나 alles를 수식해줄 때에는 형용사는 뒤에 나오고 명사처럼 대문자를 쓴다

Kennen Sie **die Kleine**(= die kleine Frau) dort?
(당신은 저기 키작은 여자를 아십니까?)
Sie ist die Tochter **des Fremden**(= des fremden Mann).
(그녀는 그 낯선 남자의 딸이다)
Der Arzt hilft **dem Kranken**(= dem kranken Mann).
(의사가 환자를 돕는다)
Die Reichen(= Die reichen Leute) helfen **den Armen**(= den armen Leute).

(부자들이 가난한 사람들을 돕는다)
Ich habe **Interessantes** gehört.(나는 재미있는 것을 들었다)
Er kauft immer **das Teure**.(그는 항상 비싼 것을 산다)
Wir übersetzen den Text aus **dem Deutschen ins Spanische**.
(우리는 그 텍스트를 독일어에서 스페인어로 번역한다)
Gibt es viel **Neues**?(새로운 것이 많습니까?)
Gibt es etwas **Besonderes**?(특별한 게 있습니까?)
Es gibt nichts **Neues**.(새로운 것은 하나도 없다)
Ich wünsche Ihnen **alles Gute!**(모든 것이 잘 되기를 바랍니다!)

> **참고** 독일 국민명은 deutsch를 형용사 어미변화해서 명사적으로 사용한다.
> 하지만 다른 국민명은 -er(erin), -e(-in)으로 끝난다.

국가명	여자	남자	언어명
Deutschland	**Deutsche**	**Deutscher**	**Deutsch**
Amerika	Amerikanerin	Amerikaner	Englisch
Japan	Japanerin	Japaner	Japanisch
China	Chinesin	Chinese	Chinesisch
England	Engländerin	Engländer	Englisch
Türkei	Türkin	Türke	Türkisch
Frankreich	Französin	Franzose	Französisch
Schweden	Schwedin	Schwede	Schwedisch
Korea	**Koreanerin**	**Koreaner**	**Koreanisch**

5. 의문형용사 Wie viele과 Wieviel

Wie viele 다음에는 셀 수 있는 복수명사가 Wieviel 다음에는 셀 수 없는 물질 명사나 추상명사가 나온다. Wieviel은 단독으로 의문부사로 사용되기도 한다.

A : **Wieviel Zeit** hast du?　　　B : Ich habe 2 Stunden.
(A : 너는 시간이 얼마나 있니?　　B : 나는 2시간이 있어)
A : **Wie viele Bücher** haben Sie?　B : Ich habe etwa 1000 Bücher.
(A : 당신은 얼마나 많은 책이 있습니까? B : 저는 약 1000권의 책이 있습니다. etwa : 약)
A : **Wieviel** kostet die Zeitung?　B : Es kostet 2 Euro.
(A : 신문이 얼마지요?　　　　　　B : 2 유로입니다)

6. 형용사의 격지배

(1) 3격지배 형용사

ähnlich(닮은)	Das Kind ist **der** Mutter **ähnlich**. (그 아이는 어머니를 닮았다)
behilflich(도움이 되는)	Er war **der** Dame **behilflich**. (그는 그 부인에게 도움이 되었다)
bekannt(알려진)	Er ist **mir bekannt**. (그를 나는 알고 있다)
böse(화난)	Er ist **seiner** Freundin **böse**. (그는 자신의 여자친구에게 화내고 있다)
fremd(낯선)	Er ist **mir** immer **fremd**. (그는 나에게 언제나 낯설다)
egal(아무래도 괜찮은)	Das ist **mir egal**. (그것은 나에게 아무래도 괜찮다)
nahe(가까운)	Wir sind **dem** Ziel schon **nahe**. (우리는 이미 목표에 근접해 있다)
nützlich(이익이 되는)	Du warst **mir nützlich**. (너는 내게 도움이 되었다)
schädlich(해가 되는)	Diese Arznei ist **dem** Menschen **schädlich**. (이 약은 인간에게 해롭다)
treu(충실한)	Er ist **ihr treu**. (그는 그녀에게 충실하다)

(2) 4격지배 형용사

alt(나이가 몇 살인)	Das Baby ist erst **einen** Monat **alt**. (그 아이는 겨우 한 달 되었다)
breit(폭이 얼마인)	Das Regal ist **einen** Meter **breit**. (그 선반은 폭이 1미터이다. das Regal : 선반, 서가)

wert(무슨 값어치가 있는)   Die Aktien sind nur **die** Hälfte **wert**.
(그 주식들은 이제는 반값밖에 되지 않는다)

(3) 2격지배 형용사

bewusst(무엇을 의식한)   Ich bin mir **meines** Fehlers **bewusst**.
(나는 나의 잘못을 의식하고 있다)

sicher(무엇을 확신하는)   Du kannst **seiner** Liebe **sicher** sein.
(너는 그의 사랑을 확신할 수 있다)

7. 전치사와 함께 사용되는 형용사

Das Leben ist **arm an** Freuden.
(인생은 즐거움이 부족하다)

Die Gegend ist **reich an** Mineralien.
(그 지역은 광물이 풍부하다)

Er ist **an** der Politik **interessiert**.
= Er ist **für** die Politik **interessant**.
(그는 정치에 흥미를 가지고 있다)

Der Fahrer muss **auf** die Verkehrsregeln **aufmerksam** sein.
(운전자는 교통법규에 주의를 기울여야한다)

Er ist **auf** seine Schwester **eifersüchtig**.
= Er ist **auf** seine Schwester **neidisch**.
(그는 그의 누이에 대해 질투한다)

Das Kind ist immer **auf** alles **neugierig**.
(아이는 항상 모든 것에 호기심을 가진다)

Er ist sehr **stolz auf** seinen Sohn.
(그는 자신의 아들을 매우 자랑스럽게 여긴다)

Sie ist wirtschaftlich **von** ihrem Mann **unabhängig**.
(그녀는 경제적으로 그녀의 남편으로부터 독립해 있다)

Der Bus ist **voll von** den Menschen.

(버스는 사람들로 만원이다)

Die Luft ist **frei von** Abgas.
(대기에 배기가스가 없다)

Er ist **von** seiner Theorie sehr **überzeugt**.
(그는 그의 이론을 매우 확신한다)

Er ist **für** seine Unpünktlichkeit **bekannt**.
(그는 시간을 지키지 않는 것으로 유명하다)

Er ist **mit** seinen Nachbarn **bekannt**.
(그는 자신의 이웃들을 안다)

Er ist **mit** dem Plan **einverstanden**.
(그는 그 계획에 동의한다)

Er ist **mit** dem Buch **fertig**.
(그는 그 책을 끝낸다)

Ich bin **mit** dem Minister **verwandt**.
(나는 장관과 친척이다)

Der Professor ist **mit** mir **zufrieden**.
(교수가 나에게 만족한다)

Sie war **über** seine Verspätung **ärgerlich**.
(그녀는 그가 늦은 것에 대해 화가 났다)

Ich bin **froh über** die neue Stellung.
(나는 새로운 일자리를 얻어 매우 기쁘다)

Ich bin **über** die billige Wohnung **glücklich**.
(나는 값싼 집을 얻어 행복하다)

Er ist **vor** Schreck **blass** geworden.
(그는 놀라서 창백해졌다. der Schreck : 경악, 공포, 놀라움)

Sie war **zu** dieser Tat nicht **fähig**.
(그녀는 이러한 행동을 할 능력이 없었다)

Sie sind **zur** Abfahrt **fertig**.
= Sie sind **zur** Abfahrt **bereit**.
(그들은 떠날 준비가 되어 있다)

Er ist ganz **verliebt in** die Frau seines Freundes.
(그는 그의 친구의 아내와 완전히 사랑에 빠졌다)

Der Großvater ist **gegenüber** der Jugend **verständnisvoll**.
(할아버지는 청소년에 대해 이해심이 많다)

쉬어가기 32 다음 형용사의 반의어로 네모안을 채우시오

1. rund
3. alt
5. breit
7. hoch
9. altmodisch

2. schmutzig
4. riesig
6. hell
8. unmöbliert
10. hässlich
11. Nicht gleich, sondern ...

쉬어가기 33 독일 주요 신문사와 방송

1. **신문사**

1) 일간지

   a. Süddeutsche Zeitung   b. Frankfurter Allgemeine Zeitung für Deutschland

   c. Die Welt   d. Frankfurter Rundschau

   e. Bild   f. Handelsblatt

2) 주간지

   Die Zeit

3) 잡지

   a. SPIEGEL   b. FOCUS

   c.  (슈테른)

2. **방송사**

1) 공영방송

   a. 아에르데   b. 체데에프   c. 아르테   d. 드라이 자트

2) 민영방송

   a. 자트 아인스   b. 에르테엘

쉬어가기 34 환희에 부쳐An die Freude(1) －프리드리히 쉴러Friedrich Schiller

환희여, 아름다운 신들의 불꽃이여,Freude, schöner Götterfunken,
엘리시온의 딸이여,Tochter aus Elisium,
우리는 그 불꽃에 취해 들어가노라,Wir betreten feuertrunken
천상의 딸이여, 그대의 신전으로.Himmlische, dein Heiligthum.
그대의 마력은 다시 결합시키노라,Deine Zauber binden wieder,
시류의 칼이 갈라놓은 것을.was der Mode Schwerd getheilt;
거지는 제후의 형제가 되리라,Bettler werden Fürstenbrüder,
그대의 부드러운 날개가 머무는 곳에선.wo dein sanfter Flügel weilt.
합창C h o r
얼싸 안아라, 만인萬人이여!Seid umschlungen Millionen!
이 입맞춤을 온 누리에!Diesen Kuß der ganzen Welt!
형제들이여 - 별의 장막 위엔Brüder - überm Sternenzelt
사랑스런 아버지가 살고 계시노라.muß ein lieber Vater wohnen.

한 친구의 친구가 되는Wem der große Wurf gelungen,
위대한 일을 이루어낸 자여,eines Freundes Freund zu seyn;
사랑스런 여인을 얻은 자여,wer ein holdes Weib errungen,
함께 환호성을 울리자!mische seinen Jubel ein!
그렇다 - 단 하나의 영혼이라도Ja - wer auch nur e i n e Seele
이 지구상에서 자기 것이라 부를 수 있는 자여!s e i n nennt auf dem Erdenrund!
그것조차 할 수 없는 자는Und wer's nie gekonnt, der stehle
눈물을 머금고 이 동아리에서 물러나라!weinend sich aus diesem Bund!
합창C h o r
거대한 지구에 거하는 모든 것은Was den großen Ring bewohnet
공감에 경의를 표하라!huldige der Simpathie!
공감은 우리를 별들에게로 안내하노라,Zu den Sternen leitet sie
알지 못하는 존재가 다스리는 곳으로.Wo der U n b e k a n n t e tronet.

모든 존재는 환희를 마시노라,Freude trinken alle Wesen
자연의 젖가슴에서,an den Brüsten der Natur,
선인이나 악인이나 모두Alle Guten, alle Bösen
환희의 장밋빛 발자국을 따라가노라.folgen ihrer Rosenspur.

제12장 형용사

연습문제 Übungen

1 다음 형용사의 어미를 채우시오

문제	정답
1. Geben Sie mir den rot___ und den blau___ Bleistift! (저에게 빨간 색과 청색의 연필을 주십시오!)	-en, -en
2. Mit einem alt___ Wagen will ich nicht fahren. (나는 낡은 자동차를 타고 가지 않겠다)	-en
3. Im Garten dieses klein___ Hauses gibt es viele Blumen. (이 조그마한 집의 정원에는 많은 꽃들이 있다. die Blume : 꽃)	-en
4. Er fährt mit seinem neu ___ Wagen nach Hamburg. (그는 자신의 새 자동차를 타고 함부르크로 간다)	-en

5. Bin ich hier auf der richtig___ Straße zu dem
   neu___ Hotel?
(제가 가는 이 길이 새로운 호텔로 가는 올바른 길입니까?
   richtig : 올바른)
	-en
	-en

6. Ich fahre am 5. 9.(fünft___ neunt___) nach Berlin. (나는 9월 5일에 베를린으로 간다)	-en, -en
7. Frau Breuer hat einen schön___ neu___ Hut. (브로이어 부인이 예쁜 새 모자를 갖고 있다)	-en, -en
8. Die Autos parken meist auf der recht___ Straßenseite. (자동차들이 대부분 오른쪽 길 편에 주차한다. parken : 주차하다. meist : 대부분)	-en
9. Wir leben im 21. (einundzwanzigst___) Jahrhundert. (우리는 21세기에 살고 있다)	-en

10. Gestern ging ich mit meinen beid___ Freunden
    durch unseren schön___ Park.
(어제 나는 두 명의 친구와 우리의 멋진 공원을 지나갔다.
    der Park : 공원)
	-en
	-en

11. Ich schließe meinen Brief mit herzlich____ Gruß.　　　　-em
    (나는 편지를 '진심 어린 인사를 보내며'라는 말로 끝맺는다.
    schließen : 끝마치다. herzlich : 진심의. der Gruß : 인사.)
12. Trotz schwer____ Grippe geht er zur Arbeit.　　　　　　-er
    (심한 감기에도 불구하고 그는 일하러 간다.
    schwer : 심한. die Grippe : 독감. 비교 : die Erkältung : 감기)
13. Er besucht einige europäisch____ Länder.　　　　　　　-e
    (그는 몇몇의 유럽나라들을 방문한다.
    besuchen : 방문하다. einige : 몇몇의.)
14. Das ist ein Buch vom Leben berühmt____ Männer.　　　-er
    (그것은 유명한 남자들의 생애에 관한 책이다. von : 무엇에 관한)

2　다음 보기의 말을 골라 넣으시오

und, immer, am, um, die, wie, als

15. Der See ist hier _____ tiefsten.　　　　　　　　　　am
    (그 호수는 여기가 가장 깊다)
16. Die Tage sind im Winter kürzer _____ im Sommer.　als
    (겨울에는 낮이 여름보다 더 짧다)
17. Anna ist _____ schönste von ihren Schwestern.　　die
    (안나는 그녀의 자매들 중에서 가장 예쁘다)
18. Die Sonne steigt höher _____ höher.　　　　　　　und
    (태양이 점점 더 높이 올라간다)
19. Im Winter ist das Land ebenso schön _____ im　　wie
    Sommer.(겨울에도 그 나라는 여름과 마찬가지로 아름답다.
    ebenso = genauso : 똑같이)
20. Das Wetter wird _____ kälter.　　　　　　　　　immer
    (날씨가 점점 추워지고 있다)
21. Ich bin ____ einen Kopf größer als sie.　　　　　　　um
    (나는 그녀보다 머리하나 만큼 크다)

3 다음에 들어갈 적당한 말은?

22. Er ist _____ glücklich als du. weniger
    (그는 너보다 행복하지 못하다)
23. _____ allen Schülerinnen ist Marie _____ schönste. Unter(Von), die
    (모든 여학생들 중에서 마리가 가장 예쁘다)

4 (   )안의 형용사를 변형해서 _____ 안에 넣으시오

24. Hans ist _____ als ich.(groß) größer
    (한스는 나보다 크다)
25. Die Nächte sind im Winter _____(lang) länger
    als im Sommer.(밤이 겨울에는 여름보다 길다)
26. Mein _____ Bruder lernt Deutsch.(jung) jüngerer
    (내 남동생은 독일어를 배운다)
27. Dieses Rathaus ist das _____ Gebäude in höchste
    der Stadt.(hoch)(이 시청은 도시에서 가장 높은 건물이다.
    das Rathaus : 시청, das Gebäude : 건물)
28. Unser Lehrer hat ein _____ Buch als ich.(dick) dickeres
    (우리 선생님은 나보다 더 두꺼운 책을 갖고 있다)
29. Der Fluss ist tief, der See ist tiefer, das Meer
    ist _____. (tief) am tiefsten
    (강은 깊다. 호수는 더 깊다. 바다는 가장 깊다)
30. Der _____ von seinen drei Söhnen wurde älteste
    Polizist.(alt)(그의 세 아들 중에서 큰 아들이 경찰이 되었다)
31. Der Schüler ist _____ in der Klasse.(fleißig) der fleißigste
    (그 학생은 학급에서 가장 부지런한 학생이다)

5 다음 형용사의 반의어를 쓰시오

32. neu(새로운)	↔	_____	alt
33. hell(밝은)	↔	_____	dunkel
34. bequem(편안한)	↔	_____	unbequem
35. kalt(차가운)	↔	_____	warm
36. gemütlich(아늑한)	↔	_____	ungemütlich
37. laut(큰, 시끄러운)	↔	_____	leise/ruhig
38. frisch(신선한)	↔	_____	verdorben
39. praktisch(실용적인)	↔	_____	unpraktisch
40. schön(예쁜)	↔	_____	hässlich
41. billig(싼)	↔	_____	teuer
42. sauer(신)	↔	_____	süß
43. modern(현대적인)	↔	_____	unmodern
44. schnell(빠른)	↔	_____	langsam
45. schlecht(나쁜)	↔	_____	gut
46. groß(큰), riesig(거대한)	↔	_____	klein/winzig
47. dumm(어리석은)	↔	_____	klug
48. freundlich(친절한)	↔	_____	unfreundlich
49. lustig(명랑한)	↔	_____	traurig
50. schlank(날씬한)	↔	_____	dick
51. sportlich(스포티한)	↔	_____	unsportlich
52. ruhig(차분한)	↔	_____	nervös
53. früh(이른)	↔	_____	spät
54. hoch(높은)	↔	_____	niedrig
55. sicher(안전한)	↔	_____	gefährlich
56. voll(가득 찬)	↔	_____	leer
57. viel(많은)	↔	_____	wenig
58. krank(아픈)	↔	_____	gesund
59. frei(비어있는)	↔	_____	besetzt

제12장 형용사 183

60. arm(가난한)	↔ _____	reich
61. breit(넓은)	↔ _____	eng/schmal
62. weit(먼)	↔ _____	nahe
63. stark(강한)	↔ _____	schwach
64. richtig(옳은)	↔ _____	falsch

6 다음 형용사의 동의어를 쓰시오

65. schlank(날씬한)	= _____	dünn
66. hübsch(귀여운)	= _____	schön
67. nett(친절한)	= _____	freundlich
68. intelligent(지적인)	= _____	klug

7 다음 형용사는 무슨 뜻인가?

69. einfach:	간단한
70. frisch:	신선한
71. genau:	정확한
72. preiswert:	값이 적당한
73. sauber:	깨끗한
74. wunderbar:	멋진, 굉장한
75. müde:	피곤한
76. herzlich:	진심으로
77. tot:	죽은

8 다음 중 서로 관계가 없는 것 하나를 고르면?

78. blond - schwarz - rot - hübsch	hübsch
79. nett - sympathisch - schwül - interessant	schwül
80. dick - groß - sympathisch - schlank	sympathisch
81. nervös - schön - dumm - unsympathisch	schön
82. dünn - langweilig - ruhig - intelligent	dünn
83. weiß - braun - rot - rund	rund
84. schmal - jung - lang - klein	jung
85. hübsch - attraktiv - schön - lustig	lustig

제13장 수

1. 기 수

(1) 기수의 형태

0 null	
1 eins, ein Apfel, eine Tomate, ein Ei	
2 zwei Äpfel, zwei Tomaten, zwei Eier	
3 drei Äpfel, drei Tomaten, drei Eier	
4 vier Äpfel, vier Tomaten, vier Eier	
5 fünf Äpfel, fünf Tomaten, fünf Eier	
6 sechs	25 fünfundzwanzig
7 sieben	26 sechsundzwanzig
8 acht	27 siebenundzwanzig
9 neun	**30 dreißig**
10 zehn	40 vierzig
11 elf	50 fünfzig
12 zwölf	**60 sechzig**
13 dreizehn	**70 siebzig**
14 vierzehn	80 achtzig
15 fünfzehn	90 neunzig
16 sechzehn	100 **(ein)**hundert
17 siebzehn	101 hundert**eins**
18 achtzehn	155 hundertfünfundfünfzig
19 neunzehn	200 zweihundert
20 zwanzig	300 dreihundert
21 einundzwanzig	780 siebenhundertachtzig
22 zweiundzwanzig	1000 **(ein)**tausend
23 dreiundzwanzig	1410 eintausendvierhundertzehn
24 vierundzwanzig	2000 zweitausend
	3000 dreitausend

(2) 기수의 용법

A. 수를 읽을 때

수를 읽을 때는 세 단위씩 끊어서 읽는다. 백만 전까지는 복수가 없으며, 모두 소문자로 붙여쓴다.

3,418,579 →

drei **Millionen** vierhundertachtzehn**tausend**fünfhundertneunundsiebzig

B. 사칙연산

4 + 7 = 11 : 4 **und(plus)** 7 ist(gleich) 11

5 - 3 = 2 : 5 **weniger(minus)** 3 ist(gleich) 2

2 × 3 = 6 : 2 **mal** 3 ist(gleich) 6

9 ÷ 3 = 3 : 9 **durch** 3 ist(gleich) 3

C. 화 폐

Euro와 Cent는 복수형을 쓰지 않는다. Euro와 Cent가 있을 때에는 Euro만 읽지만, Euro가 없고 Cent만 있을 때에는 Cent를 꼭 읽어준다.

1 Euro = 100 Cent

쓸 때	말할 때
-, 20 Euro	zwanzig Cent
-, 88 Euro	achtundachtzig Cent
1, 10 Euro	ein Euro zehn
4, 80 Euro	vier Euro achtzig
34, 50 Euro	vierunddreißig Euro fünfzig

D. 연 도

연도는 일반적으로 두 단위씩 끊어서 읽지만 1000에서 1099, 2000에서 2099까지는 숫자를 읽는 것처럼 읽는다. 연도 앞에는 Im Jahr를 넣어주든지 아니면 연도만 써 준다.

1024 : ein**tausend**vierundzwanzig

1999 : neunzehn**hundert**neunundneunzig

2001 : zweitausend**eins**

2000(zweitausend) 혹은 **Im Jahr 2000**(Im Jahr zweitausend) komme ich wieder.(2000년에 나는 다시 올 것이다)

E. 전화 번호 : 하나씩 읽어준다

418-1696 : vier eins acht eins sechs neun sechs

F. 시 간

① 시간을 묻는 표현

A : Wieviel Uhr ist es? (= Wie spät ist es?)

B : Es ist 7.15 Uhr.

(A : 몇 시죠? B : 7시 15분입니다)

② 시간 읽는 법

공공시간	일상시간
12 Uhr 5	= 5 (Minuten) **nach** zwölf
13 Uhr 10	= zehn **nach** eins
14 Uhr 15	= **Viertel nach** zwei
15 Uhr 20	= zwanzig **nach** drei oder zehn **vor halb vier**
16 Uhr 25	= fünf **vor halb fünf**
17 Uhr 30	= **halb sechs**
18 Uhr 35	= fünf **nach halb sieben**
19 Uhr 40	= zwanzig **vor** acht oder zehn **nach halb acht**
20 Uhr 45	= Viertel **vor** neun oder **Dreiviertel neun**
21 Uhr 50	= zehn **vor** zehn
22 Uhr 55	= fünf **vor** elf
23 Uhr	= elf Uhr
24 Uhr	= zwölf Uhr (nachts)
0 Uhr 5	= fünf **nach** zwölf (nachts)
60 Minuten	= eine Stunde
30 Minuten	= eine halbe Stunde
15 Minuten	= eine Viertelstunde

Morgen / Vormittag: 0 – 24   1 – 12

Uhrzeit	Aussprache
6:00 Uhr	Es ist sechs Uhr.
6:15 Uhr	Es ist sechs Uhr fünfzehn. / Viertel nach sechs.
7:20 Uhr	Sieben Uhr zwanzig. / Zwanzig nach sieben.
9:30 Uhr	Neun Uhr dreißig. / Halb zehn.
11:45 Uhr	Elf Uhr fünfundvierzig. / Viertel vor zwölf.
11:55 Uhr	Elf Uhr fünfundfünfzig. / Fünf vor zwölf.

Mittag / Nachmittag: 0 – 24   1 – 12

12:00 Uhr	Zwölf Uhr / Mittag
14:30 Uhr	Vierzehn Uhr dreißig / Halb drei
16:25 Uhr	Sechzehn Uhr fünfundzwanzig / Fünf vor halb fünf
18:55 Uhr	Achtzehn Uhr fünfundfünfzig / Fünf vor sieben
23:45 Uhr	Dreiundzwanzig Uhr fünfundvierzig / Viertel vor zwölf
00:00 Uhr	Null Uhr null / Zwölf Uhr nachts

Nacht:
Mitternacht:
Abend:

2. 서 수

1에서 19까지는 기수에 **-t를**, 그 이후의 숫자는 **-st를** 붙여 만든다. 서수는 보통 다른 명사를 수식하는 형용사처럼 명사 앞에서 정관사와 함께 쓰는데 어미가 약변화한다.

	1. **(erste)**	19. (neunzehnte)
	2. (zweite)	20. **(zwanzigste)**
	3. **(dritte)**	30. (dreißigste)
	4. (vierte)	40. (vierzigste)
	5. (fünfte)	50. (fünfzigstc)
	6. (sechste)	60. (sechzigste)
	7. **(siebte)**	100. (hundertste)
	8. **(achte)**	1000. (tausendste)
der(die, das)	9. (neunte)	·
	10. (zehnte)	·
	11. (elfte)	·
	12. (zwölfte)	
	13. (dreizehnte)	
	14. (vierzehnte)	
	15. (fünfzehnte)	
	16. (sechzehnte)	
	17. (siebzehnte)	
	18. (achtzehnte)	

(1) 서수의 용법

A. 순서를 나타낸다

  Das zweite Bild ist sehr schön.(두 번째 그림은 예쁘다)
  Die dritte Stadt ist sehr alt.(세 번째 도시는 매우 오래 되었다)

B. 날짜나 출생 년월일

  A : **Der wievielte** ist heute? (= Welches Datum ist heute?)
  B : Heute ist **der** 1. 5. 1993.
    (**der** erste Mai(fünfte) neunzehnhundertdreiundneunzig)

A : **Den wievielten** haben wir heute?

    (= Welches Datum haben wir heute?)

B : Heute haben wir **den** 1. 5. 1993.

    (**den** ersten Mai(fünften) neunzehnhundertdreiundneunzig)

    (A : 오늘이 며칠이죠?

    B : 오늘은 1993년 5월 1일입니다)

A : **Wann** ist er geboren? B : Er ist **am** 7. 9.(siebten, neunten = September) 1976 geboren.(gebären : 태어나다)

    (A : 그는 언제 태어났습니까? B : 그는 9월 7일에 태어났습니다)

> **참고** **Welcher Tag** ist heute? = **Welchen Tag** haben wir heute?는 요일을 물어보며 Heute ist Montag 혹은 Heute haben wir Montag으로 대답한다.

C. 분배수

분배수는 서수에 -ens를 결합하여 만든다.

Heute gehe ich nicht ins Kino. **Erstens** habe ich kein Geld, **zweitens** habe ich keine Zeit und **drittens** kenne ich den Film schon.(오늘 나는 극장에 가지 않을 것이다. 첫째, 나는 돈이 없고, 둘째, 나는 시간이 없고, 셋째, 나는 그 영화를 벌써 알고 있다)

1. = erstens(첫째)
2. = zweitens(둘째)
3. = drittens(셋째)
4. = viertens(넷째)

D. ⋯마다

Jeden zweiten Tag gehen wir schwimmen.

(이틀마다 우리는 수영하러 간다)

E. 학급에서의 석차

Er ist **der Erste** in der Klasse.

(그는 학급에서 일등이다, die Klasse : 학급, 등급)

F. 몇 명씩

Die Soldaten marschieren **zu dritt**(= **zu dreien**) in einer Reihe.
(군인들이 한 줄에 세명씩 행진하고 있다. der Soldat : 군인. marschieren : 행진하다. die Reihe : 줄, 열, 차례)

3. 분 수

분자는 **기수**로 분모는 **서수** + **el**로 사용한다. halb나 ein halb는 형용사로 사용하며 어미변화하고 그 명사는 die Hälfte이다.

분수는 명사로 쓰일 때는 분모를 대문자로 쓰지만 형용사로 쓰일 때는 소문자로 쓰며 어미변화하지 않는다.

1/2	→	halb-, ein halb-. die Hälfte(명사)
1/3	→	ein Drittel
2/3	→	zwei Drittel
1/4	→	ein Viertel
3/4	→	drei Viertel
1/100	→	ein Hundertstel

Ein **halbes** Kilo Kirschen, bitte!
(버찌 0.5킬로 주세요!)

Ein Fünftel der Einwohner sind Bauern.
(주민의 5분의 1이 농부이다)

Er lernte die Sprache in einem **dreiviertel** Jahr.
(그는 그 언어를 9개월만에 배웠다)

4. 부정수사 viel-(wenig-), manch-, mehrer-, einig-

viel과 wenig가 Geld, Zeit, Obst 등 추상명사나 물질명사를 수식하면 어미변화하지 않지만, 셀 수 있는 복수명사 앞에 나올 때는 정관사 어미변화한다. manch-는 정관사류로 viel-보다는 다소 적은 수를 나타낸다. mehrere는 3-4개 정도의 숫자를, einige는 2-3개 정도의 숫자를 나타낸다.

Er hat **viel** Zeit, aber **wenig** Geld.
(그는 시간은 많지만 돈은 적다)

Ich habe **viele** Freunde.
(나는 많은 친구들이 있다)

Viele sind gekommen.
(많은 사람들이 왔다)

Manche Leute wissen das nicht.
(많은 사람들이 그것을 알지 못한다)

Mehrere Schüler sind fleißig.
(몇몇 학생들은 부지런하다)

Einige Studenten sind nicht fleißig.
(몇몇 대학생들은 부지런하지 못하다)

쉬어가기 35   레스토랑에서

Kellner: Bitte schön?
1. Gast: Einen Whisky. Und du? Was möchtest du?
2. Gast: Nur ein Mineralwasser.
Kellner: Und was möchten Sie?
3. Gast: Ich hätte gern ein Glas Weißwein.

제13장 수 195

연습문제 Übungen

1 다음 중 독일어는 숫자로, 숫자는 독일어로 쓰시오

1. W. A. Mozart ist **am ersten elften(November) siebenzehnhundertsechsundfünfzig** in Salzburg geboren.
2. L. v. Beethoven ist **am siebzehnten zwölften(Dezember) siebenzehnhundertsiebzig** in Bonn geboren.
3. J. S. Bach ist **am 21. 03. 1685** in Eisenach geboren.
4. C. Schumann ist **am 13. 09. 1819** in Frankfurt geboren.
5. Anne Frank ist **am 12. 06. 1929** in Frankfurt geboren.

정답

1. 1. 11. 1756
2. 17. 12. 1770
3. am einundzwanzigsten dritten(März) sechzehnhundertfünfundachtzig.
4. am dreizehnten neunten(September) achtzehnhundertneunzehn
5. am zwölften sechsten(Juni) neunzehnhundertneunundzwanzig

2 다음 숫자는 일상시간 독일어로, 일상시간 독일어는 숫자로 쓰시오

정답

6. 8 : 45	Viertel vor neun
7. 15 : 40	zwanzig vor vier
8. 09 : 20	zwanzig nach neun
9. 21 : 25	fünf vor halb zehn
10. 23 : 10	zehn nach elf
11. 00 : 30	halb eins
12. 11 : 35	fünf nach halb zwölf
13. 17 : 15	Viertel nach fünf
14. 13 : 57	drei vor zwei

15. 17 : 22	acht vor halb sechs
16. Viertel vor sieben	6 : 45
17. halb drei	2 : 30
18. Viertel nach zwölf	12 : 15
19. sechs nach halb sechs	5 : 36
20. halb sechs	5 : 30

3 다음 질문에 대한 답을 독일어로 쓰시오

> Der wievielte ist heute?

21. 4. 7. 1992
22. 7. 4. 1929
23. 9. 8. 2001

> Den wievielten haben wir heute?

24. 11. 11. 1111
25. 19. 6. 2003

---

21. Heute ist der vierte siebte(Juli) neunzehnhundertzweiundneunzig
22. Heute ist der siebte vierte(April) neunzehnhundertneunundzwanzig.
23. Heute ist der neunte achte(August) zweitausendeins.
24. Heute haben wir den elften elften elfhundertelf.
25. Heute haben wir den neunzehnten sechsten(Juni) zweitausenddrei.

제14장 수동문

1. 수동문의 형태

수동문은 **'werden의 인칭 변화형 + 과거 분사'**의 형태로 만든다. 능동문을 수동문으로 만들 때에는 능동문의 4격목적어가 수동문의 주어가 되고, 능동문의 주어는 수동문에서 **'von(durch, mit) + 3격 목적어'**의 형태로 바뀐다.

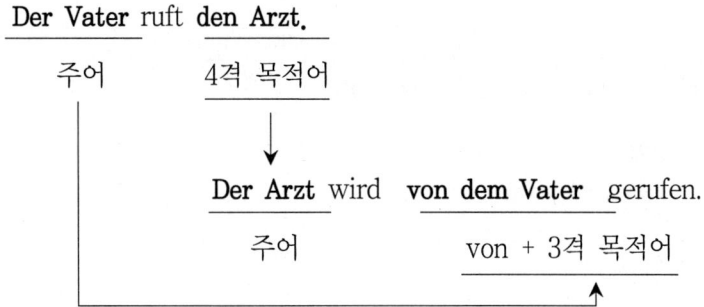

Der Dieb wurde **von** einem Bürger verhaftet.(직접적인 행위자)
(도둑이 한 시민에 의해 체포되었다. der Dieb : 도둑. der Bürger : 시민. verhaften : 체포하다)

Der Brief wird heute **mit** der Maschine geschrieben.(수단, 재료)
(편지가 오늘날은 기계로 작성된다)

Die Kirche wurde **durch** Bomben zerstört.(간접적인 매개자)
(교회가 폭탄을 맞고 파괴되었다. die Kirche : 교회. die Bombe : 폭탄. zerstören : 파괴하다)

능동문의 주어가 일반적인 사람일 경우 수동문에서 'von + 3격목적어'는 생략된다.

4격 목적어가 없을 때에는 주어는 가주어 es를 사용하며 문장이 도치되면 이 es는 생략된다.

Man tut zu wenig gegen Unfälle.

→ Es wird zu wenig gegen Unfälle getan.

(사람들이 사고를 예방하기 위해 너무나 적은 일을 한다)

→ 사고를 예방하기 위해 너무나 적은 일이 행해진다. zu : 너무나. der Unfall : 사고.)

Man fährt sonntags nicht viel.

→ Es wird sonntags nicht viel gefahren.

→ Sonntags wird nicht viel gefahren.

(사람들은 일요일에 차를 많이 몰지 않는다 → 일요일은 차가 많이 다니지 않는다)

2. 완료 수동

완료 수동문에서 과거분사는 geworden이 아니라 worden이다. 수동문을 만들 때 쓰이는 조동사 werden은 앞에서 공부한 바와 같이 언제나 sein과 결합하여 완료형을 만들기 때문에 완료 수동형은 'sein + 과거분사 + worden'의 형태를 띤다.

Man ruft den Arzt.

(사람들이 의사를 부른다)(능동문)

→ Der Arzt wird gerufen.

(의사가 불린다)(현재 수동)

→ Der Arzt ist gerufen **worden.**

(의사가 불러졌다)(현재 완료 수동)

3. 상태 수동

(1) 상태 수동의 형태와 의미

상태 수동은 수동형에서 werden대신에 sein동사를 넣은 것으로 글자 그대로 어떤 동작이 완료된 이후의 상태를 의미하기 때문에 완료 수동형과 구별이 되며, sein동사의 뜻을 살려주면서 '**…되어져 있다**'로 해석하면 정확한 해석이 된다.

상태 수동과 구별하기 위하여 werden으로 되어 있는 원래의 수동문을 **동작 수동**이라고 하기도 한다. 다음 문장을 보면 상태 수동과 동작 수동의 구별이 한층 쉬워질 것이다.

Das Fenster **wird** geöffnet.(창문이 열려진다)(동작 수동)

→ Das Fenster **ist** geöffnet **worden**.(창문이 열려졌다)(완료 동작 수동)

→ Jetzt **ist** das Fenster geöffnet.(이제 창문이 열려져 있다)(상태 수동)

행 동	동작수동	상태수동
Man richtet die Säule auf. (사람들이 기둥을 세운다)	Die Säule **wird** aufgerichtet. (기둥이 세워진다)	Die Säule **ist** aufgerichtet. (기둥이 세워져 있다)

(2) 완료형과 상태 수동

상태 수동은 sein과 완료형을 이루는 동사로는 만들 수 없기 때문에 완료형과 혼동되어서도 안된다. 따라서 상태 수동은 haben과 완료형을 만드는 동사들, 특히 재귀 동사의 변형이다.

Die Blumen **sind** schon lange **gepflückt**.
(그 꽃들은 벌써 오래 전에 꺾어져 있다. pflücken : 꺾다)**(상태 수동)**

Die Blumen **sind** schon lange **verwelkt**.
(그 꽃들은 벌써 오래 전에 시들었다. verwelken : 시들다)**(완료형)**

Ich habe mich in Maria verliebt. → Ich **bin** in Maria **verliebt**.
(나는 마리아와 사랑에 빠졌다 → 나는 마리아와 사랑에 빠져 있다)

Ich habe mich mit Maria verheiratet. → Ich **bin** mit Maria **verheiratet**.
(나는 마리아와 결혼했다 → 나는 마리아와 결혼한 상태로 있다)

Ich habe mich erkältet. → Ich **bin erkältet**.
(나는 감기 걸렸다 → 나는 감기에 걸려 있다)

Ich habe mich erholt. → Ich **bin erholt**.
(나는 회복했다 → 나는 회복한 상태로 있다)

(4) 상태 수동에는 현재와 과거 두 시제만 있다

Heute **sind** die Kriegsschäden in Frankfurt fast völlig **beseitigt.**(현재)
(오늘날 프랑크푸르트에는 전쟁의 상흔이 거의 말끔히 제거되어 **있다**. völlig : 완전히. beseitigen : 제거하다, 살해하다)

1945 **war** die Altstadt Frankfurts gänzlich **zerstört.**(과거)
(1945년에는 프랑크푸르트의 舊시가지가 완전히 파괴되어 **있었다**. gänzlich : 완전히, 전부. zerstören : 파괴하다)

4. 화법 조동사의 수동문

화법 조동사가 들어 있는 문장을 수동문으로 만들 때는 화법 조동사 자체를 가지고 수동문으로 만들 수 없기 때문에 화법조동사가 없는 문장을 수동문으로 만들어서 그 수동문에 화법 조동사를 결합시킨 형태가 되어야 한다.

화법 조동사가 들어있는 문장의 완료 수동문은 우리가 이미 완료형에서 살펴본 바와 같이 화법 조동사가 본동사가 아닌 조동사로 사용될 때 과거분사는 gemusst가 아니라 원형인 müssen을 사용한다. 따라서 müssen이라는 화법 조동사가 들어있는 문장의 완료 수동의 형태는 '**haben+과거분사(p.p) + werden + müssen**'이다.

화법 조동사가 들어 있는 문장의 완료 수동문뿐만 아니라 화법 조동사가 들어있는 완료형이 부문장에 쓰일 때 부문장내에서 haben 동사는 후치되지 않고 다른 모든 동사들의 맨 앞에 위치한다.

Man muss sofort den Arzt rufen.
(사람들이 즉시 의사를 불러야 한다)(**능동문**)

Der Arzt muss sofort gerufen werden.
(의사가 즉시 불러져야 한다)(**수동문**)

Der Arzt hat sofort gerufen werden müssen.
(의사가 즉시 불러져야 했다)(**완료 수동문**)

Es ist klar, dass der Arzt sofort gerufen werden **muss**.
(의사가 즉시 불러져야 한다는 것은 분명하다)

Es ist klar, dass der Arzt sofort **hat** gerufen werden **müssen**.
(의사가 즉시 불러져야 했다는 것은 분명하다)

5. 수동문의 시제에 따른 형태

현재	Der Brief wird sofort geschrieben. (편지가 즉시 쓰여진다) Der Brief muss sofort geschrieben werden. (편지가 즉시 쓰여져야 한다)
과거	Der Brief wurde sofort geschrieben. (편지가 즉시 쓰여졌다) Der Brief musste sofort geschrieben werden. (편지가 즉시 쓰여져야 했다)
현완	Der Brief ist sofort geschrieben worden. (편지가 즉시 쓰여졌다) Der Brief hat sofort geschrieben werden müssen. (편지가 즉시 쓰여져야 했다)
과완	Der Brief war sofort geschrieben worden. (편지가 즉시 쓰여졌었다) Der Brief hatte sofort geschrieben werden müssen. (편지가 즉시 쓰여져야 했었다)
미래	Der Brief wird sofort geschrieben werden. (편지가 즉시 쓰여질 것이다) Der Brief wird sofort geschrieben werden müssen. (편지가 즉시 쓰여져야만 할 것이다)

6. 수동의 뜻을 가진 능동문

(1) man으로 시작되는 문장

Man bringt das Kind zum Arzt.

→ Das Kind wird zum Arzt gebracht.

(사람들이 그 아이를 의사에게 데려간다

› 그 이이는 의시에게 보내진다)

Man soll das Kind untersuchen.

→ Das Kind soll untersucht werden.

(사람들은 그 아이를 진찰해야 한다

→ 그 아이가 진찰을 받아야 한다. j-n untersuchen : 누구를 진찰하다)

(2) lassen sich + 동사의 부정형

Das **lässt sich machen.**
→ Das kann gemacht werden.
(그것은 만들어질 수 있다)

Das Kind **lässt sich** nicht **untersuchen.**
→ Das Kind kann nicht untersucht werden.
(그 아이는 진찰 받을 수 없다)

(3) -bar

Das Buch ist leicht **lesbar.**
→ Das Buch kann leicht gelesen werden.
(그 책은 쉽게 읽을 수 있다)

(4) sein zu 부정사(동사의 원형)

'**sein zu 부정사**'는 수동의 가능이나 필연을 나타내며 뜻이 같은 여러 가지 문장으로 바꾸어 쓸 수 있다.

A : 수동의 필연

Das Kind **ist zu** beruhigen.
→ Das Kind **muss** beruhigt werden.
(그 아이는 달래져야 한다. j-n beruhigen : 누구를 달래다)

→ **Man muss** das Kind beruhigen.
(우리들은 그 아이를 달래야 한다)

B : 수동의 가능

Das Kind **ist zu** beruhigen.
→ Das Kind kann beruhigt werden.
(그 아이는 달랠 수 있다)

→ **Man kann** das Kind beruhigen.
(우리는 그 아이를 달랠 수 있다)

→ Das Kind **lässt sich beruhigen.**
(그 아이는 달랠 수 있다)

Das Problem ist leicht zu lösen.
→ Das Problem kann leicht gelöst werden.
→ Das Problem **kann man** leicht lösen.
→ Das Problem **lässt sich** leicht **lösen.**
→ Das Problem ist leicht **lösbar.**
(그 문제는 쉽게 해결될 수 있다)

7. 두개의 목적어가 있을 때의 수동문

두개의 목적어가 있는 능동문에서 보어로 쓰인 목적어는 수동문의 주어가 될 수 없으며, 수동문의 동사는 werden이기 때문에 남아 있는 4격 목적어도 1격으로 변해야 한다. lehren이 있는 문장은 두 종류의 수동문이 가능하지만 격이 변해야 한다.

Sie nannte ihn **einen** Lügner.
→ Er wurde von ihr **ein** Lügner genannt.
(그녀는 그를 거짓말쟁이라고 불렀다
→ 그는 그녀에 의해 거짓말쟁이라고 불리워졌다)
→ Ein Lügner wurde von ihr er genannt.(불가능)

Er lehrt einen Schüler das Lesen und Schreiben.
→ Ein Schüler wird von ihm das Lesen und Schreiben gelehrt.
→ Das Lesen und Schreiben wird von ihm **einem Schüler** gelehrt.
(그는 한 학생에게 읽기와 쓰기를 가르친다
→ 한 학생이 그에게서 읽기와 쓰기를 배운다
→ 읽기와 쓰기가 그에 의해 한 학생에게 가르쳐진다)

8. 수동문이 불가능한 동사

(1) 화법 조동사

Er will sie heiraten. → Sie wird heiraten gewollt.(불가능)
(그는 그녀와 결혼하려고 한다)

(2) zu 없는 부정사를 취하는 지각 동사

　　Ich höre ihn singen. → Er wird singen gehört. **(불가능)**
　　(나는 그가 노래부르는 것을 듣는다)

(3) 재귀 동사

　　Sie kämmt sich. → Sie wird von sich gekämmt. **(불가능)**
　　(그녀는 머리를 빗는다)

(4) besitzen, haben, kennen, wissen 등 상태를 나타내는 동사

　　Wir haben einen neuen Wagen.(우리는 새 자동차를 갖고 있다)
　　→ Ein neuer Wagen wird von uns gehabt. **(불가능)**
　　Er kennt sie. → Sie wird von ihm gekannt. **(불가능)**
　　(그는 그녀를 알고 있다)

(5) 비인칭 동사

　　Es gelingt mir, ihn zu überzeugen.
　　(나는 그를 설득하는데 성공한다. überzeugen : 누구를 설득하다)
　　→ Mir wird gelungen, ihn zu überzeugen. **(불가능)**

쉬어가기 36 아래 문장의 ... 안에 적당한 말로 네모안을 채우시오

1. Wie geht es ...?
2. Danke, ... geht es gut.
3. Möchen Sie ein Glas Champagner ...?
4. Darf ich ...? Herr Schmidt – Frau Belmondo.
5. Wie ... bleiben Sie eigentlich hier?
6. ... nur zwei Tage.
7. Was sind Sie denn von ...?
8. Anastassia, ... du Peter schon?
9. Nein, noch nicht. ... Peter – Tag, Inga.
10. Man lädt Sie zum Abendessen ein.
    Was sagen Sie? „Vielen Dank für die ... ."

쉬어가기 37 독일인의 노래 Das Lied der Deutschen (혹은 독일국가 Deutschlandlied)
-호프만 폰 팔러스레벤 Hoffmann von Fallersleben

독일, 모든 것 위에 있을 독일,Deutschland, Deutschland über alles,
이 세상 모든 것 위에 있을 독일,Über alles in der Welt,
독일이 지키고 방어하기 위해Wenn es stets zu Schutz und Trutze
항상 형제처럼 서로 하나가 된다면,Brüderlich zusammenhält,
마스 강에서 메멜 강까지,Von der Maas bis an die Memel,
에취 강에서 벨트 해협까지- Von der Etsch bis an den Belt-
독일, 모든 것 위에 있을 독일,Deutschland, Deutschland über alles,
이 세상 모든 것 위에 있을 독일!Über alles in der Welt!

독일 여자, 독일의 신의,Deutsche Frauen, deutsche Treue,
독일 와인 그리고 독일 노래는Deutscher Wein und deutscher Sang
이 세상에서 지켜내야 한다,Sollen in der Welt behalten
그 유구하고 아름다운 음향을,Ihren alten schönen Klang,
하여 우리에게 고귀한 일을 하도록 영감을 주어야 한다 Uns zu edler Tat begeistern
우리가 평생 사는 동안- Unser ganzes Leben lang-
독일 여자, 독일의 신의,Deutsche Frauen, deutsche Treue,
독일 와인 그리고 독일 노래는!Deutscher Wein und deutscher Sang!

단결과 자유와 정의를Einigkeit und Recht und Freiheit
독일 조국을 위하여!Für das deutsche Vaterland!
우리 모두 그것을 위해 노력하세Danach lasst uns alle streben
형제처럼 진심으로 손을 맞잡고Brüderlich mit Herz und Hand!
단결과 자유와 정의는Einigkeit und Recht und Freiheit
행복의 담보물이니- Sind des Glückes Unterpfand-
이 행복의 빛 속에서 피어나라,Blüh' im Glanze dieses Glückes,
피어나라, 독일 조국이여!Blühe, deutsches Vaterland!

연습문제 Übungen

1 다음 문장을 수동문으로 고치시오(시제에 주의하시오!)

1. Peter kauft einen Anzug.
   (페터는 옷을 하나 산다. der Anzug : 옷)
2. Der Briefträger bringt einen Brief.
   (우편배달부가 편지 하나를 가져온다)
3. Das Reisebüro hat die Fahrkarten bestellt.
   (여행사가 차표들을 주문했다)
4. Man hat den Dieb beobachtet.
   (사람들이 도둑을 관찰했다. der Dieb : 도둑. beobachten : 누구를 관찰하다)
5. Heute tanzen wir hier bis 12 Uhr.
   (오늘 우리는 12시까지 춤을 출 것이다)
6. Wir lachten herzlich über diese Geschichte.
   (우리는 이 이야기를 듣고 맘껏 웃었다. die Geschichte : 이야기)
7. Die Polizei konnte den Wagen zurückgeben.
   (경찰은 그 자동차를 되돌려줄 수 있었다)
8. Hier dürfen Sie nicht rauchen.
   (여기서 당신은 담배를 피워서는 안됩니다)
9. Wir haben das Geld leider nicht zahlen können.
   (우리는 그 돈을 유감스럽게도 지불할 수 없었다)
10. Die Polizei hat den Dieb sofort verhaften können.
    (경찰은 그 도둑을 즉시 체포할 수 있었다. verhaften : 체포하다)
11. Der Vater beobachtet die Kinder.
    (아버지가 아이들을 관찰한다)
12. Die Polizei sah den Dieb.
    (경찰이 도둑을 보았다)

13. Das Reisebüro wird die Zimmer rechtzeitig bestellen.
    (여행사가 방들을 제때에 주문할 것이다. rechtzeitig : 제때에)
14. Wir werden bald den 80. Geburtstag meines Vaters feiern.
    (우리들은 곧 우리 아버님의 여든 살 생일을 축하할 것이다. feiern : 축하하다, 거행하다)
15. Man muss die Ausbildung der Ärzte verbessern.
    (사람들은 의사들의 교육을 개선해야 한다. die Ausbildung : 교육)
16. Diese Krankheit ließ sich nur schwer behandeln.
    (이 병은 단지 어렵게 치료될 수 있었다. behandeln : 치료하다, 다루다)
17. Die Rechte der Patienten sind zu schützen.
    (환자의 권리는 보호되어야 한다. das Recht : 권리. schützen : 보호하다)
18. Man musste früher zu viele Formulare ausfüllen.
    (우리들은 과거에 너무 많은 서류를 작성해야 했다. das Formular : 서류)

정답

1. Ein Anzug wird von Peter gekauft.
2. Ein Brief wird von dem Briefträger gebracht.
3. Die Fahrkarten sind von dem Reisebüro bestellt worden.
4. Der Dieb ist beobachtet worden.
5. Heute wird hier bis 12 Uhr getanzt.
6. Es wurde herzlich über diese Geschichte gelacht.
7. Der Wagen konnte von der Polizei zurückgegeben werden.
8. Hier darf von Ihnen nicht geraucht werden.
9. Das Geld hat leider nicht gezahlt werden können.
10. Der Dieb hat von der Polizei sofort verhaftet werden können.
11. Die Kinder werden von dem Vater beobachtet.
12. Der Dieb wurde von der Polizei gesehen.
13. Die Zimmer werden von dem Reisebüro rechtzeitig bestellt werden.
14. Bald wird der 80. Geburtstag meines Vaters gefeiert werden.
15. Die Ausbildung der Ärzte muss verbessert werden.
16. Diese Krankheit konnte nur schwer behandelt werden.
17. Die Rechte der Patienten müssen geschützt werden.
18. Zu viele Formulare mussten früher ausgefüllt werden.

2. 다음 수동문장을 능동문장으로 고치시오

1. Die schönen Gedichte wurden von dem Dichter geschrieben.
   (그 아름다운 시들은 그 시인에 의해 쓰여졌다. der Dichter : 시인)
2. Das Brot wird täglich gegessen.
   (날마다 빵을 먹는다. täglich : 날마다)
3. Ein Brief ist von dem Politiker geschrieben worden.
   (편지는 정치가에 의해 쓰여졌다)
4. Du warst von mir gelobt worden.
   (너는 나의 칭찬을 받았다. loben : 칭찬하다)
5. Er wird von Herrn Braun gerufen werden.
   (그는 브라운씨의 부름을 받을 것이다. rufen : 부르다)
6. Ein Kind ist von dem Studenten gerettet worden.
   (한 아이가 대학생에 의해 구조되었다. retten : 누구를 구조하다)
7. Es wird hier nur Deutsch gesprochen.
   (여기서는 단지 독일어만 말한다)

정답

1. Der Dichter schrieb die schönen Gedichte.
2. Man isst das Brot täglich.
3. Der Politiker hat einen Brief geschrieben.
4. Ich hatte dich gelobt.
5. Herr Braun wird ihn rufen.
6. Der Student hat ein Kind gerettet.
7. Man spricht hier nur Deutsch.

쉬어가기 38 환희에 부쳐 An die Freude(2) -프리드리히 쉴러 Friedrich Schiller

환희는 우리에게 입맞춤과 포도주를 주었고 Küße gab sie uns und Reben,
친구를, 죽음으로 맺어진 친구를 주었노라. einen Freund, geprüft im Tod.
구더기에게도 쾌락이 주어졌고, Wollust ward dem Wurm gegeben,
케루빔 천사도 신 앞에 서면 기뻐하노라. und der Cherub steht vor Gott.
합창 Chor
만인이여, 그대들 꿇어 엎드리는가? Ihr stürzt nieder, Millionen?
온 세상이여, 그대는 창조주를 예감하는가? Ahndest du den Schöpfer, Welt?
별의 장막 위에 계신 그 분을 찾아라, Such' ihn überm Sternenzelt,
그 분은 별들 저편에 살고 계시노라. über Sternen muß er wohnen.

환희는 영원한 자연속의 Freude heißt die starke Feder
강력한 스프링이노라. in der ewigen Natur.
환희, 환희는 세계라는 거대한 시계의 Freude, Freude treibt die Räder
톱니바퀴들을 돌리노라. in der großen Weltenuhr.
환희는 꽃봉오리에서 꽃을 피우게 하고, Blumen lockt sie aus den Keimen,
창공에서 별들이 솟아나게 하나니, Sonnen aus dem Firmament,
환희는 천문학자의 망원경도 볼 수 없는, Sphären rollt sie in den Räumen,
우주공간의 천체들을 굴리노라. die des Sehers Rohr nicht kennt!
합창 Chor
별들이 창공을 날 때처럼 기쁘게, Froh, wie seine Sonnen fliegen,
하늘의 찬란한 계획에 따라. durch des Himmels prächtgen Plan,
형제들이여, 그대들의 길을 가라, Laufet Brüder eure Bahn,
승리를 향해 가는 영웅처럼 즐겁게. freudig wie ein Held zum siegen.

진리의 불 거울에서도 Aus der Wahrheit Feuerspiegel
환희는 탐구자를 보고 미소 짓노라. lächelt sie den Forscher an.
미덕의 가파른 언덕으로 Zu der Tugend steilem Hügel
환희는 고행자의 길도 인도하노라. leitet sie des Dulders Bahn.

찬란한 신앙의 산마루에서도 Auf des Glaubens Sonnenberge
환희의 깃발이 나부끼는 것이 보이고, sieht man ihre Fahnen wehn,
갈라진 관들의 틈새를 뚫고 Durch den Riß gesprengter Särge
천사들의 합창단 속에 환희가 서 있는 것이 보이노라. sie im Chor der Engel stehn.

제15장 부사

독일어의 부사는 형용사를 원형 그대로 사용하는 것이 일반적이지만, 다음과 같이 고유 부사도 있다. 고유 부사도 극소수이기는 하지만 때에 따라서는 변화없이 형용사로 사용되기도 한다.

1. 시간 부사

(1) 현 재

　　Es ist **jetzt** 5 Uhr.(지금 5시이다)

　　Was machen wir **nun**?(이제 우리 뭘 하지?)

　　Heute ist Sonntag.(오늘은 일요일이다)

　　Heutzutage ist vieles anders.(오늘날은 많은 것이 다르다)

(2) 과 거

　　Die Polizei wartete **bereits**(= schon).

　　(bereits : 벌써, 경찰이 **벌써** 기다리고 있었다)

　　Sie ist **gerade**(= eben) gekommen.(그녀는 **조금 전**에 왔다)

　　Ich habe ihn **vorhin**(= vorher) gesehen.(나는 그를 **전**에 보았다)

　　Gestern war ich bei ihm.(**어제** 나는 그의 집에 있었다)

　　Früher war alles anders.(**전에는** 모든 것이 달랐다)

　　Es war **einmal** ein König.(**옛날**에 왕이 있었다)

　　Willy Brandt war **damals** noch Kanzler.

　　(der Kanzler : 연방수상. 브란트가 **그 당시** 아직도 수상이었다)

(3) 미 래

Ich komme **sofort**!(즉시 갈게!)

Ich bin **gleich** fertig.(나는 **금방** 끝마칠 것이다)

Ich bin **bald** wieder da.(곧 다시 올게!)

Bis **Später**!(나중에 보자!)

Das kann ich **nachher** tun.
(나는 그것을 **나중에** 할 수 있다)

(4) 기 타

A. 시간의 선후관계를 나타내는 부사

Zuerst war ich dafür, **dann** dagegen.
(**처음에** 나는 그것에 찬성했지만, **나중에** 거기에 반대했다)

B. 시간의 지속을 나타내는 부사

Ich habe ihn im April gesehen, **seither** habe ich ihn nicht mehr gesehen.
(4월에 나는 그를 보았다. **그 이후로 계속해서** 나는 그를 더 이상 보지 못했다)

Inzwischen ist das Haus fertig geworden.
(**그 사이에** 집이 완성되었다)

Die Leitung ist **immerfort**(= **immerzu**) besetzt.
(전화가 **계속해서** 통화 중이다, die Leitung : 수도나 가스관, 전화선. besetzt : 점령된, 주인이 있는, 통화 중인)

C. 일정한 시간을 나타내는 부사

der Morgen	– morgen**s**	– **am** Morgen(아침에)
der Vormittag	– vormittag**s**	– **am** Vormittag(오전에)
der Mittag	– mittag**s**	– **am** Mittag(점심에)
der Nachmittag	– nachmittag**s**	– **am** Nachmittag(오후에)
der Abend	– abend**s**	– **am** Abend(저녁에)
die Nacht	– nacht**s**	– **in der** Nacht(밤에)

der Montag	– **am** Montag(월요일에)
der Dienstag	– **am** Dienstag(화요일에)
der Mittwoch	– **am** Mittwoch(수요일에)
der Donnerstag	– **am** Donnerstag(목요일에)
der Freitag	– **am** Freitag(금요일에)
der Samstag(der Sonnabend)	– **am** Samstag(**am** Sonnabend)(토요일에)
der Sonntag	– **am** Sonntag(일요일에)
der Januar	– **im** Januar(1월에)
der Februar	– **im** Februar(2월에)
der März	– **im** März(3월에)
der April	– **im** April(4월에)
der Mai	– **im** Mai(5월에)
der Juni	– **im** Juni(6월에)
der Juli	– **im** Juli(7월에)
der August	– **im** August(8월에)
der September	– **im** September(9월에)
der Oktober	– **im** Oktober(10월에)
der November	– **im** November(11월에)
der Dezember	– **im** Dezember(12월에)
der Frühling	– **im** Frühling(봄에)
der Sommer	– **im** Sommer(여름에)
der Herbst	– **im** Herbst(가을에)
der Winter	– **im** Winter(겨울에)

D. 시간을 나타내는 부사의 선후관계

früher	← jetzt →	später
vorher	← jetzt →	nachher
kürzlich(최근에)　← gerade, eben ← jetzt → sofort, gleich → bald		

2. 양태 부사

(1) 진술 내용의 강화

Das ist **sehr** schön.
(그것은 **아주** 멋있다)

Der Film ist **besonders** interessant.
(그 영화는 **특히** 재미있다)

(2) 진술 내용의 약화

Das Werk ist **fast** fertig.
(그 작품은 **거의** 완성되었다. das Werk : 일, 과업, 작품)

Ich kann **kaum** gehen.
(나는 **거의** 걸을 수 **없다**)

Es geht mir **ganz** gut.
(나는 **상당히** 잘 지낸다)

Ich kenne ihn **ziemlich** gut.
(나는 그를 **상당히** 잘 알고 있다)

(3) 진술 내용에 대한 불확신

Er wird **wohl** kommen.
(그는 **아마** 올 것이다)

Vielleicht kommt er morgen.
(아마 그는 내일 올 것이다. morgen : 내일. morgens : 아침에)

Er wird **vermutlich** morgen anrufen.
(그는 **추측컨대** 내일 전화할 것이다)

Möglicherweise kann ich dir helfen.
(**아마** 나는 널 도울 수 있을 것이다)

Er wird **wahrscheinlich** erst morgen reisen.
(그는 **아마** 내일에야 비로소 올 것이다. erst morgen : 내일에야 비로소)

(4) 진술 내용의 확신

Sicher ist das sehr schwierig.
(**확실히** 그것은 아주 어렵다)

Das ist **bestimmt** nicht richtig.
(그것은 **정말** 옳지 않다. richtig : 옳은)

A : Bist du denn dort gewesen? B : **Allerdings**(= **Natürlich**)!
(A : 너 도대체 거기에 있었니? B : **물론이지**!)

Ich werde **gewiß** kommen.
(나는 **틀림없이** 올 것이다)

(5) 부 정

Das stimmt **gar nicht**(= **überhaupt nicht**).
(그것은 **결코** 맞지 **않다**. stimmen : 옳다, 맞다).

Er ist **keineswegs** dumm.
(그는 **결코** 어리석지 **않다**)

Das habe ich **keinesfalls** gesagt.
(나는 그것은 **어떤 경우에도** 말하지 **않았다**)

Ich habe **vergebens** gewartet.
(나는 **헛되이** 기다렸다)

(6) 어미 -weise

Er steht **normalerweise** um 7 Uhr auf.
(그는 **보통** 7시에 일어난다. aufstehen : 일어나다)

Er hat **dummerweise** schon unterschrieben.
(그는 **어리석게도** 벌써 서명을 해버렸다. unterschreiben : 서명하다)

Sie haben **glücklicherweise** die Prüfung bestanden.
(그들은 **다행히** 시험에 합격했다. die Prüfung bestehen : 시험에 합격하다)

3. 장소 부사

(1) 위치를 나타내는 부사

Da ist das Postamt.(da = dort)
(저기에 우체국이 있다)

Er ist nicht **da**.(da = hier)
(그는 여기에 없다)

Wir sind oft **dort**.
(우리는 자주 거기에 있다)

Der Brief liegt **hier**.
(그 편지가 여기에 놓여 있다)

Der Mantel ist **außen** Leder und **innen** Pelz.
(그 외투는 바깥은 가죽이고 안쪽은 모피다. das Leder : 가죽. der Pelz : 모피, 털가죽)

Ich bleibe noch ein bisschen **draußen**.
(나는 좀 더 밖에 있을 것이다. ein bisschen = ein wenig : 약간)

Hier **drinnen** ist es sehr warm.
(여기 안은 매우 따뜻하다)

Da drüben steht mein Wagen.
(저기 저쪽에 내 자동차가 서 있다)

Er ist **oben** im 5. Stock.
(그는 위쪽 5층에 있다)

Wir sind **unten** im Garten.
(우리는 아래 정원에 있다)

Wir wohnen **mitten** in der Stadt.
(우리는 시내 한 가운데에 산다)

Da vorn ist ein Restaurant.
(저기 앞에 레스토랑이 하나 있다)

Da hinten ist der Bahnhof.
(저기 뒤에 역이 있다)

Wir waren **überall**.
(우리는 **모든 곳에** 가보았다. überall : 도처에)

Irgendwo wird er schon sein.
(그는 **그 어딘가에** 있을 것이다)

Wir haben ihn **nirgendwo** gesehen.
(우리는 그를 **어디에서도** 보지 **못했다**.)

Rechts vom Eingang ist ein Schild.
(입구의 **오른 쪽에** 표지판이 있다. der Eingang : 입구. der Schild : 방패. das Schild : 표지판, 문패, 가격표)

In England fährt man **links**.
(영국에서는 사람들은 **왼쪽에서** 차를 몬다)

(2) 방향을 나타내는 부사.

hin은 화자로부터 다른 곳으로의 방향을 나타내며 동사나 전치사와 결합할 수 있다. 이와는 반대로 her는 화자쪽으로의 방향을 나타내며 hin과 마찬가지로 동사나 전치사와 결합할 수 있다. 특히 her는 어떤 것을 따라가는 방향을 표시한다.

	'hin'은 말하는 사람이나 또는 관찰하는 사람으로부터 다른 방향을 나타낸다
	'her'는 말하는 사람이나 또는 관찰하는 사람 쪽으로의 방향 또는 다른 동작과 함께 같은 방향의 동작을 나타낸다

A : Wohin soll ich gehen?
(나는 어디로 가야하지?)   B : Geh doch mal **hin**!(저쪽으로 가라!)
　　　　　　　　　　　　B : Geh doch mal **hinaus**!(= raus)(밖으로 나가라!)
　　　　　　　　　　　　B : Geh doch mal **hinauf**!(= rauf)(올라 가라!)
　　　　　　　　　　　　B : Geh doch mal **hinüber**!(= rüber)(건너 가라!)
　　　　　　　　　　　　B : Geh doch mal **hinunter**!(= runter)(내려 가라!)

B : Komm doch mal **her**!(이쪽으로 와라!)
B : Komm doch mal **herein**!(= **rein**)(들어 와라!)
B : Komm doch mal **herauf**!(= **rauf**)(올라 와라!)
B : Komm doch mal **herüber**!(= **rüber**)(건너 와라!)
B : Komm doch mal **herunter**!(= **runter**)(내려 와라!)

Das Auto fuhr **neben** dem Zug **her**.
(자동차가 기차 **옆을 따라** 달렸다)

> **참고** 'hin, her + 전치사'의 축약형
> haiauf, herauf = rauf. hinüber, herüber = rüber. hinunter, herunter = runter, hinein, herrein = rein

4. 빈도 부사

nie	– selten	– manchmal	– oft	– meistens	– immer
niemals	= fast nie	= ab und zu	= häufig	= fast immer	= ständig
	= kaum	= öfters			= jederzeit
		= von Zeit zu Zeit			= stets
		= dann und wann			
(전혀)	(거의)	(가끔)	(자주)	(대부분)	(항상)

Ich war noch **nie**(= **niemals**) in Griechenland.
(나는 **한번도** 그리스에 갔다온 적이 **없다**)

Er ist **selten**(= **fast nie, kaum**) zu Hause.
(그는 **거의** 집에 **없다**)

Schneller geht es **kaum**.
(더 빨리는 안될거야)

Sie spielt **manchmal** Klavier.
(그녀는 **가끔** 피아노를 연주한다)

Kinder sollen **ab und zu**(= **öfters**) ihren Mutter helfen.
(자식들은 **가끔** 그들의 엄마를 도와야 한다)

Er kommt **oft**(= **häufig**) zu spät.
(그는 **자주** 너무 늦게 옵니다)

Sonntags geht er **meistens**(= **fast immer**) zum Fußball.
(일요일에 그는 **대부분** 축구를 하러 간다. der Fußball : 축구)

Fahren Sie **immer** geradeaus, dann kommen Sie zum Rathaus.
(**계속해서** 똑바로 가십시오, 그러면 시청에 가게 될 겁니다)

Sie können mich **jederzeit** anrufen.
(**언제든지** 당신은 나에게 전화할 수 있습니다)

5. 의문 부사 Wie lange, Wie oft, Wann, Um wieviel Uhr

Wie lange는 시간의 양에 대하여 묻고, Wie oft는 빈도수를, Wann과 Um wieviel Uhr 는 시간, 즉 때를 물어본다.
Wann으로 물어보면 시간과 요일 등 두 가지 대답이 가능하지만, Um wieviel Uhr로 물어보면 꼭 시간으로 대답한다.

A : **Wie lange** haben Sie gesucht? B : Fast ein Jahr **lang**.
(A : 당신은 얼마나 오랫동안 구하셨습니까? B : 거의 일년동안요. suchen : 구하다)

A : **Wie oft** fahren denn Züge nach Seoul? B : **Alle zwei** Stunden.
(A : 도대체 얼마나 자주 서울행 기차가 있습니까? B : 2시간마다요)

A : **Wann** zieht ihr um? B : Nächstes Jahr.
(A : 너희들은 언제 이사하니? B : 내년에, umziehen : 이사하다. nächst : 다음의)

A : **Wann** habt ihr eine neue Wohnung gesucht? B : Voriges Jahr.
(A : 언제 너희들은 새 집을 구했니? B : 작년에. vorig : 전의)

A : **Wann** kommt er? B : Er kommt **am** Morgen.(**um** 2 Uhr)
(A : 그는 언제 옵니까. B : 그는 아침에(2시에) 옵니다)

A : **Um wieviel Uhr** kommt der Zug an? B : **Um** 2 Uhr 35.
(A : 몇 시에 기차가 도착합니까? B : 2시 35분에요)

6. denn, erst, nur, schon, noch

denn은 의문문에서 '도대체'라는 뜻이다.

erst는 '비로소'라는 뜻으로 어떤 행동이나 상태의 시작을 말하며, '겨우'라는 뜻으로 기간이나 양을 제한한다.

nur는 '단지, ..만'이라는 뜻으로 기간이나 양을 제한한다.

schon은 '벌써'라는 뜻이며 그것의 부정은 noch nicht이다.

noch는 '아직'이라는 뜻이며 그것의 부정은 nicht...mehr이다.

Wie heißen Sie **denn**?

(당신은 **도대체** 이름이 무엇입니까?)

Was sind Sie **denn** von Beruf?

(당신은 **도대체** 직업이 무엇입니까?)

Erst heute habe ich das gehört.

(오늘에야 **비로소** 나는 그것을 들었다)

Monika ist **schon** 23. Aber Gerd ist **erst** 16.

(모니카는 **벌써** 23살이다. 그러나 게르트는 **겨우** 16살이다)

Sie hat drei Brüder. Aber er hat **nur** einen Bruder.

(그녀는 남자 형제가 3명이다. 그러나 그는 **단지** 하나밖에 없다)

Monika studiert **schon**. Aber Gerd geht **noch** zur Schule.

(모니카는 **벌써** 대학에서 공부한다. 그러나 게르트는 **아직** 학교에 다닌다)

A : Hast du **schon** die Arbeit fertiggemacht.

B : Nein, **noch nicht.** (A : 너는 **벌써** 그 일을 끝마쳤니? B : 아니, **아직**)

A : Wohnt seine Familie **noch** in Seoul?

B : Nein, **nicht mehr.**

(A : 그의 가족은 **아직** 서울에 삽니까? B : 아뇨, **더 이상** 살지 **않습니다**)

7. 그 밖의 부사

(1) 최상급에서 온 부사

A. mindestens = wenigstens(적어도)

Es wird **mindestens** 50 Euro kosten.
(비용이 **적어도** 50 유로는 들 것이다)

Ich habe **wenigstens** viermal angerufen.
(나는 **적어도** 4번 전화를 했다)

B. höchstens(기껏해야, 많아야)

Er ist **höchstens** 15 Jahre alt.
(그는 **기껏해야** 15살이다)

C. meistens(주로, 대부분)

Sie kommt **meistens** zu spät.
(그녀는 **대부분** 너무 늦게 온다)

D. möglichst(가능한 한)

Lauf **möglichst** schnell!
(**가능한 한** 빨리 뛰어라!)

E. äußerst(극도로, 아주)

Das ist **äußerst** gefährlich.
(그것은 **아주** 위험하다)

(2) nur = bloß = allein, selbst, kaum = knapp

A. nur = bloß = allein

Ich habe **nur** fünf Euro.
(나는 5 유로 **밖에** 없다)

B. selbst(스스로, 저절로, 조차도)

Du **selbst** hast es gesagt.
(너 **스스로** 그것을 말했다)

Die Tür schließt sich **von selbst**.
(그 문은 **저절로** 닫힌다)

Selbst seine Freunde haben ihn verlassen.
(그의 친구들 **조차도** 그를 떠났다)

C. kaum = knapp(겨우, 가까스로)

Die Mauer ist **kaum** (= **knapp**) zwei Meter hoch.
(장벽은 높이가 **겨우** 2미터다)

(4) 부사적 2격과 4격

Eines Tages kam ein armes Mädchen zu mir.
(**어느 날** 한 불쌍한 소녀가 내게로 왔다)

Linker Hand sehen Sie ein Schloss.
(**왼쪽에서** 여러분들은 성을 하나 보시게 될 것입니다)

Er fährt **erster Klasse**.
(그는 **일등석을** 타고 간다)

Den ganzen Tag bin ich zu Hause geblieben.
(나는 **하루종일** 집에 있었다)

Warten Sie **einen Moment**(= **einen Augenblick**)!
(**잠깐만** 기다려 주세요!)

Man muss die Tabletten dreimal **jeden Tag**(= **alle Tage** = **täglich**) nehmen.
(**날마다** 3번 그 약을 먹어야 한다)

Der Zug nach Busan fährt **alle zwanzig Minuten**.
(부산행 기차는 **20분마다** 떠난다)

(5) 부사적 전치사구

Nehmen wir **zum Beispiel**(= **z. B.** = **beispielsweise**) eine Tasse Kaffee!
(**예를 들어** 우리 커피 한 잔을 마십시다!)

Am Anfang(= **Anfänglich**) war er mit mir zufrieden.
(**처음에** 그는 나에게 만족했다)

Zum Glück(= Glücklicherweise) kam er sofort.
(**다행히도** 그는 곧바로 왔다)

Ich bin **zur frühen Zeit**(= **frühzeitig**) gekommen.
(나는 **일찍** 왔다)

Sie ist **zur rechten Zeit**(= **rechtzeitig**) gekommen.
(그녀는 **제때에** 왔다)

Sie sind **zur gleichen Zeit**(= **gleichzeitig**) gekommen.
(그들은 **동시에** 왔다)

Zur Zeit(= **Jetzt**) geht es ihm etwas besser.
(**현재** 그는 약간 좋아지고 있다)

Durch Zufall(= **Zufällig**) begenete ich ihr.
(**우연히** 나는 그녀를 만났다)

Er hat **mit Absicht**(= **absichtlich**) einen Fehler gemacht.
(그는 **의도적으로** 실수를 저질렀다)

Das ist **vor allem**(= **besonders**) wichtig.
(그것은 **특히** 중요하다)

In Wirklichkeit(= **In der Tat** = **Tatsächlich**) war es ganz anders.
(**사실** 그것은 상당히 달랐다)

8. 부사의 위치

여러 개의 부사가 있을 때는 '**때 + 장소**'의 순서만 지켜지면 다른 부사의 순서는 아무래도 좋다.

주로 '때 + 장소 + 방법 + 원인'의 순서를 따르거나 '때 ǀ 방법 ǀ 원인 ǀ 장소'의 순서를 따른다.

같은 종류의 부사가 여러개 있으면 '큰 것 + 작은 것'의 순서로 배열한다.

Ich habe **zwei Jahre lang in Marburg sehr angenehm** gewohnt.
(나는 2년 동안 마부르크에서 매우 유쾌하게 살았다. angenehm : 유쾌한)

Ich werde **morgen zu dir mit dem Auto** kommen.
(나는 내일 너에게 자동차를 타고 갈 것이다)

Wir werden **morgen früh um fünf Uhr zwanzig Minuten** abfahren.
(우리는 내일 아침 일찍 5시 20분에 출발할 것이다)

Wollen Sie **heute abend um sieben Uhr auf dem Bahnhof** warten?
(당신은 오늘 저녁에 7시에 역에서 기다리겠습니까?)

쉬어가기 39　색깔

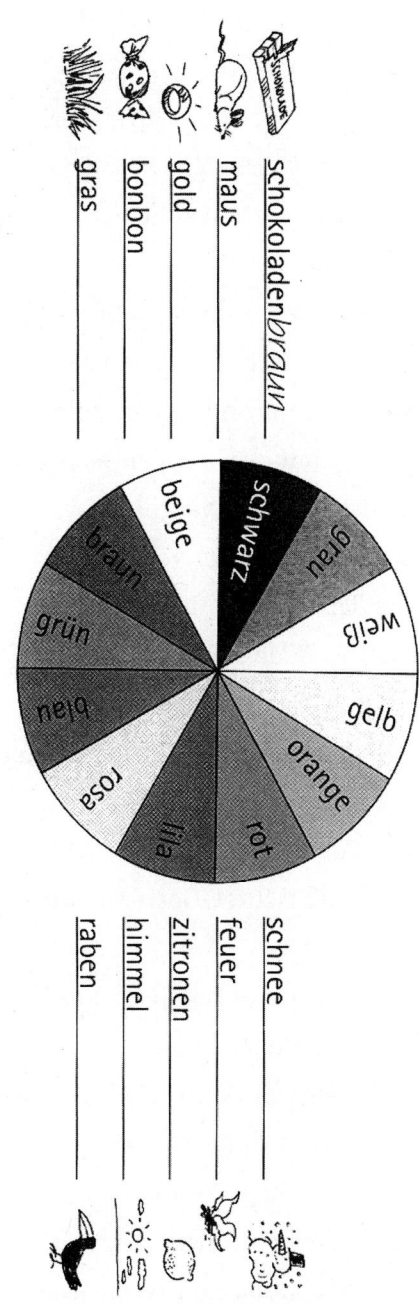

쉬어가기 40 환희에 부쳐An die Freude(3) -프리드리히 쉴러Friedrich Schiller

합창Chor
용감하게 인내하라, 만인이여!Duldet mutig Millionen!
보다 나은 세계를 위하여 인내하라!Duldet für die beßre Welt!
저기 저 위 별의 장막에 거하시는Droben überm Sternenzelt
위대한 신이 보상하리라.wird ein großer Gott belohnen.

우리는 신에게 보답할 수 없노라,Göttern kann man nicht vergelten,
신처럼 될 수 있다는 것은 아름다운 법이니.schön ists ihnen gleich zu seyn.
원망과 가난은 스스로 모습을 드러내어,Gram und Armut soll sich melden,
환희에 찬 사람들과 함께 기뻐해야 한다.mit den Frohen sich erfreun.
원한과 복수는 잊어버려라.Groll und Rache sei vergessen,
불구대천의 원수도 용서하라,unserm Todfeind sei verziehn.
그에게 눈물을 강요하지 마라,Keine Thräne soll ihn pressen,
후회가 그를 갉아먹게 하지 마라. keine Reue nage ihn.

합창Chor
우리의 채무 장부는 없애버리자!Unser Schuldbuch sei vernichtet!
온 세상 사람들이여 화해하자!ausgesöhnt die ganze Welt!
형제여 - 별의 장막 위에 거하시는Brüder - überm Sternenzelt
신께서는 우리가 심판한대로 심판하시노라.richtet Gott wie wir gerichtet.

환희는 술잔에서 소용돌이치노라,Freude sprudelt in Pokalen,
황금빛 붉은 포도주에서.in der Traube goldnem Blut
그리하여 식인종들은 온순함을 마시고,trinken Sanftmut Kannibalen,
절망은 영웅의 기개를 마시노라.Die Verzweiflung Heldenmut
형제들이여, 자리를 박차고 일어나,Brüder fliegt von euren Sitzen,
포도주로 가득 찬 잔이 돌아오면wenn der volle Römer kraißt,
거품을 하늘을 향해 뿌려라,Laßt den Schaum zum Himmel sprützen:
이 잔을 선한 정신에게 바쳐라.Dieses Glas dem guten Geist

연습문제 Übungen

1 다음 _____ 안에 들어갈 적당한 말을 보기에서 골라 넣으시오

erst, nur, schon, noch, denn

1. A : Wie alt bist du _____ ? B : Sechzehn.   denn
2. A : Wirklich? Bist du _____ sechzehn?   schon/erst
   Ich bin _____ achtzehn. B : Und was machst du?   schon
3. A : Ich gehe _____ zur Schule. Und du?   noch
4. B : Ich auch. Aber meine Schwester studiert _____.   schon

(A : 너는 도대체 몇 살이니? B : 16살)
A : 정말이니? 네가 벌써/겨우 16살이라고? 나는 18살인데.
B : 그러면 너는 무엇을 하니?
A : 나는 아직 학교에 다녀. 그런데 너는?
B : 나도. 그러나 우리 누나는 대학교에 다녀)

2 다음 _____ 안에 gern, lieber, am liebsten 중 하나를 넣으시오

5. Ich habe den Hund sehr _____   gern
   (나는 개를 아주 좋아한다. gernhaben : 누구를 좋아하다)
6. Gehen Sie _____ ins Kino oder ins Theater?   lieber
   (당신은 영화관에 가시겠습니까, 아니면 극장에 가시겠습니까?)
7. A : Kommst du mit? B : Ja, _____.   gern
   (A : 너 같이 갈래? B : 응, 기꺼이)
8. Ich trinke gern Kaffee. Ich trinke lieber Tee.
   Ich trinke _____ Bier   am liebsten
   (나는 커피 마시는 것을 좋아한다. 나는 차 마시는 것을 더 좋아한다.
   나는 맥주 마시는 것을 가장 좋아한다)

3 다음 _____에 rauf, rüber, runter, her 중 하나를 넣으시오

9. Ich bin gegenüber bei Gerd. Komm doch mal ____ ! (나는 맞은편 게르트 집에 있다. 이쪽으로 건너와라!)	rüber
10. Ich bin unten bei Ismet. Komm doch mal ____! (나는 아래 이스메트집에 있다. 아래로 내려와라!)	runter
11. Ich bin oben bei Dino. Komm doch mal ____! (나는 위층 디노집에 있다. 위로 올라와라!)	rauf
12. Ich bin hier. Komm doch mal ____! (나는 여기에 있다. 이쪽으로 와라!)	her

4 다음 _____에 적당한 부사는?

nur, erst	
13. Ich habe ____ ein Euro bei mir und kann den Kaffee nicht bezahlen.(나는 수중에 1유로 밖에 없다. 그래서 커피값을 지불할 수 없다. bei sich haben : 수중에 갖고 있다)	nur
14. Er spielt ____ seit drei Jahren Tennis und ist Deutscher Meister geworden. (그는 3년 전부터야 비로소 테니스를 하고 있지만 독일 챔피언이 되었다)	erst
15. Was, du hast ____ ein halbes Kilo Kartoffeln gekauft? Da kann ich doch nicht für acht Leute kochen! (뭐라고, 네가 감자를 반킬로 밖에 사지 않았다고? 그러면 나는 8인분 요리할 수 없다. die Kartoffel : 감자)	nur
16. Der Film ist ____ für die Erwachsenen. (그 영화는 성인들만을 위한 것이다. der Erwachsene : 어른)	nur
17. Michel ist schon vierzig Jahre alt, und ____ jetzt hat er sein Diplom gemacht. (미헬은 벌써 40세다. 그런데 이제야 비로소 디플롬을 했다. das Diplom : 대학졸업증서, 자격증, 디플롬)	erst

18. Sie können mich _____ abends anrufen. erst/nur
    Am Tag bin ich nicht zu Hause.
    (당신은 내게 저녁에야 비로소/저녁에만 전화할 수 있다.
    낮에는 나는 집에 없다. am Tag : 낮에)
19. Herr Schneider ist schon 69 Jahre alt, und sein erst
    Sohn ist _____ sechs Monate.
    (쉬나이더씨는 벌써 69살이다. 그런데 그의 아들은 겨우 여섯달이다)
20. Ich bin jetzt sehr hungrig. Ich habe heute _____ nur
    gefrühstückt und dann nichts mehr gegessen.
    (나는 지금 아주 배고프다. 나는 오늘 아침만 먹고 그후 아무 것도
    먹지 못했다. hungrig : 배고픈. frühstücken : 아침식사를 하다)

| erst, schon |

21. Sie können einen Kaffee trinken gehen. erst
    Der Zug fährt _____ in einer Stunde ab.
    (당신은 커피를 마시러 갈 수 있습니다.
    기차는 한시간 후에야 비로소 출발합니다)
22. Schnell, ich muss um neun Uhr anfangen und es schon
    ist jetzt _____ Viertel vor neun.
    (빨리 서둘러라, 나는 9시에 시작해야하는데 벌써 9시 15분 전이다)
23. Er spielt immer noch mit dem Spielzeug und ist schon
    _____ 19 Jahre alt.
    (그는 아직도 항상 장난감을 갖고 논다. 그런데 벌써 19살이다.
    spielen : 놀다. das Spielzeug : 장난감)
24. Ich muss sofort nach Hause, es ist _____ spät. schon
    (나는 즉시 집에 가야 한다. 벌써 늦었다)
25. Kommt im Sommer wieder! Der Kurs fängt _____ erst
    Ende Juli an.
    (너희들 여름에 다시 와라! 그 코스는 7월 말에야 비로소 시작한다.
    der Kurs : 코스)

26. Es tut mir leid, der Kurs hat _____ vor sechs Wochen begonnen. (유감입니다. 그 코스는 6주 전에 벌써 시작했습니다. j-m leidtun : 누구에게 유감이다)	schon
27. Ich habe die Zeitung _____ gestern gelesen, vorher hatte ich keine Zeit. (나는 신문을 어제에야 비로소 읽었습니다. 그전에는 나는 시간이 없었습니다)	erst

5 다음 부사를 우리말로 옮기시오

28. Schreiben Sie **möglichst** langsam! (**가능하면** 천천히 쓰십시오!)	가능하면
29. **Eines Tages** besuchte mich mein Freund plötzlich. (**어느 날** 내 친구가 나를 갑자기 찾아왔다)	어느 날(과거의)
30. Dieses Buch kostet **höchstens** zwölf Euro. (이 책값은 **기껏해야** 12 유로이다)	기껏해야
31. Ich danke Ihnen **bestens**. (저는 당신에게 **정말** 고맙습니다)	정말, 최고로
32. Ich reise **gern** aufs Land. (나는 **즐겨** 시골로 여행한다, aufs Land : 시골로)	즐겨
33. Das ist **vor allem** wichtig. (그것은 **특히** 중요하다)	특히
34. **Zum Glück** kam sofort Hilfe. (**다행스럽게도** 즉시 도움의 손길이 왔다)	다행스럽게도
35. Er ist **gar nicht** faul. (그는 **결코** 게으르지 **않다**)	전혀…아니다
36. Das ist **zu** teuer. (그것은 **너무** 비싸다)	너무

6 다음 빈도부사와 같은 의미를 가진 부사를 하나만 쓰시오

37. Die Frau ist **selten** zu Hause. kaum
   (그 부인은 **거의** 집에 **없다**)
38. Die Frau spielt **manchmal** Klavier. ab und zu
   (그 부인은 **가끔** 피아노를 연주한다)
39. Herr Kim ist **ständig** unterwegs. immer
   (김씨는 **항상** 여행 중이다. unterwegs : 여행 중인)
40. Herr Kim geht **oft** spazieren. häufig
   (김씨는 **자주** 산보를 한다)

쉬어가기 41 로렐라이 Loreley
-하인리히 하이네 Heinrich Heine

내가 너무 슬픈 것이 무슨 의미인지/난 알지 못하네,
Ich weiß nicht, was soll es bedeuten,/Daß ich so traurig bin,
태곳적부터 내려오는 동화 하나가/내 마음에서 떠나질 않네.
Ein Märchen aus uralten Zeiten,/Das kommt mir nicht aus dem Sinn.
대기는 차고 주위는 어둑한데/라인강은 고요히 흐르고,
Die Luft ist kühl und es dunkelt,/Und ruhig fließt der Rhein;
산꼭대기가 저녁놀에/물들어 반짝거리네.
Der Gipfel des Berges funkelt,/Im Abendsonnenschein.

그 위에 놀랍게도 너무 아름다운/처녀가 하나 앉아있네.
Die schönste Jungfrau sitzet/Dort oben wunderbar,
그녀는 황금 장신구 번쩍거리며,/황금빛 머리카락을 빗고 있네.
Ihr gold'nes Geschmeide blitzet,/Sie kämmt ihr goldenes Haar,
그녀는 황금 빗으로 머리카락을 빗으면서/노래를 하나 부르네.
Sie kämmt es mit goldenem Kamme,/Und singt ein Lied dabei;
그 노래는 절묘하고도/대단한 멜로디를 지녔네.
Das hat eine wundersame,/Gewalt'ge Melodei.

그 노래가 작은 배를 모는 뱃사공을/거칠고 고통스레 사로잡아,
Den Schiffer im kleinen Schiffe,/Ergreift es mit wildem Weh;
그는 암초들을 보지 못하고,/그저 산꼭대기만 바라보네.
Er schaut nicht die Felsenriffe,/Er schaut nur hinauf in die Höh'.
내 생각에 결국 파도가 뱃사공과/작은 배를 집어 삼켜버리네.
Ich glaube, die Wellen verschlingen/Am Ende Schiffer und Kahn,
정말 로렐라이는 자신의 노래로/그렇게 했다네.
Und das hat mit ihrem Singen,/Die Loreley getan.

제16장 접속사

1. 대등 접속사

대등 접속사 다음은 '**주어 + 동사**'의 어순, 즉 정치 문장이다

(1) aber (그러나)

Peter geht zur Universität, **aber** Hans geht nach Hause.
(페터는 대학교에 간다. **그러나** 한스는 집에 간다)

Er ist arm, **aber** er ist glücklich.
(그는 가난하다. **그러나** 행복하다)

(2) denn (왜냐하면 ~이기 때문이다)

Wir gehen früh zu Bett, **denn** wir sind müde.
(우리는 일찍 잠자러 간다. **왜냐하면** 우리는 피곤하기 **때문이다**)

Er kommt nicht, **denn** er ist krank.
(그는 오지 않을 것이다. **왜냐하면** 그는 아프기 **때문이다**)

(3) und (그리고, 그러면)

Peter liest ein Buch, **und** Hans schreibt einen Brief.
(페터는 책을 읽는다, **그리고** 한스는 편지를 쓴다)

Wir möchten eine Welt ohne Krieg **und** Gewalt.
(우리는 전쟁**과** 폭력이 없는 세상을 원한다.
die Welt : 세상. der Krieg : 전쟁. die Gewalt : 폭력)

Geh schnell, **und** du erreichst den Zug.
(빨리 가라, **그러면** 너는 기차를 탈 것이다. 명령문 다음의 und는 '그러면'으로 해석한다
 erreichen : 얻다, 달성하다, 기차를 놓치지 않다)

Thomas **und** Inge **gehen** nach Hause.
(토마스와 잉에가 집에 간다. und가 있으면 동사는 복수형에 맞게 변형시킨다)

(4) oder (혹은, 그렇지 않으면)

Sie lesen Zeitungen, **oder** sie arbeiten zusammen.
(그들은 신문을 읽거나, **혹은** 함께 공부한다. zusammen : 함께)

Möchten Sie Tee **oder** Kaffee?
(당신은 차를 원하십니까? **혹은** 커피를 원하십니까?)

Geh schnell, **oder** du erreichst den Zug nicht mehr.
(빨리 가라, **그렇지 않으면** 너는 기차를 더 이상 타지 못할 것이다. 명령문 다음의 oder는 '그렇지 않으면'으로 번역한다.)

Thomas **oder ich komme**.(토마스 혹은 내가 갈 거다. oder가 있으면 그 다음의 주어에 따라 동사의 어미를 변화시켜 준다.)

(5) nicht A, sondern B (A가 아니라 B다)

Er arbeitet heute **nicht, sondern** er geht spazieren.
(그는 오늘 일하지 **않고 산보한다**)

Seine Schwester hat noch **keinen** Mann, **sondern** einen Freund.
(그의 누이는 아직 남편은 **없지만** 남자 친구는 **있다**)

2. 부사적 접속사

부사적 접속사 다음은 **'동사 + 주어'**의 어순, 즉 도치문장이다.

(1) darum (= deshalb = deswegen = daher) : 그렇기 때문에

Er hat seinen Pass verloren, **darum(= deshalb = deswegen = daher)** geht er zur Polizei.(그는 여권을 잃어버렸다. **그렇기 때문에** 그는 경찰서에 간다.
der Pass : 여권. verlieren : 잃어버리다)

(2) also (= so) : 그래서, 그러니까

Ich möchte eine Reise machen, **also (= so)** muss ich sparen.
(나는 여행을 하고 싶다. 그래서 저축을 해야 한다. sparen : 저축하다, 절약하다)

Ich denke, **also** bin ich da.
(나는 생각한다, **그러므로** 존재한다)

(3) insofern : 그 점에서

Dieses Haus ist sehr gemütlich, **insofern** bin ich ganz zufrieden, aber die Miete ist zu hoch.(이 집은 매우 아늑하다. **그 점에서** 나는 아주 만족한다. 그러나 집세가 너무 비싸다. gemütlich : 우아한. zufrieden : 만족한. die Miete : 집세)

(4) trotzdem (= dennoch) : 그럼에도 불구하고

Sie war ein freundliches und hübsches Mädchen, **trotzdem (= dennoch)** liebte er sie nicht.
(그녀는 친절하고 귀여운 여자였다. **그럼에도 불구하고** 그는 그녀를 사랑하지 않았다)

(5) zwar A, aber B(정치) 혹은 doch B(도치) : A이긴 하지만 B이다

Ich arbeite **zwar** in München, **aber** ich wohne in Augsburg.
= Ich arbeite **zwar** in München, **doch** wohne ich in Augsburg.
(나는 뮌헨에서 **일하지만** 아우그스부르크에서 산다)

(6) Erst A, dann B : 처음에는 A이고, 나중에는 B이다

Erst spielten sie zusammen, **dann** stritten sie sich.
(**처음에는** 그들은 함께 놀았지만, **나중에는** 서로 싸웠다. zusammen : 함께. streiten : 싸우다. sich streiten : 서로 싸우다)

(7) Kaum : 무엇을 하자마자 (주절보다 보통 한 시제 앞선다)

Kaum hat er im Kino Platz genommen, da geht das Licht aus.
(그는 극장에서 자리에 **앉자마자**, 불이 꺼진다. Platz nehmen : 자리를 잡다. das Licht : 불. ausgehen : 불이 꺼지다, 외출하다)

(8) inzwischen : 그 사이에

Ich muss noch arbeiten, **inzwischen** kannst du essen.
(나는 아직 일해야 한다. **그 사이에** 너는 식사할 수 있다)

(9) außerdem : 그 외에도

Ich gehe jetzt nach Hause. Es ist schon spät; **außerdem** darf ich nichts mehr trinken. (나는 이제 집에 간다. 벌써 늦었다. **그 외에도** 나는 더 이상 아무 것도 마셔서는 안된다)

(10) nämlich : 왜냐하면 ~이기 때문이다(문장의 처음이 아니라 문장 가운데 나온다).

Er hatte einen Unfall; er ist **nämlich** zu schnell gefahren.
(그는 사고를 당했다. **왜냐하면** 너무 빨리 달렸기 때문이다)

(11) Sonst : 그렇지 않으면

Wir müssen uns beeilen. **Sonst** kommen wir zu spät.
(우리는 서둘러야 한다. **그렇지 않으면** 우리는 너무 늦을 것이다. sich beeilen : 서두르다)

3. 종속 접속사

종속 접속사 다음은 동사가 문장 끝에 오는 후치 문장이다.

(1) Wenn

A. 조건의 wenn

Wenn du fleißig arbeitest, wirst du die Prüfung bestehen.
(네가 열심히 공부를 **하면**, 너는 시험에 합격할 것이다)

Wenn du mir das Buch bringst, kann ich dir bei deiner Arbeit helfen.
(네가 나에게 그 책을 **가져오면**, 나는 네 일을 도울 것이다)

wenn을 생략하면 주어와 동사의 위치를 바꾸어준다.
Wenn du heute kommst, kann ich dir das Geld geben.
→ Kommst du heute, so kann ich dir das Geld geben.
(네가 오늘 **온다면** 나는 너에게 돈을 줄 **것이다**)

B. 시간의 wenn과 als

als는 과거의 일회적 사건을, wenn은 현재나 미래의 일회적 사건과 과거, 현재, 미래의 반복적인 사건을 표현한다. **반복적인 사건을 나타낼 때는 wenn은 immer wenn, jedesmal wenn, sooft 등으로 바꾸어 쓸 수 있다.**

	현재(미래)	과거
일회적인 사건	wenn	als
반복적인 사건	wenn(sooft)	wenn(sooft)

Wenn ich meine Mutter besuche, freut sie sich sehr.
(내가 어머니를 방문할 **때마다**, 어머니는 매우 기뻐하신다)

Immer wenn es regnete, blieben wir zu Hause.
(비가 올 **때면 언제든지** 우리는 집에 있었다)

Jedesmal wenn ich Zeit habe, besuche ich meinen Freund.
(나는 시간이 **있으면 언제든지** 친구를 방문한다)

Ich helfe dir, **sooft** du mich brauchst.
(네가 나를 필요로 **하면 언제든지** 너를 돕겠다)

Als ich in Heidelberg ankam, besuchte ich Herrn Schneider.
(나는 하이델베르크에 **도착했을 때** 쉬나이더씨를 방문했다)

Als er nach Hause kam, war seine Frau schon da.
(그가 집에 **왔을 때**, 그의 부인이 벌써 와 있었다)

(2) weil - da(왜냐하면 ~이기 때문이다)

Sie geht nicht zur Arbeit, **weil** sie krank ist.
(그녀는 일하러 가지 않는다. **왜냐하면** 아프기 **때문이다**)

A : **Warum**(= **Weshalb** = **Weswegen**) darf Herr Berger nicht mehr Auto fahren?
B : **Weil** er zu schlecht sieht.
　　(A : **왜** 베르거씨는 운전을 하면 안됩니까? B : 그는 눈이 **너무 나쁘기 때문입니다**)

Ich gehe zu Fuß, **da** ich kein Geld habe.
(나는 걸어서 간다. **왜냐하면** 돈이 없기 **때문이다**)

Er nimmt ein Taxi, **da** er es eilig hat.
(그는 택시를 탄다. **왜냐하면** 바쁘기 **때문이다**. eilig : 바쁜. es eilig haben : 바쁘다)

(3) dass(영어의 that)

A. 주 어

Es ist jetzt sicher, **dass** wir im Sommer nach Spanien fahren.
(우리가 여름에 스페인으로 간다는 것은 이제 확실하다)

B. 목적어

Ich weiß, **dass** er bald kommt.
(나는 그가 곧 올 것이라는 것을 안다)

C. 전치사의 목적어

Wir warten **(darauf)**, **dass** er endlich einen Brief schreibt.
(우리는 그가 마침내 편지를 쓰기를 기다린다. auf etwas(4) warten : 무엇을 기다리다. endlich : 마침내)

D. 결과 문장 : so…dass

Es war **so** spät, **dass** kein Bus mehr fuhr.
(너무 늦어서 버스가 다니지 않았다)

(4) bevor = ehe (무엇을 하기 전에)

Bevor ich eine Reise mache, kaufe ich eine Fahrkarte.
(나는 여행을 하기 **전에** 차표를 산다)

Ehe ich ausgehe, mache ich mein Zimmer sauber.
(나는 외출하기 **전에** 방을 청소한다. ausgehen : 외출하다, sauber : 깨끗한. sauber machen : 청소하다)

Man muss die Umweltprobleme lösen, **bevor** es zu spät wird.
(너무 늦기 **전에** 우리는 환경문제를 해결해야 한다. die Umwelt : 환경. lösen : 해결하다, 풀다)

(5) während = solange (무엇을 하는 동안에)

Während ich im Zug fahre, lese ich ein Buch.
(나는 기차를 타고가는 **동안에** 책을 읽는다)

Solange ich keine Arbeit habe, bekomme ich keine Wohnung.
(일자리가 없는 **한** 나는 집을 얻지 못할 것이다)

Während er groß ist, ist seine Frau sehr klein.
(그는 키가 **크지만**, 그의 부인은 아주 작다. **während**는 상반된 의견을 나타내기도 한다)

(6) nachdem (무엇을 한 이후로. **주절보다 항상 한 시제가 앞선다**)

Nachdem ich angekommen bin, gehe ich ins Hotel.
(나는 도착한 **후에** 호텔에 간다)

Nachdem die Schüler das Abitur gemacht haben, können sie die Universität besuchen.(학생들은 아비투어를 마친 **후에** 대학에 다닐 수 있다)

(7) bis (무엇을 할 때까지)

Ich bleibe da, **bis** er kommt.
(그가 올 **때까지** 나는 거기에 머물 것이다)

Sie sorgte für ihren Mann, **bis** er starb.
(그녀는 그의 남편이 죽을 **때까지** 남편을 돌보았다. für j-n sorgen : 누구를 돌보다)

(8) sobald (무엇을 하자마자)

Sobald ich das Geld habe, bezahle ich die Rechnung.
(나는 돈을 **갖자마자(생기자마자)** 그 계산서를 지불할 것이다)

Sobald er in Korea angekommen ist, besuchte er mich.
(그는 한국에 **도착하자마자** 나를 찾았다)

(9) obwohl (무엇임에도 불구하고)

Sie arbeitete, **obwohl** sie krank war.
(그녀는 **아팠지만** 일을 했다)

Obwohl es regnete, ging er spazieren.
(비가 **왔지만** 그는 산보를 했다, spazierengehen : 산보하다)

Es geht uns nicht schlecht, **obwohl** wir wenig Geld haben.
= Wir haben wenig Geld. **Trotzdem** geht es uns nicht schlecht.
(우리는 돈이 **적지만** 사정이 나쁘지는 않다 = 우리는 돈이 적다. **그럼에도 불구하고** 우리는 사정이 나쁘지는 않다)

(10) damit (무엇을 하기 위해)

Ich fahre mit dem Auto, **damit ich** pünktlich am Bahnhof bin.

(나는 시간에 맞게 역에 도착하기 **위해** 자동차를 타고 간다. pünktlich : 정확하게)

Wir lernen Deutsch, **damit** wir in Deutschland studieren.
(우리는 독일에서 공부하기 **위해** 독일어를 배운다)

Die Mutter schickt ihren Sohn in die Schule, **damit er** dort lernt.
(아들이 거기서 배우기 **위해** 어머니가 그녀의 아들을 학교에 보낸다)

(11) indem (무엇을 하는 동안에, 하면서 동시에)

Indem er das sagte, klingelte es.
(그가 그것을 말하는 **동안** 초인종이 울렸다)

Er fragte mich, **indem** er lächelte.
(그는 미소를 **지으면서** 나에게 물었다)

(12) seitdem (무엇을 한 이후로)

Seitdem du hier bist, geht es mir besser.
(네가 여기에 있은 **이후로** 나는 더 잘 지낸다)

Seitdem er weggefahren ist, ist seine Frau immer krank.
(그가 떠나버린 **이후로** 그의 부인은 항상 아프다)

(13) 의문 부문장

의문사가 동사의 목적어 역할을 할 때 그 문장을 직접 의문문에 비해 **간접 의문문 혹은 의문 부문장**이라고 하며 의문사가 종속접속사로 사용되고 있기 때문에 **후치문장**이다.

Wissen Sie, **warum** Herr Berger mit dem Taxi **fährt**?
(당신은 베르거씨가 왜 택시를 타고 가는지 아십니까?)

Ich weiß nicht, **weshalb** Peter heute nicht **kommt**.
(나는 페터가 왜 오늘 오지 않는지 모르겠다)

Ich muss fragen, **wann** der Zug von München **abfährt**.
(기차가 언제 뮌헨을 출발하는지 나는 물어봐야 한다)

Ich frage Sie, **wie** Ihnen der Film gefallen **hat**.
(그 영화가 당신에게 마음에 들었는지 당신에게 묻습니다)

Sag mir bitte, **was** ich noch kaufen **muss**.
(내가 또 무엇을 사야할 지 나에게 말해다오)

Ich möchte wissen, **wieviel** Uhr es **ist**.
(몇시인지 나는 알고 싶다)

Ich frage ihn, **ob** er morgen Zeit **hat**.
(나는 그에게 내일 시간이 있는지 없는지 묻는다)

Ich weiß nicht, **ob** er in München **übernachtet**.
(그가 뮌헨에서 묵을지 어떨지 모른다. übernachten : 묵다, 보내다)

4. 상관 접속사

(1) sowohl A als auch B : A이고 B이다

　　Er spricht **sowohl** Deutsch **als auch** Chinesisch.
　　(그는 독일어도 말하고 중국어도 말한다)

　　Ich kenne **sowohl** das Buch **als auch** den Film.
　　(나는 그 책도 알고 영화도 **안다**)

(2) weder A noch B : A도 아니고 B도 아니다

　　Er ist **weder** jung **noch** schön.
　　(그는 젊지도 멋이 있지도 **않다**)

　　Dafür habe ich **weder** Zeit **noch** Geld.
　　(그러기 위해서는 나는 시간도 돈도 **없다**)

(3) Entweder A oder B : A 혹은 B이다

　　Entweder kommt mein Vater **oder** mein Bruder.
　　(우리 아버지가 오시든지 **혹은** 우리 형이 올 것이다)

　　Entweder fahren wir nach Heidelberg **oder** wir gehen ins Konzert.
　　(우리는 하이델베르크에 가든지 **아니면** 콘서트에 갈 것이다)

(4) Je + 비교급(후치), desto(= umso) + 비교급 + 동사 : ~을 하면 할수록 더욱 더 ~하다

Je länger er in Deutschland lebt, **desto** besser spricht er Deutsch.
(그는 독일에 오래 **살면 살수록**, 그만큼 더 독일어를 잘 할 것이다)

Je mehr ein Schüler arbeitet, **umso** mehr lernt er.
(학생은 더 많이 **공부하면 할수록** 더 많이 배운다)

(5) Mal(= Bald) A, mal(= bald) B : 어떤 때는 A이고, 어떤 때는 B이다

Mal ist er freundlich, **mal** hat er schlechte Laune.
(**어떤 때는** 그는 친절하다가도, **어떤 때는** 기분이 좋지 않다)

Bald ist die Patientin optimistisch, **bald** ist sie pessimistisch.
(그 환자는 **어떤 때는** 낙관적이다가도, **어떤 때는** 비관적이다)

5. 문장의 전환

(1) Vor → Bevor(Bevor → Vor)

Vor der Reise kaufe ich eine Fahrkarte.
= **Bevor** ich eine Reise mache, kaufe ich eine Fahrkarte.
(여행 전에 나는 차표를 살 것이다)

Bevor er starb, schrieb er sein Testament.
= **Vor** seinem Tod schrieb er sein Testament.
(그는 죽기 전에 유서를 썼다. das Testament : 유서)

(2) Nach → Nachdem(Nachdem → Nach)

Nachdem문장은 주절보다 한 시제 앞선다

Nach meiner Ankunft gehe ich ins Hotel.
= **Nachdem** ich angekommen bin, gehe ich ins Hotel.
(나는 도착한 후에 호텔에 간다. die Ankunft : 도착)

Nachdem er gestorben war, verließ die Familie das Land.
= **Nach** seinem Tod verließ die Familie das Land.
(그가 죽은 후 그의 가족은 그 나라를 떠났다. verlassen : 떠나다)

(3) Seit → Seitdem(Seitdem → Seit)

Seitdem er angekommen war, wohnte er bei seinen Eltern.

= **Seit** seiner Ankunft wohnte er bei seinen Eltern.

(그는 도착한 이래 부모집에 살았다)

(4) Bei → Als, Wenn(Als, Wenn → Bei)

Beim schönen Wetter gehe ich spazieren.

= **Wenn** das Wetter schön ist, gehe ich spazieren.

(날씨가 좋으면 언제든지 나는 산보를 한다)

Beim schlechten Wetter blieb ich zu Hause.

= **Als** das Wetter schlecht war, blieb ich zu Hause.

(날씨가 나빴을 때 나는 집에 있었다)

Als er ankam, begrüßten ihn seine Freunde.

= **Bei** seiner Ankunft begrüßten ihn seine Freunde.

(그가 도착했을 때 그의 친구들이 그를 환영했다. j-n begrüßen : 누구를 환영하다)

Wenn ich mit ihr diskutierte, gab es immer Streit.

= **Bei** Diskussionen mit ihr gab es immer Streit.

(그녀와 토론할 때면 언제든지 싸움이 일어났다. der Streit : 다툼, 싸움)

쉬어가기 42 독일의 학교 제도

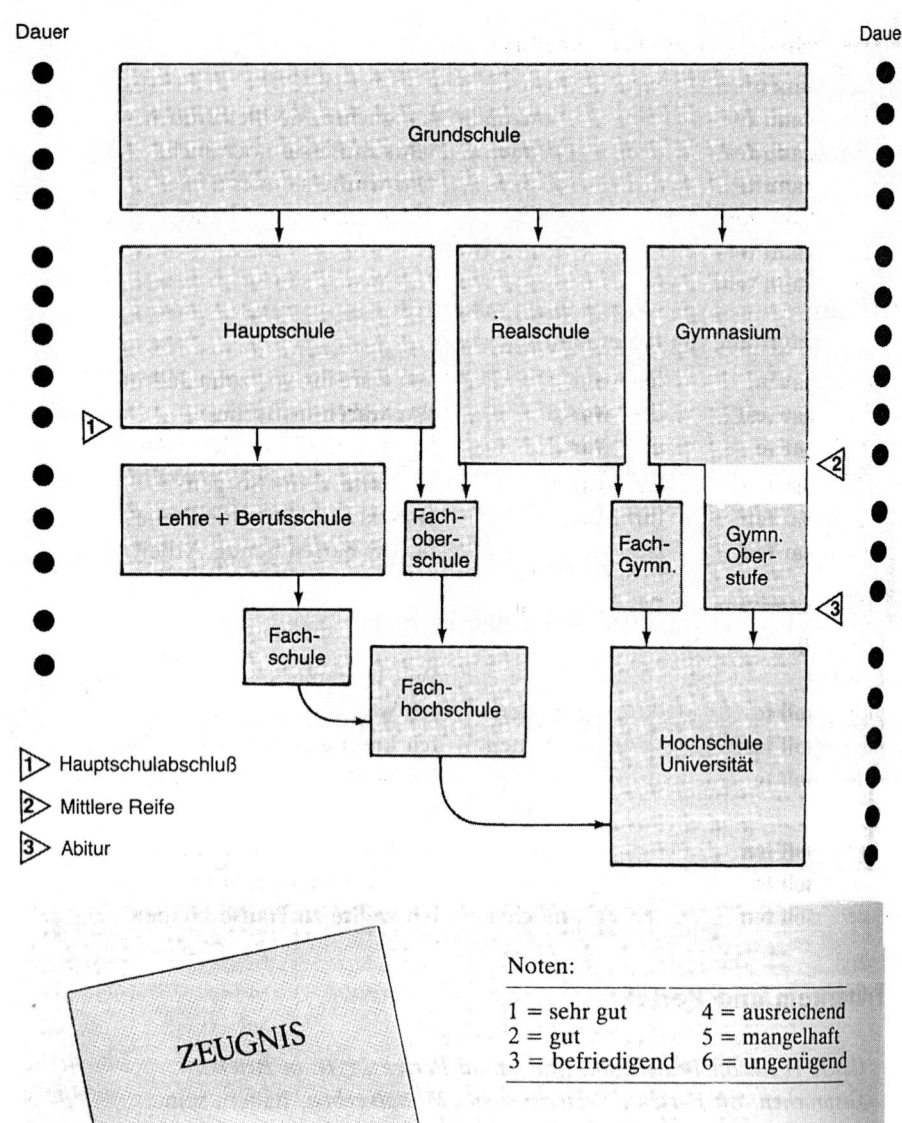

연습문제 Übungen

1 다음 문장에서 굵은 접속사를 참고하여 틀린 곳을 고치시오

1. Sie kommt vielleicht : **dann** ich gehe mit ihr.
   (그녀는 아마 올 것이다. 그후 나는 그녀와 함께 갈 것이다)
2. Ich konnte ihn nicht sprechen; **nämlich** war er krank.
   (나는 그와 이야기할 수 없었다. 왜냐하면 그는 아팠기 때문이다)
3. Ich verstand kein Wort, **weil** sie sang auf deutsch.
   (나는 한마디도 이해하지 못했다. 왜냐하면 그녀가 독일어로 노래했기 때문이다)
4. Ich bin sehr müde, **denn** ich sehr fleißig gearbeitet habe.
   (나는 매우 피곤하다. 왜냐하면 나는 매우 열심히 일했기 때문이다)
5. Man sagt, **dass** der König ist gestorben.
   (사람들이 왕이 죽었다고 말한다)
6. **Indem** er das sagte, er setzte sich auf den Stuhl.
   (그것을 말하면서, 그는 의자에 앉았다)
7. **Weder** wir haben ihn gesehen, **noch** wir wollen ihn sehen.
   (우리는 그를 보지도 못했고, 보고싶지도 않다)
8. **Entweder** du bleibst hier, **oder** du nach Hause gehst.
   (너는 여기에 머물든지, 아니면 집으로 갈 것이다)
9. **Wenn** du arbeitest fleißig, du wirst die Prüfung bestehen.
   (네가 열심히 공부하면 시험에 합격할 것이다)
10. **Seitdem** er ist gefahren, ist seine Frau immer krank.
    (그가 떠난 이후로 그의 부인은 항상 아프다)
11. Du gehst, **aber** bleibe ich.
    (너는 가겠지만, 그러나 나는 머물 것이다)
12. **Da** er krank war, er blieb zu Hause.
    (그는 아프기 때문에, 집에 머물렀다)

> 13. Meine Freundin ist krank, **darum** ich besuche sie täglich.
>   (내 여자친구는 아프다. 그렇기 때문에 나는 날마다 그녀를 방문한다)
> 14. Meine Freunde waren schon gestorben, **als** ich kam von Deutschland zurück.
>   (내가 독일에서 돌아왔을 때 내 친구들은 벌써 죽었다)
> 15. **Zwar** weiß ich viel, **doch** ich möchte alles wissen.
>   (나는 많이 알고 있지만, 모든 것을 알고 싶다)
> 16. Ich denke, **also** ich bin da.
>   (나는 생각한다, 그러므로 존재한다)

1. dann ich gehe → dann gehe ich
2. nämlich war er → Er war nämlich
3. weil sie sang auf deutsch → weil sie auf deutsch sang
4. denn ich sehr ... habe. → denn ich habe sehr
5. ist gestorben → gestorben ist.
6. er setzte → setzte er
7. Weder wir haben → Weder haben wir,
   noch wir wollen, → noch wollen wir
8. Entweder du bleibst → Entweder bleibst du
   oder du nach Hause gehst → oder du gehst nach Hause
9. Wenn du arbeitest fleißig → Wenn du fleißig arbeitest / du wirst → wirst du
10. Seitdem er ist weggefahen → Seitdem er weggefahren ist
11. aber bleibe ich → aber ich bleibe
12. er blieb → blieb er
13. darum ich besuche → darum besuche ich
14. als ich kam → als ich von Deutschland zurückkam
15. doch ich möchte → doch möchte ich
16. also ich bin → also bin ich

2 다음 _____ 안에 들어갈 적당한 접속사는?

wenn, weil, ob, bis, obwohl, als

17. Ich kann Ihnen leider nicht sagen, _____ es noch Konzertkarten gibt.(아직 콘서트 표가 있는지 없는지 나는 유감스럽게도 당신에게 말할 수 없습니다. die Karte : 표, 티켓)	ob
18. Sie bleibt so lange in Deutschland, _____ die Ferien vorbei sind.(그녀는 휴가가 끝날 때까지 그렇게 오랫동안 독일에 머물 것이다. vorbeisein : 지나가다)	bis
19. _____ du heute keine Zeit hast, gehen wir morgen ins Kino.(네가 오늘 시간이 없다면 우리는 내일 극장에 갈 것이다)	Wenn
20. Können Sie mir sagen, _____ es heute noch einen Zug nach Rom gibt?(당신은 오늘 아직 로마행 기차가 있는지 저에게 말씀해 주시겠습니까?)	ob
21. Soll ich etwas essen, _____ ich keinen Hunger habe? (배 고프지도 않은데 무엇을 먹어야 합니까?)	obwohl
22. _____ er klein war, ist sein Vater gestorben. (그가 어렸을 때 그의 아버지가 돌아가셨다)	Als
23. Ich gehe nicht ins Restaurant, _____ ich kein Geld habe. (나는 돈이 없기 때문에/돈이 없다면 음식점에 가지 않을 것이다)	weil/wenn
24. Er geht zum Arzt, _____ er krank ist. (그는 아프면/아프기 때문에 의사에게 간다)	wenn/weil
25. Ich habe das Auto nicht gekauft, _____ es schon so alt war.(나는 자동차가 아주 낡았기 때문에 그 자동차를 사지 않았다)	weil
26. _____ Sie Deutsch lernen wollen, müssen Sie einen Sprachkurs machen.(당신이 독일어를 배우려면, 어학코스를 다녀야 한다. der Sprachkurs : 어학코스)	Wenn

wenn, weil, obwohl, sondern, dass, aber, bis, bevor	
27. Das Auto fuhr so schnell, _____ wir rechtzeitig ankam. (자동차가 빨리 달려서, 우리는 제때에 도착했다. rechtzeitig : 제때에)	dass
28. _____ er krank war, blieb er zu Hause. (그는 아프기 때문에 집에 머물렀다)	Weil
29. Nicht nur er, _____ auch sie hat keine Eltern. (그뿐 아니라 그녀도 부모가 없다)	sondern
30. Er war faul, _____ er die Prüfung bestanden hat. (그는 시험에 합격했음에도 불구하고 게을렀다)	obwohl
31. Immer _____ er Zeit hat, geht er spazieren. (그는 시간이 있으면 언제든지 산보하러 간다)	wenn
32. Ich lerne Deutsch, _____ ich in Deutschland studieren will. (나는 독일에서 공부를 하려고 하기 때문에 독일어를 배운다)	weil
33. _____ er krank ist, kommt er nicht. (그는 아프기 때문에/아프다면 오지 않을 것이다)	Weil/Wenn
34. Ich weiß nicht, _____ Thomas kommt. (나는 토마스가 올지 오지 않을지 모른다)	ob
35. Ich will das Buch lesen, _____ ich Zeit habe. (나는 시간이 있으면 그 책을 읽으려 한다)	wenn
36. _____ ich esse, trinke ich ein Glas Wasser. (나는 식사하기 전에 물 한 잔을 마신다)	Bevor
37. Ich gehe in die Schule, _____ sie bleibt zu Hause. (나는 학교에 간다, 그러나 그녀는 집에 머문다)	aber
38. Sie werden Ihnen sagen, _____ Sie zahlen müssen oder nicht.(당신이 지불해야 할지 그럴 필요가 없을지 당신에게 그들이 말해줄 것이다)	ob
39. Du musst so lange warten, _____ Jutta wieder da ist. (너는 유타가 다시 올 때까지 아주 오래 기다려야 한다)	bis

40. Ich kann Ihnen nichts sagen, _____ der Chef nicht zurückkommt.(나는 사장이 돌아오지 않는다면 당신에게 아무 것도 말할 수 없다)	wenn
41. _____ Paula sehr nervös ist, ist ihr Mann sehr ruhig. (파울라는 매우 신경질적인 반면에, 그녀의 남편은 매우 조용하다. nervös : 신경질적인)	Während

3 다음 대화의 _____ 에 적당한 접속사를 보기에서 골라 넣으시오

wenn, weil, obwohl	
42. A : Willst du deine Stelle wechseln, _____ du mit der Schule fertig bist?(너는 학원 공부를 끝마치면 일자리를 바꾸려고 하니? die Stelle : 일자리. wechseln : 바꾸다. die Schule : 학교, 학원)	wenn
43. B : Ich glaube ja, _____ ich jetzt ganz gut verdiene. (내가 비록 상당히 많이 벌고 있지만 그렇게 하려고 생각해)	obwohl
44. A : Und was machst du, wenn du keine findest? (일자리를 찾지 못하면 어떻게 하려고 하니?)	wenn
45. B : Ach, das ist nicht so schwer, _____ ich jetzt zwei Sprachen kann.(아, 그건 그렇게 어렵지 않아, 나는 지금 외국어를 2개할 줄 알기 때문에 말이야)	weil
46. A : Hat eine Sekretärin wirklich bessere Berufschancen, _____ sie Englisch und Französisch kann? (비서가 영어와 불어를 할 줄 알면 정말 더 좋은 직업을 얻을 가능성이 있니?)	wenn
47. B : Ich bin nicht sicher, _____ ich ja noch nicht gesucht habe. Aber ich bin auch nicht traurig, _____ ich keine andere Stelle finde.(아직 찾아보지 못했기 때문에 확실하지 않아. 하지만 나는 일자리를 찾지 못해도 슬퍼하지 않을 거야)	weil wenn

48. A : Es ist dir egal, _____ du nichts Besseres findest, _____ du zwei Jahre die Abendschule besucht hast?
(네가 2년 동안 저녁코스를 다니고도 더 좋은 것을(일자리를) 찾지 못해도 아무렇지도 않다는 거니?)

49. B : Warum? Es ist doch immer gut, _____ man Sprachen kann.
(왜 그러느냐고? 사람이 언어(외국어)를 할 수 있다는 것은 항상 멋진 일이야)

wenn
obwohl

wenn

제17장 대명사 II

1. 의문 대명사 Welcher?, Was für ein?

Welch-로 물어보면 '**어느 것**'이라는 뜻으로 정관사 어미변화하며 정관사가 있는 명사로 대답한다. 그리고 Was für ein-으로 물어보면 '**어떤 종류의**'라는 뜻으로 성질을 나타내며 부정관사가 들어 있는 명사로 답한다.

Welch-나 Was für ein-이 명사를 대신할 때는 둘다 정관사 어미변화를 하며 특히 Was für ein-은 셀 수 있는 하나의 명사를 대신하며, Was für welch-는 셀 수 없는 추상명사나 복수 명사를 대신할 수 있다.

(1) A : **Welches** Kleid ziehst du an, **das** rote oder **das** blaue?

B : Ich ziehe **das** rote an.
(A : 너는 어떤 옷을 입을래? 빨간색 아니면 청색? B : 나는 빨간색을 입을래)

A : Mit **welchem** Zug kommt er?　　　B : Mit **dem** Zug um 16 : 30 Uhr.
(A : 그는 어떤 기차를 타고 가니?　　　B : 16시 30분 기차)

A : Wir fahren mit **der** U-Bahn.　B : Mit **welcher**?　A : Mit **der** U-8.
(A : 우리는 지하철을 타고 갈거다.　B : 어떤 지하철로?　A : 8호선)

(2) A : **Was für einen** Hut möchten Sie?　　B : **Einen** grünen.
(A : 당신은 어떤 종류의 모자를 살 겁니까?　B : 초록색 모자요)

A : Mit **was für einem** Wagen fährt er?

B : Mit **einem** roten Sportwagen.
(A : 그는 어떤 종류의 자동차를 타니?　　　B : 빨간 스포츠카)

(3) A : Das erzählt mir **ein** Herr.　　　B : Was für **einer**?

A : **Ein** Kaufmann aus Hamburg.
(A : 그것을 한 신사가 나에게 이야기해 줄 것이다. B : 어떤 신사가?
A : 함부르크 출신의 한 상인이)

A : Wir brauchen noch **Milch.**　　B : Was für **welche**?
A : Flaschenmilch.
(A : 우리는 우유가 필요하다.　　B : 어떤 우유가?
A : 병에 들어있는 우유. die Flasche : 병)

A : Haben Sie auch **Hefte**?　　B : Was für **welche**?
A : Wir brauchen Schreibhefte.
(A : 당신은 공책도 있습니까?　　B : 어떤 공책이죠?
A : 필기용 공책요)

2. 지시 대명사

(1) der, die, das

	남 성	여 성	중 성	복 수
주　격(1)	der	die	das	die
소유격(2)	**dessen**	**deren**	**dessen**	**deren, derer**
여　격(3)	dem	der	dem	**denen**
목적격(4)	den	die	das	die

명사 앞에 있는 정관사가 지시 대명사의 역할을 할 수 있으며 그 때 그 정관사는 강세를 갖는다. 하지만 지시 대명사가 바로 앞에 나온 명사를 받으며 **명사 없이 단독으로 쓰일 때는 위의 도표처럼 단수 2격과 복수 2, 3격이 달라진다.** 복수 2격의 지시 대명사 derer는 관계 대명사의 선행사 역할을 한다.

A : Kennen Sie **Herrn Kim**?　　B : Ja, **den** kenne ich natürlich.
(A : 당신은 김씨를 압니까?　　B : 예, 물론 저는 **바로 그를** 압니다)

Da kommen **Herr und Frau Kim. Deren** Kinder sind sehr faul.
(저기 김씨 부부가 온다. **바로 그들의** 아이들은 매우 게으르다)

A : Fahren Sie mit **den Studenten** zusammen.

B : Ja, ich fahre mit **denen** zusammen.
(A : 당신은 학생들과 함께 갑니까?
B : 예, 나는 **바로 그들과** 함께 갑니다)

Das ist die Meinung **derer, die** gegen die Regierung sind.
(그것이 정부에 반대하는 사람들, **바로 그런 사람들의** 의견이다)

(2) dies-, jen-, solch-

위의 지시대명사는 정관사와 같은 어미변화를 갖는다. dies-는 '후자', jen-는 '전자'의 의미를 지니기도 한다. 부정관사 앞에서 solch-(그런)는 어미변화하지 않는다.

Ich finde **diese** Straße nicht so wichtig.
(나는 **이** 거리가 그렇게 중요하다고 생각하지 않는다)

Jener Pullover gefällt mir nicht.
(**저** 스웨터는 내 마음에 들지 않는다)

Mutter und Tochter sind da : **diese** trägt eine Jacke, **jene** eine Bluse.
(엄마와 딸이 저기 있다 : **후자는** 자켓을, **전자는** 블라우스를 입고 있다)

Solchen Mann mag ich nicht.
= **Solch einen** Mann mag ich nicht.
(**그런** 사람을 나는 좋아하지 않는다)

3. 부정 대명사

(1) ein-, kein-, welch-

셀 수 있는 하나의 명사를 다시 받을 때는 ein-으로 받으며 그 어미는 정관사 어미변화를 한다. 부정은 kein-으로 받는다. 셀 수 없는 추상, 물질 명사나 복수 명사는 welch-로 받으며 ein-이 명사를 받을 때와 마찬가지로 정관사 어미변화한다.

Einer der Schüler fragt mich.(학생들 중 하나가 나에게 질문한다)

A : Haben Sie hier **einen Mann** gesehen?   B : Ja, dort steht **einer**.
(A : 여기서 **한 남자를** 보았습니까?)   (B : 예, 저기에 **한 사람이** 서있습니다)

A : Ich suche noch **ein Heft**.   B : Da liegt doch **eins**.
　　　　　　　　　　　　　　　　A : Aber ich kann **keins** finden
(A : 나는 여전히 **공책 하나를** 구합니다)   B : 저기에 **하나** 있습니다
　　　　　　　　　　　　　　　　A : 그러나 나는 **하나도** 구할 수 없군요)

A : Kaufen Sie sich **eine Tasche**?   B : Ja, ich kaufe mir **eine**.

B : Nein, ich kaufe mir **keine**.
(A : 당신은 **가방을 하나** 사실 겁니까?   B : 예, 저는 **하나** 살 겁니다
 B : 아뇨, 나는 하나도 사지 않을 겁니다)

A : Ich kaufe noch **Brot**.   B : Da drüben liegt **welches**.
(A : 저는 **빵을** 또 살 겁니다.   B : 저기 저쪽에 **그게** 있습니다)

A : Wir brauchen noch **Salat**.   B : Ich habe schon **welchen** gekauft.
(A : 우리는 아직 **샐러드가** 필요합니다. B : 나는 벌써 **그걸** 샀습니다)

> **참고** 부정대명사의 어순 : 4격이어도 3격 인칭대명사보다 앞서지 못한다
> Ich gebe der Frau einen Brief.
> ↓   ↓
> Ich gebe ihr   einen.

(2) jed-

'각각', '각자' 혹은 '모두'라는 뜻으로 항상 정관사 어미변화하며 단수 취급을 한다.

Jeder Schüler arbeitet fleißig.

(**모든** 학생이 열심히 공부한다)

Jeden Tag rasiert er sich.

(그는 **매일** 면도한다)

Er bekommt **jeden zweiten Tag** einen Brief.

(그는 **이틀마다** 편지를 받는다)

(3) etwas, nichts

etwas는 '어떤 것'의 의미를 nichts는 '아무 것도 아닌 것'이라는 의미를 지니고 있다. 특히 etwas나 nichts를 형용사가 수식하면, 그 형용사는 뒤에 위치하며 중성의 정관사 어미변화한다.

A : Hast du heute nachmittag **etwas** vor?

B : Nein, heute nachmittag habe ich **nichts** vor.
(A : 너는 오늘 오후에 **뭘** 계획하고 있니?

B : 아니, 오늘 오후 **아무 것도** 계획하고 있지 않아)

A : Gibt es **etwas Neues**? B : Nein, es gibt **nichts Neues**.
(A : 새로운 것이 있습니까? B : 아뇨, 새로운 것은 하나도 없습니다)

Er hat **etwas gegen** mich.
(그는 내게 **반대**한다)

(4) man, jemand, niemand

Man은 일반적인 사람을 나타내며, man을 다시 1격으로 받을 때는 man이며 소유대명사는 sein이다.

jemand는 '누군가', niemand는 '아무도 -하지 않다'라는 의미를 지니고 있다.

jemand나 niemand의 2격은 어미에 -(e)s를 꼭 붙여 주지만 3, 4격은 어미를 붙여 주지 않을 수 있다.

In Korea spricht **man** Koreanisch.
(한국에서 **사람들은** 한국어를 말한다)

Man ist froh, wenn **man** viel Freizeit hat.
(**사람은** 자유시간이 많으면 즐겁다)

Man muss **seine** Pflicht tun.
(**사람은** 자신의 의무를 수행해야 한다. die Pflicht : 의무)

Man kann tun, was **einem** passt.
(**사람은** 자신에게 어울리는 것을 할 수 있다)

Hat **jemand** noch eine Frage?
(**누가** 또 질문이 있습니까?)

Bitte sprechen Sie mit **niemand(em)** über diese Sache!
(제발 이 사건에 대해서는 **아무하고도** 말하지 **마십시오**! mit j-m sprechen : 누구와 말하다)

주 격(1)	man	jemand	niemand
소유격(2)	-	**jemand(e)s**	**niemand(e)s**
여 격(3)	einem	jemand(em)	niemand(em)
목적격(4)	einen	jemand(en)	niemand(en)

(5) all-

all-은 일반적으로 관사없는 명사 앞에서 사용되고 정관사 어미변화한다. alle와 alles는 형용사나 동격으로 사용될 수도 있다. alles다음에 형용사가 올 때는 뒤에 나오며 대문자로 약변화 한다.

Aller Anfang ist schwer.
(모든 시작은 어렵다)

Ich muss **alle** Arbeit allein tun.
(나는 모든 일을 혼자서 해야 한다)

Mein Freund hat **uns alle** eingeladen.
(내 친구가 우리 모두를 초대했다)

Das alles kenne ich.
(그 모든 것을 나는 안다)

Ich bin ganz **alle**.
(나는 아주 **피곤하다**)

Mein Geld ist **alle**.
(내 돈이 **다 떨어졌다**)

Ich wünsche dir **alles Gute**!
(너의 모든 일이 잘되기를 바란다!)

Alles in Ordnung!
(모든 것이 좋습니다!)

Alles aussteigen!
(모두 내리십시오!)

(6) das

das는 사람이나 사물, 단수와 복수 구별하지 않고 사용할 수 있다.

A : Was ist **das**?   B : **Das** ist ein Tisch.
(A : 저건 뭐죠?)   B : 그건 책상입니다)

A : Wer ist **das**?   B : **Das** ist mein Vater.
(A : **저분은** 누구죠?   B : **저분은** 우리 아버지입니다)

A : Wer sind **das**?   B : **Das** sind Frau un Herrn Kim.
(A : **저분들은** 누구죠?   B : **저분들은** 김씨부부입니다)

Was sind **das**?   B : **Das** sind Tische.
(A : **저것들은** 뭐죠?   B : **저것들은** 책상들입니다)

쉬어가기 43 좌뇌와 우뇌의 역할

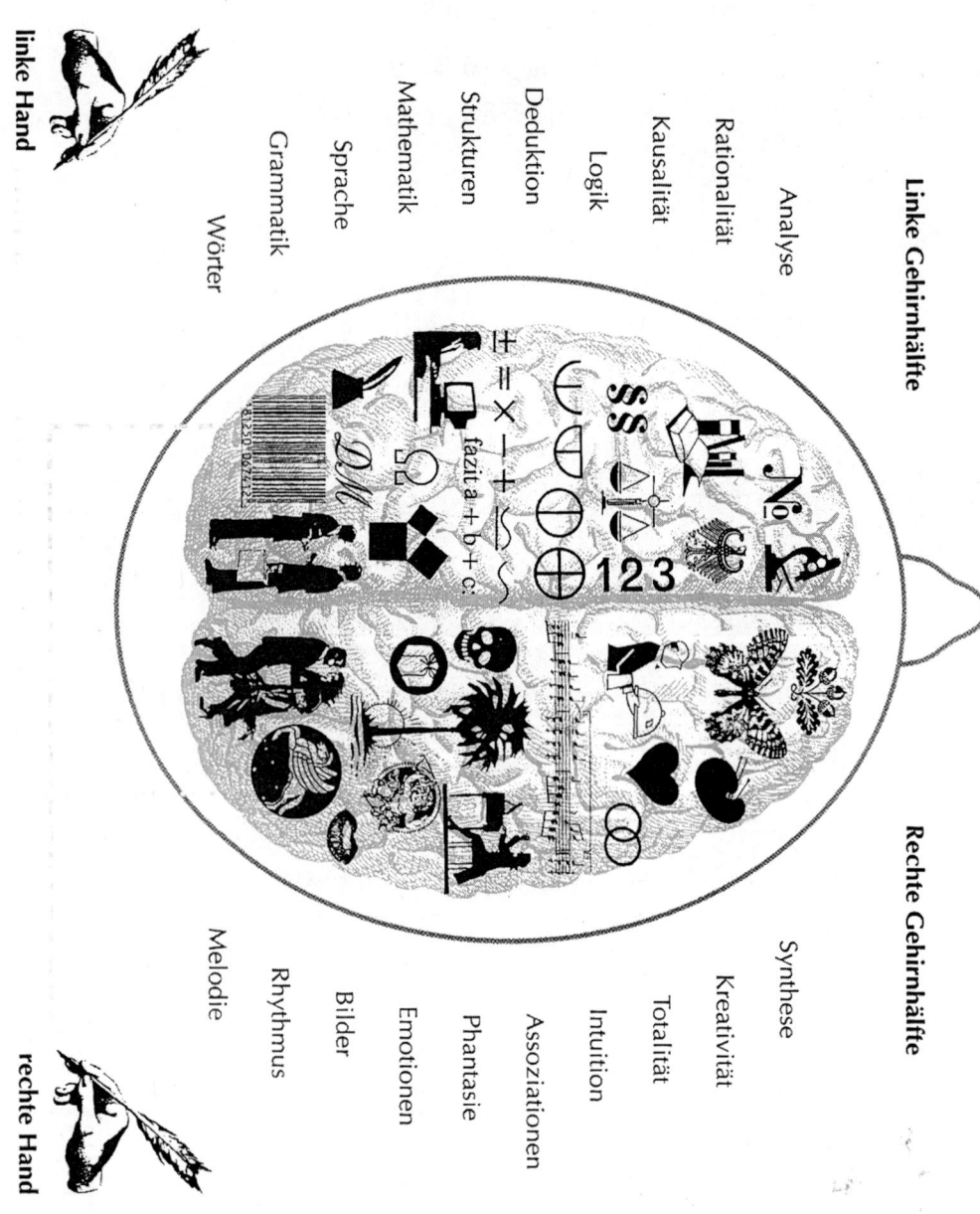

연습문제 Übungen

1 다음 _____ 에 적당한 말을 넣으시오

> etwas, man, niemand, einem, nichts, alles

1. Man ist froh, wenn _____ viel Geld hat.   man
   (사람들은 많은 돈을 갖고 있으면 기뻐한다)
2. Man sieht immer, was _____ nützlich ist.   einem
   (사람들은 단지 자신에게만 유리한 것을 본다.
   j-m nützlich : 누구에게 유용한)
3. A : Ist jemand hier gewesen? B : Nein, _____.   niemand
   (A : 누군가 여기 있었습니까? B : 아뇨, 아무도 없었습니다)
4. Haben Sie _____ Besseres?   etwas
   (당신은 좀 더 좋은 것을 갖고 있습니까?)
5. Ich wünsche dir _____ Gute!   alles
   (나는 너의 모든 것이 잘 되기를 바란다!)
6. A : Haben Sie etwas gefunden? B : Nein, _____.   nichts
   (A : 당신은 무엇을 찾았습니까? B : 아뇨, 아무 것도)

2 다음 잘못된 지시대명사를 올바르게 고쳐 쓰시오

7. Da kommt eine Schülerin, **der** trägt eine schöne Bluse.   der → die
   (저기 한 여학생이 온다. 바로 그 여학생이 예쁜 블라우스를 입고 있다)
8. Meine Mutter begegnete meinem Lehrer und   deren → dessen
   deren Frau.(우리 엄마가 우리 선생님과 바로 그 선생님의
   사모님을 만났다)
9. **Solches** ein Buch mag ich nicht.   Solches → Solch
   (그런 책을 나는 좋아하지 않는다)
10. Ich habe meine Freunde und **derer** Freundinnen gesehen.   derer → deren
    (나는 내 친구들과 바로 그 친구들의 여자 친구들을 보았다)

11. Sie traf ihren Onkel. **Das** fragte sie. (그녀는 그녀의 삼촌을 만났다. 바로 그 삼촌이 그녀에게 물었다)	Das → Der
12. Hier steht ein Tisch. Auf **dessen** liegt ein Heft. (여기에 책상이 하나 있다. 바로 그 책상 위에 공책이 하나 놓여 있다)	dessen → dem
13. Die Namen **deren**, die hier begraben sind, werden wir nicht vergessen. (여기에 묻혀있는 사람들, 바로 그런 사람들의 이름들을 우리는 잊지 못할 것이다. begraben : 묻다, 매장하다. graben : 구멍 등을 파다)	deren → derer

3 다음 _____에 들어갈 적당한 지시대명사는?

14. Mein Vater grüßt den Nachbarn und _____ Frau. (우리 아버지는 이웃과 바로 그 이웃의 부인에게 인사를 한다)	dessen
15. Dort kommen meine Freunde. Ich werde mit _____ ins Kino gehen.(저기 내 친구들이 온다. 나는 바로 그 친구들과 극장에 갈 것이다)	denen
16. Die Trauer _____, die sie liebten, war sehr groß. (그녀를 사랑했던 사람들 바로 그런 사람들의 슬픔은 매우 컸다. die Trauer : 슬픔)	derer

4 다음 _____ 안에 적당한 어미를 넣으시오

17. Mit dies___ Feder kann ich nicht schreiben. (이 펜으로 나는 쓸 수 없다)	-er
18. Ein___ solch___ Mann kannst du nicht glauben. (너는 그런 남자를 믿을 수 없다. j-m glauben : 누구를 믿다)	-em -en
19. Mein Vater hat Herrn Braun und Frau Müller gerufen; dies___ kam sofort, aber jen___ nicht. (우리 아버지는 브라운 씨와 뮐러부인을 불렀다. 후자는 즉시 왔지만, 전자는 오지 않았다)	-e, -er

20. Dies___ Mantel ist größer als jen_____.　　　-er, -er
　　(이 외투는 저것보다 크다)
21. Kennen Sie jen___ berühmten Sänger?　　　　-en
　　(당신은 저 유명한 가수를 아십니까?)

쉬어가기 44　생각은 자유다Die Gedanken sind frei
-호프만 폰 팔러스레벤(편)Hoffmann von Fallersleben(Hrsg.)

생각은 자유다.Die Gedanken sind frei,
누가 그것을 알아맞힐 수 있을까?Wer kann sie errathen?
생각은 재빨리 스쳐 지나간다,Sie rauschen vorbei
마치 밤의 환영처럼.Wie nächtliche Schatten.
어느 누구도 내 생각을 알 수 없고,Kein Mensch kann sie wißen,
어느 사냥꾼도 내 생각을 쏘아 맞출 수 없다.Kein Jäger sie schießen.
그래서 늘 그래왔다,Es bleibet dabei:
생각은 자유라고.Die Gedanken sind frei.
(혹은 어느 사냥꾼도 내 생각을 총으로Kein Jäger sie schießen.
쏘아 맞출 수 없다.mit Pulver und Blei:
생각은 자유다.Die Gedanken sind frei.)

나는 내가 원하는 것을 생각한다,Ich denke was ich will
나를 행복하게 해주는 것을,Und was mich beglücket,
하지만 모든 것을 아무도 몰래Doch alles in der Still
그저 생각나는 대로 그대로. Und wie es sich schicket.
나의 열망과 소망을Mein Wunsch und Begehren
아무도 막을 수 없다.Kann niemand verwehren.
그래서 늘 그래왔다,Es bleibet dabei:
생각은 자유라고.Die Gedanken sind frei.

그리고 사람들이 나를Und sperrt man mich ein
칠흑 같은 감옥에 가두어도Im finsteren Kerker,
그 모든 것은 정말Das alles sind rein
아무 소용없는 짓이다.Vergebliche Werke;
왜냐하면 내 생각은Denn meine Gedanken
울타리와 장벽을Zerreißen die Schranken
산산이 부서뜨려버리기 때문이다.Und Mauern entzwei:
그래서 생각은 자유다.Die Gedanken sind frei.

이제 나는 영원히 Nun will ich auf immer
걱정을 떨쳐버리고Den Sorgen entsagen,
또한 다시는 나를 더 이상Und will mich auch nimmer
망상으로 괴롭히지 않을 것이다.Mit Grillen mehr plagen.
우리는 정말 마음속으로는Man kann ja im Herzen
항상 웃고 농담을 할 수 있고Stets lachen und scherzen
그러면서 생각할 수 있다,Und denken dabei:
생각은 자유라고.Die Gedanken sind frei.

나는 와인을 사랑하고,Ich liebe den Wein,
무엇보다도 내 애인을 사랑한다.Mein Mädchen vor allen,
내 애인도 내게만 Die thut mir allein.
최고의 애정을 보인다.Am besten gefallen.
나는 지금 혼자 앉아 있지 않고.Ich sitz nicht alleine
한 잔의 와인을 마시며Bei einem Glas Weine,
내 애인도 곁에 함께 있으니,Mein Mädchen dabei:
생각은 자유다.Die Gedanken sind frei.

제18장 동사 + 전치사

1. 동사 + 전치사

Er muss **um** Geld **betteln.**
(그는 돈을 구걸해야 한다)

Darf ich Sie **um** Hilfe **bitten**?
(내가 당신에게 도움을 청해도 될까요? die Hilfe : 도움)

Bayern **gehört zu** Deutschland.
(바이에른은 독일에 속한다)

Er **riet** ihm **zur** Vorsicht.
(그는 그에게 조심하라고 충고했다, die Vorsicht : 주의, 조심)

Darf ich Sie **zu einer** Tasse Kaffee **einladen**?
(제가 당신을 한 잔의 커피에 초대를 해도 될까요?)

Das Kind ist **zum** Mann **geworden.**
(그 아이는 성인이 되었다. der Mann : 남자, 남편)

Sie **diskutieren über** die Schule.
(그들은 학교에 대하여 토론한다)

Sie **schimpfen über** die Schule.
(그들은 학교에 대해 욕한다)

Ich **spreche über** Schulprobleme.
(나는 학교 문제에 대해 이야기한다)

Wir **lachen über** die Antwort der Kinder.
(우리는 아이들의 대답을 듣고 웃는다. die Antwort : 대답)

Viele Soldaten **fliehen vor** dem Feind.
(많은 군인들이 적 앞에서 도망친다. der Soldat : 군인. der Feind : 적)
Dieser Gegenstand **besteht aus** Holz.
(이 물건은 나무로 되어 있다. der Gegenstand : 물건. das Holz : 목재)

Ich **spreche mit** ihr über Schulprobleme.
(나는 그녀와 학교 문제에 대해 이야기한다)
Wann **beginnen** Sie **mit** dem Unterricht?
(당신은 언제 수업을 시작합니까? der Unterricht : 수업)
Wann **fangen** Sie **mit** dem Unterricht **an**?
(당신은 언제 수업을 시작합니까?)
Das **hängt mit** der Sache **zusammen**.
(그것은 그 일과 관계가 있다. die Sache : 일, 사건)
Das **hat** vielleicht **etwas mit** dem Wetter **zu tun**.
(그것은 아마 날씨와 관계가 있다. vielleicht : 아마. das Wetter : 날씨)

Ich habe ihn **von** meinem Erfolg **überzeugt**.
(나는 그에게 나의 성공을 확신시켰다. der Erfolg : 성공)
Er hat mich **von** Sorgen **befreit**.
(그는 나의 걱정을 덜어 주었다. die Sorge : 걱정)
Ich **spreche von** den Schulproblemen.
(나는 학교 문제에 대해 이야기한다)
Er **erzählt von** seiner Reise.
(그는 자신의 여행에 대해 이야기한다)
Grüßen Sie Ihre Frau **von** mir!
(당신 부인에게 제 안부를 전해 주십시오!)

Ich **bestehe auf** meinem Recht.
(나는 내 권리를 주장한다. das Recht : 권리)
Die Menschen **hoffen auf** bessere Zeiten.
(사람들은 더 좋은 시간을 희망한다)
Ich **passe auf** das Baby gut **auf**.

(나는 그 아이를 잘 돌본다)
Achten Sie bitte gut **auf** das Kind!
(그 아이를 잘 돌봐주세요!)
Ich **warte auf** die Straßenbahn.
(나는 전차를 기다린다)
Ich **verzichte auf** deine Hilfe.
(나는 너의 도움을 포기한다. die Hilfe : 도움)
Ich **antworte** ihm **auf** die Frage.
(나는 그의 질문에 대답한다. die Frage : 질문)

Ich **schreibe an** meine Freundin.
(나는 나의 여자 친구에게 편지를 쓴다)
Er **denkt** immer **an** sie.
(그는 항상 그녀를 생각한다)
Er **zweifelt an** ihrer Treue.
(그는 그녀의 충실함을 의심한다. die Treue : 충실함)
Er **starb an** Krebs.
(그는 암으로 죽었다. der Krebs : 암, 게)
Mein Mann **leidet** häufig **an** Zahnschmerzen.
(내 남편은 자주 치통으로 고생한다. häufig = oft : 자주. der Zahn : 이, 치아. der Schmerz : 고통)
Ich habe **an** einem Seminar **teilgenommen**.
(나는 세미나에 참가했다)
Er **glaubt an** Gott.
(그는 신의 존재를 믿는다)

Wir **kämpfen für** unsere Freiheit.
(우리는 우리의 자유를 위해 싸운다. die Freiheit : 자유)
Ich **sorge für** die Kinder.
(나는 아이들을 돌본다)
Sie **halten** ihre Eltern **für** modern.
(그들은 자신들의 부모를 현대적이라고 생각한다. modern : 현대적인)

Ich **danke** Ihnen **für** die Information.
(나는 당신에게 정보를 주신 것에 대해 감사합니다. die Information : 정보)
Ich **helfe** dem Freund **beim** Umzug.
(나는 친구가 이사하는 것을 도와준다. der Umzug : 이사. umziehen : 이사하다)
Ich **wohne bei** meinem Freund.
(나는 내 친구 집에 산다)

Er ist **in** Gefahr **geraten.**
(그는 위험에 빠졌다. die Gefahr : 위험)
Die Hexe hat ihn **in** einen Frosch **verwandelt.**
(마녀가 그를 개구리로 변신시켰다. die Hexe : 마녀. der Frosch : 개구리)

Der Arzt **kämpft gegen** die Krankheit.
(의사는 병과 대항하여 싸운다)

Er **fragt** mich **nach** dem Bahnhof.
(그는 나에게 역을 묻는다. der Bahnhof : 역)

Viele Menschen **leiden unter** der Hitze.
(많은 사람들이 더위에 시달리고 있다. die Hitze : 열, 열기. 찌는 듯한 더위)

Das Kleid **passt zu** dir.
(그 옷이 너에게 어울린다. das Kleid = die Kleidung : 옷, 의복)

2. Wer, Was와 전치사의 결합형

사람을 나타내는 의문사 Wer가 전치사와 결합할 때는 전치사의 격지배에 따라 Wer의 형태를 써주면 된다.

사물을 나타내는 **Was가 전치사와 결합할 때는** 3격의 Was의 형태가 없을 뿐 아니라 1격과 4격의 형태가 같아 구분하기도 힘들다. 따라서 Was가 전치사와 결합할 때는 '**Wo(r) + 전치사**'로 통일해서 쓴다.

자음 r를 넣어주는 것은 Wo의 모음 o와 전치사의 모음이 충돌하는 것을 막기 위해서이다.

A : **Bei wem** wohnt Rita? Bei ihrer Tante?
B : Ja, sie wohnt **bei ihr.**

(A : 리타는 **누구집에** 사니? 그녀의 숙모집에 사니?
B : 응, 그녀는 **숙모 집에** 살아)

A : **An wen** schreibt er? An seinen Vater?
B : Ja, er schreibt **an ihn.**
(A : 그는 **누구에게** 편지를 쓰니? 그의 아버지에게?
B : 응, 그는 **그분에게** 써)

A : **Mit wem** geht sie? Mit ihrem Bruder?
B : Ja, sie geht **mit ihm.**
(A : 그녀는 **누구와** 가니? 그녀의 오빠와?
B : 응, 그녀는 **그와** 갈 거야)

A : **Worauf** wartet Frau Becker? Auf das Essen?
B : Ja, sie wartet **darauf.**
(A : 베커부인은 **무엇을** 기다리니? 식사를?
B : 응, 그녀는 **그것을** 기다려)

A : **Worüber** freuen Sie sich? Über Annas Brief?
B : Ja, ich freue mich **darüber.**
(A : 당신은 **무엇을** 기뻐하십니까? 안나의 편지를 받고요?
B : 예, 저는 **그것을** 받고 기뻐합니다)

A : **Wovon** spricht Herr Breuer? Von seiner Reise?
B : Ja, er spricht **davon.**
(A : 브로이어씨는 **무엇을** 이야기합니까? 그의 여행을요?
B : 예, 그는 **그것에 대해** 이야기합니다)

사 람		사 물	
질문 전치사 + 의문 대명사	대답 전치사 + 인칭 대명사	질문 wo(r) + 전치사	대답 da(r) + 전치사
bei wem?	bei ihm	wobei	dabei
an wen?	an ihn	woran	daran
für wen?	für ihn	wofür	dafür
mit wem?	mit ihm	womit	damit
zu wem?	zu ihm	wozu	dazu

> **참고** 'Wo + 전치사'나 'da + 전치사'는 사람이 그 대상이 될 수 없으며, '전치사 + 의문사(Mit wem 등)'은 사물이 그 대상이 될 수 없다.

쉬어가기 45 그리움을 아는 자만이…
Nur wer die Sehnsucht kennt…

-요한 볼프강 폰 괴테Johann Wolfgang von Goethe

그리움을 아는 사람만이.Nur wer die Sehnsucht kennt,
내가 괴로워하는 것을 아네!Weiß, was ich leide!
나는 혼자서 즐거움을 Allein und abgetrennt
모든 멀리 한 채Von aller Freude,
저기 저쪽Seh' ich an's Firmament
창공을 바라보네.Nach jener Seite.

아! 나를 사랑하고 아는 사람은Ach! der mich liebt und kennt,
저 멀리에 있네.Ist in der Weite.
나는 어지럽고, 속이 타오르네,Es schwindelt mir, es brennt
내 오장육부가.Mein Eingeweide.
그리움을 아는 사람만이Nur wer die Sehnsucht kennt,
내가 괴로워하는 것을 안다네!Weiß, was ich leide!

「Wilhelm Meisters Lehrjahre빌헬름 마이스터의 수업시대」에서

제18장 동사 + 전치사 269

쉬어가기 46 아래 인체의 각 부분의 이름을 네모 안에 넣으시오

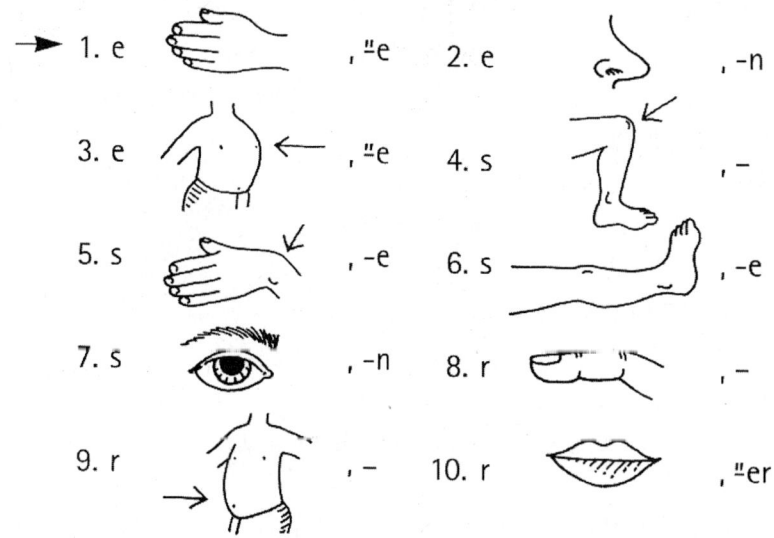

1. e ,"e   2. e ,-n
3. e ,"e   4. s ,-
5. s ,-e   6. s ,-e
7. s ,-n   8. r ,-
9. r ,-   10. r ,"er

쉬어가기 47 환희에 부쳐 An die Freude(4) -프리드리히 쉴러 Friedrich Schiller

합창 Chor
별들의 무리가 칭찬하고,Den der Sterne Wirbel loben,
세라핌의 찬가가 찬양하는den des Seraphs Hymne preist,
그런 선한 정신에게 이 잔을Dieses Glas dem guten Geist,
저기 저 위 별의 장막에 계신 분에게!überm Sternenzelt dort oben!

깊은 고뇌에는 굳은 용기를,Festen Mut in schwerem Leiden,
죄 없는 자가 눈물을 흘리는 곳에는 도움을,Hülfe, wo die Unschuld weint,
선서를 하고 한 맹세에는 영원함을,Ewigkeit geschwornen Eiden,
친구와 적에게는 진실을.Wahrheit gegen Freund und Feind,
왕좌 앞에서는 사나이의 기개를,Männerstolz vor Königstronen,
형제들이여, 재물과 목숨을 걸고라도Brüder, gält' es Gut und Blut
공을 세운 자에게는 면류관을,Dem Verdienste seine Kronen,
거짓을 일삼는 무리에게는 몰락을!Untergang der Lügenbrut!
합창 Chor
성스러운 동아리를 더 단단히 결속시켜,Schließt den heilgen Zirkel dichter,
이 황금빛 포도주에 대고 맹세하라.schwört bei diesem goldnen Wein:
약속한 것을 충실하게 지키겠노라고,Dem Gelübde treu zu sein,
별의 장막에 거하시는 심판자에 대고 맹세하라!schwört es bei dem Sternenrichter!
독재의 사슬로부터는 구원을,Rettung von Tirannenketten,
악인에게도 관용을,Großmut auch dem Bösewicht,
임종의 침상에도 희망을,Hoffnung auf den Sterbebetten,
교수대에서도 은총을!Gnade auf dem Hochgericht!
죽은 자들도 살아나게 하자!Auch die Toden sollen leben!
형제들아, 마시고 함께 노래하자,Brüder trinkt und stimmet ein,
모든 죄인들은 용서해야 하고,Allen Sündern soll vergeben,
지옥은 더 이상 없어야 하노라.und die Hölle nicht mehr seyn.
합창 Chor
세상을 떠나는 순간에도 밝게!Eine heitre Abschiedsstunde!
수의를 입고도 단잠을 자자!süßen Schlaf im Leichentuch!
형제들이여, 부드러운 판결을 기대하자,Brüder – einen sanften Spruch
죽은 자들을 심판하는 분의 입에서도!Aus des Todtenrichters Munde!

연습문제 Übungen

1 다음 _____ 안에 적당한 전치사를 넣으시오

1. Der Lehrer antwortet _____ meine Frage. (선생님이 나의 질문에 답한다)	auf
2. Ich bitte meinen Vater _____ Geld. (나는 아버지에게 돈을 간청한다)	um
3. Er dankt seinem Freund _____ das Geschenk. (그는 친구에게 선물에 대해 감사한다)	für
4. Er denkt _____ seine Heimat. (그는 자신의 고향을 생각한다)	an
5. Ich will dich _____ einem Glas Wein einladen. (나는 너를 한 잔의 포도주에 초대하고 싶다)	zu
6. Das Mädchen fragt mich _____ dem Weg. (그 소녀가 나에게 길을 물어본다)	nach
7. Korea gehört _____ Asien. (한국은 아시아에 속한다)	zu
8. Wir glauben _____ Gott. (우리는 신의 존재를 믿는다)	an
9. Ich gratuliere dir _____ Geburtstag. (나는 너에게 생일을 축하한다)	zum
10. Grüßen Sie ihn _____ mir! (그에게 나의 안부를 전해주십시오!)	von
11. Ich schreibe _____ meine Tante. (나는 나의 숙모에게 편지를 쓴다)	an
12. Ich warte _____ den Bus. (나는 버스를 기다린다)	auf

13. Wir sprechen _____ den Film. (우리는 그 영화에 대해 이야기한다)	über
14. Er verzichtet _____ sein Recht. (그는 자신의 권리를 포기한다)	auf
15. Ich interessiere mich _____ die Politik. (나는 정치에 관심이 있다)	für
16. Ich freue mich _____ den Brief. (나는 편지를 받고 기뻐한다)	über
17. Ich freue mich _____ die kommenden Ferien. (나는 돌아올 방학을 즐거운 마음으로 기다리고 있다)	auf
18. Ich unterhalte mich _____ ihm über die Politik. (나는 그와 정치에 관해 환담을 나누고 있다)	mit
19. Ich treffe mich _____ ihm. (나는 그와 만날 것이다)	mit
20. Ich beschäftige mich _____ Deutsch. (나는 독일어에 몰두하고 있다)	mit

2 다음에 적당한 "Wo(r) + 전치사" 혹은 전치사를 넣으시오

21. _____ interessieren Sie sich? _____ Bücher? (당신은 무엇에 관심을 갖고 계십니까? 책이요?)	Wofür, Für
22. _____ beschäftigen Sie sich? _____ Deutsch? (당신은 무엇에 몰두하십니까? 독일어에요?)	Womit, Mit
23. _____ freuen Sie sich? _____ den Urlaub? (당신은 무엇을 기뻐하십니까? 휴가를요?)	Worüber, Über
24. _____ denken Sie? _____ Ihre Heimat? (당신은 무엇을 생각하십니까? 당신의 고향을요?)	Woran, An
25. _____ müssen Sie verzichten? _____ die Reise? (당신은 무엇을 포기해야 합니까? 여행을요?)	Worauf, Auf

26. _____ diskutieren Sie gern? _____ Medizin? (당신은 무엇에 대해 즐겨 토론하십니까? 의학에 대해서요?)	Worüber, Über
27. _____ sprechen Sie morgen? _____ Japan? (당신은 내일 무엇에 관해 이야기할 겁니까? 일본에 대해서요?)	Worüber, Über
28. _____ kümmern Sie sich oft? _____ Christa? (당신은 자주 누구를 걱정합니까? 크리스타를요?)	Um wen, Um
29. _____ treffen Sie sich oft? _____ Frau Steger? (당신은 자주 누구와 만납니까? 슈테거 부인과요?)	Mit wem, Mit
30. _____ unterhalten Sie sich? _____ Ihren Kollegen? (당신은 누구와 환담을 나누십니까? 당신의 동료들과요?)	Mit wem, Mit
31. _____ wohnen Sie? _____ Ihrer Tante? (당신은 누구 집에 사십니까? 당신의 숙모집에요?)	Bei wem, Bei

3 다음 _____에 "da(r) + 전치사" 혹은 '전치사 + 인칭 대명사'를 넣으시오

32. Medizin? Nein, _____ interessiere ich mich nicht. (의학요? 아뇨, 전 그것에 관심이 없습니다.)	dafür
33. Englisch? Nein, _____ beschäftige ich mich nicht. (영어요? 아뇨, 전 거기에 몰두하지 않습니다)	damit
34. Arbeit? Nein, _____ freue ich mich nicht. (일요? 아뇨, 전 그것을 기뻐하지 않습니다)	darüber
35. Prüfung? Nein, _____ denke ich nicht. (시험요? 아뇨, 전 그것을 생각하지 않습니다)	daran
36. Bier? Nein, _____ muss ich nicht verzichten. (맥주요? 아뇨 전 그것을 포기할 필요가 없습니다)	darauf
37. Politik? Nein, _____ diskutiere ich nicht gern. (정치요? 아뇨, 전 그것에 대해 토론하는 것을 좋아하지 않습니다)	darüber
38. Frau Steger? Nein, _____ treffe ich mich nicht. (슈테거 부인요? 아뇨 전 그녀와 만나지 않을 겁니다)	mit ihr

39. Kollegen? Nein, _____ unterhalte ich mich nicht.　　　mit ihnen
　　(동료들요, 아뇨, 전 그들과 환담을 나누지 않을 겁니다)

40. Meine Tante? Nein, _____ wohne ich nicht.　　　bei ihr
　　(제 숙모요? 아뇨, 전 그녀 집에 살고 있지 않습니다)

제19장 es의 용법

1. 중성 1격을 대신

A : Wie ist das Buch?   B : **Es(= Das Buch)** ist gut.
(A : 그 책은 어때?   B : **그것은 좋다**)

2. 중성 4격을 대신

Er hat **das Buch** gelesen, und ich habe **es** seinem Freund gegeben.
(그는 **그 책을** 읽었다. 그리고 나는 **그것을** 자기 친구에게 주었다. lesen : 읽다, geben : 주다)

3. 문장의 일부분이나 문장을 대신

Karin ist intelligent, und Hans ist **es(= intelligent)** auch.
(카린은 영리한데, 한스도 그렇다)

A : Ist Hans dein Freund? B : Ja, er ist **es(= mein Freund)**.
(A : 한스가 너의 친구니? B : 그래, 그는 내 친구야)

Ich spreche oft mit meinem Mann, aber **es** hilft nichts.
(**es = dass ich oft mit meinem Mann spreche**. 나는 자주 내 남편과 이야기한다. 그러나 그것은 아무런 도움이 되지 못한다. oft : 자주. mit j-m sprechen : 누구와 이야기하다, 대화하다. helfen : 도움이 되다, 도와주다)

4. 주어를 강조하기 위해 가주어로

Es hat mich bisher **niemand** verstanden.
→ **Niemand** hat mich bisher verstanden.
(지금까지 누구도 나를 이해하지 못했다. bisher : 지금까지. verstehen : 이해하다)

Es war einmal **ein König**.
(옛날에 한 왕이 있었다. einmal : 한번, 옛날에. der König : 왕)

Es passieren **viele Unfälle** auf der Autobahn.
→ **Viele Unfälle** passieren auf der Autobahn.
(고속도로에서 많은 사고가 일어난다, passieren = geschehen : 일어나다. der Unfall : 사고. die Autobahn : 고속도로)

5. **dass나 zu부정사를 받는 가주어로**

   Es ist schön, **dass Sie da sind.**
   → **Dass Sie da sind**, ist schön.(당신이 와서 좋다)

   Es ist nicht schwer, **Deutsch zu lernen.**
   → **Deutsch zu lernen** ist nicht schwer.
   (독일어는 배우기 어렵지 않다, schwer : 어려운, 무거운 ↔ leicht : 쉬운, 가벼운)

6. **dass를 받는 가목적어로(이때 es는 주로 생략한다)**

   Ich weiß (**es**), **dass** er kommen wird.
   (나는 그가 올 것이라는 것을 안다)

7. **기타(무엇이 있다)**

   Es ist ein Schüler in der Klasse.
   (교실에 한 학생이 있다, der Schüler : 학생, die Klasse : 학급, 등급)

   Es sind viele Schüler in der Klasse.
   (교실에 많은 학생들이 있다)

8. **비인칭주어** es

   (1) 요일, 시간, 날씨 등

   Es ist Samstag, 3 Uhr nachmittag.
   (토요일 오후 3시입니다)

   A : Wieviel Uhr ist **es**? = Wie spät ist **es**?   B : **Es** ist 12 Uhr.
   (A : 몇 시입니까?)   B : 12시입니다)

Jetzt ist **es** aber Zeit.
(이제 정말 시간이 되었다. aber : 그러나, 여기서는 강조)

Es ist kalt (warm, dunkel).
(춥다, 덥다, 어둡다)

Ein Gewitter kommt. **Es** regnet, **es** blitzt und donnert.
(뇌우가 온다. 비가 오고, 번개가 치고, 천둥이 친다. das Gewitter : 뇌우. regnen : 비가 오다. blitzen : 번개치다. donnern : 천둥치다)

(2) 주체가 불확실할 때

Es klingelt.
(누가 초인종을 누른다. klingeln : 초인종을 누르다)

Es klopft an die Tür.
(누가 문을 두드린다. klopfen : 두드리다)

Es brennt!
(뭔가 타고 있다! = 불이야!. brennen : 타다. brennend : 급한)

(3) 숙어에서

In Deutschland **gibt es** viele Feiertage.
(독일에는 많은 휴일이 있다. der Feiertag : 휴일)

Es geht um Kleidung und Aussehen.
(옷과 외모가 중요하다. die Kleidung : 옷, 의복. das Aussehen : 외모)

Es kommt mir auf dem Studium **an.**
(나에게는 공부가 중요하다)

Es liegt mir viel an Ihrem Urteil.
(당신의 판단이 내게 중요하다. das Urteil : 판단, 판결)

(4) 비인칭 동사에서(이때 es는 도치문장에서도 생략하지 않는다)

Es geht mir gut.(나는 잘 지낸다)

Es gefällt mir gut in Seoul.(서울이 내 맘에 든다)

Es fehlt mir **an** Geld.(내게 돈이 부족하다)

Es tut mir leid.(미안합니다)

(5) 사람의 상태나 심정을 나타낼 때(도치문에서 es생략)

Es ärgert **mich.** → Mich ärgert.(나는 화가 난다)

Es hungert **mich.** → Mich hungert.(나는 배가 고프다)

Es friert **mich.** → Mich friert.(나는 춥다)

Es graut **mir.** → Mir graut.(나는 무섭다)

Es schwindelt **mir.** → Mir schwindelt.(나는 어지럽다)

Es ist **mir** schlecht. → Mir ist schlecht.(나는 몸이 좋지 못하다)

Es ekelt **mir(mich).** → Mir(mich) ekelt.(나는 구역질이 난다)

7. 비인칭 목적어

Ich **habe es eilig.**(나는 바쁘다. eilig : 바쁜)

Die Kinder **haben es gut.**(아이들은 잘 지낸다)

Sie **haben es schwer.**(그들은 지내기가 힘들다. schwer : 무거운, 어려운)

Er hat **es weit gebracht.**(그는 성공했다. es weit bringen : 성공하다)

쉬어가기 48 날씨에 관한 표현

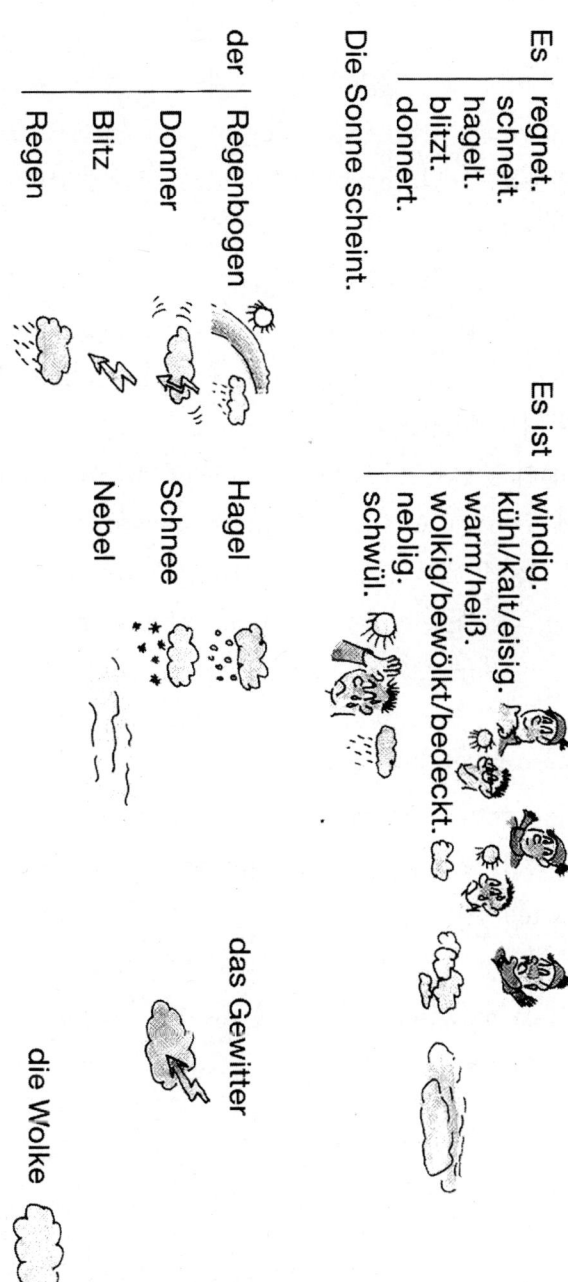

Es | regnet.
   | schneit.
   | hagelt.
   | blitzt.
   | donnert.

Die Sonne scheint.

Es ist | windig.
       | kühl/kalt/eisig.
       | warm/heiß.
       | wolkig/bewölkt/bedeckt.
       | neblig.
       | schwül.

der Regenbogen, Donner, Blitz, Regen
Hagel, Schnee, Nebel
das Gewitter
die Wolke

쉬어가기 49 그리스 신들 Die Götter Griechenlandes
-프리드리히 쉴러 Freidrich Schiller 작시
프란쯔 슈베르트 Franz Schubert 작곡

아름다운 세계여, 그대는 어디 있는가? 다시 돌아오라,
Schöne Welt, wo bist du? - Kehre wieder,
자연의 사랑스러운 청춘시절이여!Holdes Blüthenalter der Natur!
다시 돌아오라,Kehre wieder,
자연의 사랑스러운 청춘시절이여!Holdes Blüthenalter der Natur!
아, 노래가 있는 동화의 나라에서만Ach, nur in dem Feenland der Lieder
그대의 아름다운 흔적이 아직 남아있구나.Lebt noch deine fabelhafte Spur.
아, 노래가 있는 동화의 나라에서만Ach, nur in dem Feenland der Lieder
그대의 아름다운 흔적이 아직 남아있구나.Lebt noch deine fabelhafte Spur.
들판은 황량하게 비탄에 잠겨있고,Ausgestorben trauert das Gefilde,
내 눈에는 신성은 전혀 보이지 않으니,Keine Gottheit zeigt sich meinem Blick,
아, 그 때의 생기 넘치는 모습에서Ach, von jenem lebenwarmen Bilde
남아있는 것이라곤 그림자뿐이구나.Blieb der Schatten nur zurück.
남아있는 것이라곤 그림자뿐이구나.Blieb der Schatten nur zurück.
아름다운 세계여, 그대는 어디 있는가? 다시 돌아오라,
Schöne Welt, wo bist du? - Kehre wieder,
자연의 사랑스러운 청춘시절이여!Holdes Blüthenalter der Natur!
다시 돌아오라,Kehre wieder,
자연의 사랑스러운 청춘시절이여!Holdes Blüthenalter der Natur!
아름다운 세계여, 그대는 어디 있는가?Schöne Welt, wo bist du?
그대는 어디 있는가?wo bist du?

제20장 대명사 Ⅲ

1. 관계 대명사

관계 대명사는 단수 2격과 복수 2, 3격을 제외하면 정관사와 같다.

	남 성	여 성	중 성	복 수
주 격(1)	der	die	das	die
소유격(2)	**dessen**	**deren**	**dessen**	**deren**
여 격(3)	dem	der	dem	**denen**
목적격(4)	den	die	das	die

관계 대명사는 두개의 문장을 연결해주며 두 문장 중 생략되는 명사의 격과 성과 수에 따라 위의 도표를 보고 정하면 된다. 관계 대명사절은 종속절로 후치 된다.

    Ich habe **einen Freund** besucht. **Er** liegt mit Fieber im Bett.
       (나는 친구를 방문했다. 그는 열이 나서 침대에 누워 있다)

→ Ich habe **einen Freund** besucht, **der** mit Fieber im Bett **liegt**.
   (나는 열이 나서 침대에 누워 있는 친구를 방문했다)
        4격, 단수, 남성   1격, 단수, 남성

(1) 관계 대명사 der, die, das, dessen, deren

  Der Mann, **der** mich gestern besucht hat, wohnt nicht hier.
  (어제 나를 찾아왔던 남자는 여기에 살지 않는다)

  Die Frau, **die** Sie morgen treffen, ist berühmt.
  (당신이 내일 만나게 될 그 부인은 유명하다)

  Das Kind, **dessen** Mutter ich kenne, ist 7 Jahre alt.
  (내가 그 엄마를 알고 있는 아이는 7살이다)

Die Frau, **deren** Sohn ich kenne, ist berühmt.
(내가 아들을 알고 있는 그 부인은 유명하다)

Der Freund, **der** mir die Karte geschickt hat, wohnt in Neustadt.
(나에게 카드를 보내 주었던 그 친구는 신시가지에 산다)

Das Mädchen, **das** Sie dort sehen, ist 16 Jahre alt.
(저기 당신이 보고 있는 그 소녀는 16살이다)

Die Frau, **der** der Arzt sofort geholfen hat, ist wieder gesund.
(의사가 즉시 도와 주었던 그 부인은 다시 건강하다)

Die Kinder, **deren** Eltern verreist sind, fühlen sich einsam.
(그들의 부모가 여행을 떠난 아이들은 외로움을 느낀다. verreisen : 여행을 떠나다. einsam : 고독한)

(2) 전치사 + 관계 대명사

Deine Freundin, **bei der** du jetzt wohnst, kenne ich noch nicht.
(네가 지금 같이 살고 있는 너의 여자 친구를 나는 아직 모른다. bei j-m wohnen : 누구 집에 살다)

Du bist der Mann, **auf den** ich seit 10 Jahren warte.
(너는 내가 10년 전부터 기다리고 있는 남자다. auf j-n warten : 누구를 기다리다)

Ich hatte eine schwere Grippe, **von der** ich mich erholen musste.
(나는 회복해야만 하는 심한 독감을 앓고 있었다. sich von etwas(3) erholen : 무엇으로부터 회복하다)

Dort sind meine Freunde, **mit denen** ich mich verabredet habe.
(저기에 내가 약속을 했던 내 친구들이 있다. sich mit j-m verabreden : 누구와 약속하다)

Ich danke dir für deinen Brief, **über den** ich mich sehr freue.
(나는 내가 받고서 아주 기쁜 너의 편지에 대해 감사한다)

Der Lehrer, **an den** ich mich erinnere, ist jetzt in Rente.
(내가 회상하고 있는 선생님은 지금 퇴직하신 상태다. die Rente : 퇴직, 은퇴)

(3) 부정 관계 대명사 wer와 was

wer의 격과 지시 대명사 der의 격이 1, 3, 4격에서 그리고 was의 격과 지시 대명사

das의 격이 1, 4격에서 같을 때, 그 지시 대명사를 생략할 수 있다. was와 das는 그 형태가 같기 때문에 격이 달라도 1, 4격에서 지시 대명사를 생략할 수 있다.

Wessen Brot ich esse, **dessen** Lied ich singe.
(나는 내게 월급을 주는 사람의 편을 든다. 직역 : 누군가의 빵을 먹으면 나는 그 사람의 노래를 부른다)
Wer mir hilft, **dem** bin ich dankbar.
(나를 도와주는 사람에게 나는 고마워한다)
Wer den ganzen Tag arbeitet, (**der**) ist abends sehr müde.
(하루종일 일하는 사람은 저녁에 피곤하다. den ganzen Tag : 하루 종일)
Wen wir lieben, (**den**) möchten wir nicht verlieren.
(사랑하는 사람을 우리는 잃어버리고 싶지 않다)
Wer zuletzt lacht, (**der**) lacht am besten.
(최후의 승자가 참된 승자다. 직역 : 마지막에 웃는 사람이 가장 잘 웃는다)

Was er sagt, (**das**) ist immer richtig.
(그가 말한 것은 언제나 옳다. richtig : 옳은 ↔ falsch : 틀린)
Wessen er bedarf, **das** gebe ich ihm.
(그가 필요한 것을 나는 그에게 준다. etwas(2) bedürfen : 무엇을 필요로 하다)

Was nicht von Herzen kommt, (**das**) geht nicht zu Herzen.
(마음에서 우러나지 않는 것은 심금을 울리지 못한다. 직역 : 마음에서 오지 않은 것은 마음으로 가지 않는다)
Was gut ist, (**das**) ist nicht immer teuer.
(좋은 물건이라고 언제나 비싼 것은 아니다)
Was ich nicht genau weiß, (**das**) darf ich nicht weitererzählen.
(나는 정확히 알지 못하는 것을 퍼뜨려서는 안된다. weitererzählen : 무엇을 퍼뜨리다)
Wessen ich mich schäme, **das** tue ich nicht.
(나는 부끄러운 짓을 하지 않는다. sich etwas(2) schämen : 무엇을 부끄러워하다)
Was ich nicht weiß, macht mich nicht heiß.
(내가 알지 못하는 것은 나를 흥분시키지 않는다 = 모르는 게 약이다)
Was dich nicht brennt, **das** blase nicht!
(너와 상관없는 일에 관여하지 말아라! brennen : 타다, 데우다. blasen : 풍선 등을 불다)
Was du heute besorgen kannst, **das** verschiebe nicht auf morgen!

(오늘 할 수 있는 일을 내일로 미루지 마라! besorgen : 구입하다, 조달하다, 하다. verschieben : 미루다. auf morgen : 내일로)

(4) 특수 관계 대명사 was

A. 선행사가 etwas, nichts, alles 등 부정 대명사, 그리고 형용사나 형용사의 최상급이 명사가 된 것, 혹은 지시 대명사 das일 경우 사용한다.

Du hast **etwas** gemacht, **was** verboten ist.
(너는 금지된 것을 했다. verboten : 금지된)

Ich vergesse **nichts**, **was** du mir gesagt hast.
(나는 네가 나에게 말한 것을 하나도 잊지 않을 것이다)

Er schenkt ihr **alles**, **was** sie sich wünscht.
(그는 그녀가 원하는 모든 것을 그녀에게 선물로 준다)

Er gab mir **alles**, **was** er hatte.
(그는 자신이 가지고 있는 모든 것을 나에게 주었다)

Sport ist **das Liebste**, **was** ich treibe.
(스포츠는 내가 하는 가장 좋아하는 것이다. Sport treiben : 스포츠를 하다)

Ich glaube nur **das**, **was** ich sehe.
(나는 내가 본 것 만을 믿는다)

B. 앞 문장의 일부분이나 전체를 받는다.

Der Vater ist gesund, **was** sein Sohn nicht ist.
(아버지는 건강하다. 그런데 아들은 **그렇지** 못하다)

Er war sehr krank, **was** uns allen leid tat.
(그는 매우 아팠다. **그것이** 우리 모두에게 유감이었다)

C. 관계 대명사 was가 전치사와 결합할 때는 'wo(r) + 전치사'가 된다

Ist das **alles**, **womit** du dich die ganze Zeit beschäftigt hast?
(그것이 네가 내내 관심을 쏟았던 모든 것이냐?)

Er has ihr gratuliert, **worüber** sie sich freut.
(그는 그녀에게 축하했다. 그녀는 **그것을** 기뻐한다)

(5) 관계 부사 wo, wohin, woher

선행사가 장소일 때 전치사 + 관계 대명사는 wo, wohin, woher 등으로 바꿀 수 있다. 선행사가 고유명사의 지명이면 관계부사는 wo, wohin, woher 등만을 사용한다.

Ist das der Laden, **wo(= in dem)** man so billig einkaufen kann?
(저것이 사람들이 아주 싸게 쇼핑할 수 있는 가게입니까? der Laden : 가게, 상점)

Er verlässt die Stadt, **wo(= in der)** er vier Jahre studiert hat.
(그는 4년 동안 공부했던 그 도시를 떠난다)

Er fährt morgen nach Berlin, **wo** er studiert hat.
(그는 내일 자신이 공부했던 베를린으로 갈 것이다)

Wir fahren heute nach Jeonju, **wo** wir drei Jahre gewohnt haben.
(우리는 오늘 우리가 3년 동안 살았던 전주로 차를 타고 간다)

Sie war in Deutschland, **wohin** er nicht fahren kann.
(그녀는 그가 차를 타고 갈 수 없는 독일에 있었다)

In Frankreich, **woher** man dieses Obst importiert hat, studiert meine Schwester.
(이 과일을 수입해 온 프랑스에서 나의 누이가 대학에 다니고 있다)

> **참고** 전치사가 사람이 아닌 관계 대명사와 결합해 있을 때는 wo(r)+전치사로 바꾸어 쓸 수 있다.
> Das Buch, **in dem**(= **worin**) ich lese, ist sehr interessant.(내가 읽고 있는 책은 매우 재미있다. in etwas(3) lesen : 무엇을 열심히 읽다)

(6) 관계 대명사 wie, warum(= weshalb)

선행사가 die Art나 die Weise이면 관계 대명사는 wie를, der Grund, die Ursache 이면 warum을 사용한다.

Die Art und Weise, wie man schwimmt, kann man nur im Wasser erlernen.
(수영을 하는 방법을 우리는 단지 물 속에서만 배워 익힐 수 있다. die Art = die Weise : 방법)

Das ist **der Grund, warum** ich gegangen bin.(그것이 내가 갔던 이유다)

쉬어가기 50   고대의 아폴론 토르소 Archaischer Torso Apollos
-라이너 마리아 릴케 Rainer Maria Rilke

우리는 눈동자가 불타고 있던
Wir kannten nicht sein unerhörtes Haupt,
그의 전설적인 두상을 본적은 없다. 그러나
darin die Augenäpfel reiften. Aber
그의 토르소는 칸델라브룸 촛대처럼 아직도 이글거리고 있다,
sein Torso glüht noch wie ein Kandelabe,
그의 시선은 단지 그 안에 응결되어 있을 뿐,
in dem sein Schauen, nur zurückgeschraubt,

여전히 빛나고 있다. 그렇지 않다면 그의 도드라진 가슴이
sich hält und glänzt. Sonst könnte nicht der Bug
너를 눈부시게 할 수 없으며, 그가 엉덩이를 가볍게
der Brust dich blenden, und im leisen Drehen
흔들자 절로 흘러나온 미소가
der Lenden könnte nicht ein Lächeln gehen
생식기를 품고 있는 중앙으로 향하지 않을 것이다.
zu jener Mitte, die die Zeugung trug.
그렇지 않다면 이 돌은 투명한 상인방上引枋 어깨 아래에
Sonst stünde dieser Stein entstellt und kurz
그냥 기형으로 뭉뚝하게 서 있을 것이고,
unter der Schultern durchsichtigem Sturz
맹수의 모피처럼 그렇게 윤이 나지 않을 것이고,
und flimmerte nicht so wie Raubtierfelle;

마치 별처럼 구석구석에서 빛을
und bräche nicht aus allen seinen Rändern
발산하지 않을 것이다. 왜냐하면 토르소에는 너를 바라보지 않는
aus wie ein Stern: denn da ist keine Stelle,
부분은 하나도 없기 때문이다. 너는 너의 삶을 변화시켜야 한다.
die dich nicht sieht. Du mußt dein Leben ändern.

제20장 대명사 Ⅲ 287

연습문제 Übungen

정답

1 다음 _____에 적당한 관계 대명사를 넣으시오

1. Die Eltern, _____ Kinder krank sind, sind unglücklich. deren
   (그들의 아이가 아픈 부모들은 불행하다)
2. Die Feder, _____ ich einen Brief schreibe, ist nicht mit der/womit
   so gut.(내가 그것으로 편지를 쓰는 펜은 그렇게 좋지 않다.
   die Feder : 펜, 참고 : der Füller : 만년필)
3. Es gibt im Leben so manches, _____ wir nicht was
   verstehen können.
   (인생에는 우리가 이해할 수 없는 것이 많다. manches : 많은 것)
4. _____ Gott liebt, dem schickt er Unglück. Wen
   (신은 사랑하는 사람에게 불행을 보낸다. schicken : 보내다)
5. Die Stadt, _____ ich kam, ist sehr schön. von der/woher
   (내 출신 도시는 매우 아름답다)
6. Er verlor das Beste, _____ er besaß. was
   (그는 자신이 갖고 있는 최상의 것을 잃어버렸다. verlieren : 잃다.
   besitzen : 소유하다, 갖고 있다)
7. Das Buch, _____ ich lese, gehört meinem Freund. in dem/worin/das
   (내가 읽고 있는 책은 내 친구의 것이다.)
8. Der Student, _____ Note schlecht ist, ist sehr traurig. dessen
   (자신의 성적이 나쁜 대학생은 매우 슬프다.
   die Note : 점수, 성적. traurig : 슬픈)
9. Die Frau, mit _____ das Mädchen spricht, ist meine Tante. der
   (그 소녀가 이야기하고 있는 부인은 우리 숙모다)
10. Weimar ist die Stadt, _____ Goethe und Schiller wo
    wohnten.(바이마르는 괴테와 쉴러가 살았던 도시다)

2 다음은 친구에게 사진을 설명하는 장면이다.
_____ 안에 들어갈 적당한 관계 대명사는?

11. Das ist meine Schwester, _____ jetzt in Afrika lebt. (이 아이는 지금은 아프리카에서 사는 내 여동생이다)	die
12. Das ist das Haus, in _____ ich lange gewohnt habe. (이 집이 내가 오랫동안 살았던 집이다)	dem
13. Das ist mein Bruder Bernd, von _____ ich gestern dir erzählt habe.(이 아이가 내가 너에게 어제 이야기 해주었던 내 동생 베른트다. j-m von etwas(3) erzählen : 누구에게 무엇에 관해 이야기하다)	dem
14. Hier siehst du den alten VW, _____ ich zwölf Jahre gefahren habe.(여기서 너는 내가 12년 동안 몰았던 오래된 폴크스바겐을 보고 있다)	den
15. Das ist der Mann, von _____ ich den ersten Kuss bekommen habe.(이 사람이 내가 첫 키스를 받았던 남자이다. der Kuss : 키스)	dem
16. Das sind die Nachbarn, auf _____ Kinder ich abends manchmal aufpasse.(이 사람들이 그들의 아이들을 내가 저녁에 가끔 돌보는 이웃들이다. der Nachbar : 이웃. auf j-n aufpassen : 누구를 돌보다, manchmal : 가끔)	die
17. Das sind Freunde, mit _____ ich vor zwei Jahren im Urlaub war.(이 사람들이 내가 2년 전에 함께 휴가를 떠났던 친구들이다)	denen
18. Hier siehst du einen Bekannten, _____ Schwester mit mir studiert hat.(여기서 너는 그의 누이동생이 나와 함께 공부했던 내 지인을 보고 있다. der Bekannte : 지인)	dessen
19. Und hier ist die Kirche, in _____ ich geheiratet habe.(그리고 이곳이 내가 결혼식을 올렸던 교회이다. j-n heiraten : 누구와 결혼하다)	der

20. Das ist die Tante, _____ alten Schrank ich bekomme habe.(이 분이 내가 그분의 오래된 장농을 받았던 숙모다. der Schrank : 장)	deren
21. Hier siehst du meine Großeltern, _____ jetzt im Altenheim wohnen.(여기서 너는 지금은 양로원에서 사시는 나의 조부모님을 보고 있다. das Altenheim = das Altersheim : 양로원)	die

쉬어가기 51 마왕Erlkönig
-요한 폴프강 폰 괴테Johann Wolfgang von Goethe

누가 그렇게 늦게 밤과 바람을 가르며 말을 달리는가?
Wer reitet so spät durch Nacht und Wind?
그 사람은 바로 아이를 데리고 가는 아버지이다.Es ist der Vater mit seinem Kind;
그는 그 아이를 팔에 편안하게 안고 있다.Er hat den Knaben wohl in dem Arm,
그를 안전하게 잡고서 따뜻하게 덥혀 준다.Er fasst ihn sicher, er hält ihn warm.
내 아들아, 너는 왜 그렇게 불안하게 얼굴을 숨기느냐?
Mein Sohn, was birgst du so bang dein Gesicht?
아빠, 아빠는 마왕이 보이지 않으세요?Siehst, Vater, du den Erlkönig nicht?
왕관을 쓰고 긴 옷자락을 날리는 마왕이요?Den Erlenkönig mit Kron' und Schweif?
내 아들아, 그것은 안개 띠란다.Mein Sohn, es ist ein Nebelstreif.

"사랑스런 아이야, 이리 오렴, 나랑 같이 가자꾸나!"Du liebes Kind, komm, geh mit mir!
나랑 아주 멋진 놀이들을 하자꾸나!Gar schöne Spiele spiel' ich mit dir;
해변에는 알록달록한 꽃들이 많이 피어있고,Manch' bunte Blumen sind an dem Strand,
우리 어머니는 황금 옷들도 많이 갖고 있단다."Meine Mutter hat manch gülden Gewand."

아빠, 아빠, 아빠는 들리지 않으세요?Mein Vater, mein Vater, und hörest du nicht,
마왕이 내게 나지막이 약속하는 것을?Was Erlenkönig mir leise verspricht?
안심해라, 안심해, 내 아들아.Sei ruhig, bleibe ruhig, mein Kind;
그것은 바람이 마른 나뭇잎들 사이로 살랑거리는 소리란다.In dürren Blättern säuselt der Wind.

"어여쁜 아이야, 나랑 같이 가지 않으련?"Willst, feiner Knabe, du mit mir gehn?
내 딸들이 예쁘게 차려입고 너를 기다리고 있단다.Meine Töchter sollen dich warten schön;
내 딸들은 밤에 윤무를 추는데,Meine Töchter führen den nächtlichen Reihn
너를 어르며 춤을 추면서 자장가를 불러줄 거다."Und wiegen und tanzen und singen dich ein."

아빠, 아빠, 아빠는 저기 보이지 않으세요?Mein Vater, mein Vater, und siehst du nicht dort
어둠침침한 저 곳에 있는 마왕의 딸들이요?Erlkönigs Töchter am düstern Ort?
내 아들아, 내 아들아, 내 그것이 분명히 보이는구나.
Mein Sohn, mein Sohn, ich seh' es genau:
그것은 늙은 버드나무가 회색으로 빛나는 것이란다.
Es scheinen die alten Weiden so grau.

"나는 너를 사랑한단다, 어여쁜 네 얼굴이 내 마음을 매혹시키는구나.
"Ich liebe dich, mich reizt deine schöne Gestalt;
네가 순순히 따라가지 않겠다면, 내가 힘을 쓸 수밖에 없단다."
Und bist du nicht willig, so brauch' ich Gewalt."
아빠, 아빠, 이제 마왕이 나를 붙잡아요!Mein Vater, mein Vater, jetzt faßt er mich an!
마왕이 내게 상처를 입혔어요!Erlkönig hat mir ein Leids getan!

아버지는 공포에 질려, 빠르게 말을 몬다.Dem Vater grauset's; er reitet geschwind,
그는 신음하는 아이를 팔에 안고서,Er hält in Armen das ächzende Kind,
간신히 농장에 도착한다.Erreicht den Hof mit Mühe und Not;
하지만 그의 팔에서 아이는 죽어 있었다.In seinen Armen das Kind war tot.

제21장 부정사와 분사

1. zu 없는 부정사(동사의 원형)

(1) 격언이나 속담

Sagen ist leicht, **Handeln** ist schwer.
(말하기는 쉬워도, 행동하기는 어렵다. handeln : 행동하다)

Irren ist menschlich.
(방황하는 것은 인간적이다. irren : 방황하다)

(2) 미래형

Ich werde morgen nach Bonn **fahren**.
(나는 내일 본으로 갈 것이다)

(3) 화법 조동사와 그 완료형에서.

Ich darf den Brief **lesen**.   → Ich habe den Brief **lesen dürfen**.
(나는 그 편지를 읽어도 된다   → 나는 그 편지를 읽어도 되었다)

Ich kann nicht **schwimmen**.   → Ich habe nicht schwimmen **können**.
(나는 수영을 할 수 없다   → 나는 수영을 할 수 없었다)

Ich muss nach Hause **gehen**.→ Ich habe nach Hause gehen **müssen**.
(나는 집으로 가야 한다   → 나는 집으로 가야 했다)

Ich mag die Musik **hören**.   → Ich habe die Musik **hören mögen**.
(나는 음악을 듣고 싶다   → 나는 음악을 듣고 싶었다)

(4) 화법 조동사나 지각 동사, lassen 동사와 그 문장의 완료형에서

Ich höre meinen Bruder **singen**.
→ Ich habe meinen Bruder **singen hören**.
(나는 나의 형이 노래하는 것을 듣는다

→ 나는 나의 형이 노래하는 것을 들었다)

Man sieht den Mond **aufgehen**.

→ Man hat den Mond **aufgehen sehen**.

(사람들은 달이 뜨는 것을 본다

→ 사람들은 달이 뜨는 것을 보았다)

Paul hilft der Dame den Koffer **tragen**.

→ Paul hat der Dame die Koffer **tragen helfen**.

(파울은 그 부인이 트렁크를 드는 것을 돕는다

→ 파울은 그 부인이 트렁크를 드는 것을 도왔다)

Der Vater lässt seine Kinder im Garten **spielen**.

→ Der Vater hat die Kinder im Garten **spielen lassen**.

(아버지는 아이들이 정원에서 놀도록 허락한다

→ 아버지는 아이들이 정원에서 놀도록 허락했다)

(5) gehen, lernen, lehren, bleiben 동사와 함께(완료형은 원형이 아니라 ge가 들어 있는 과거분사형을 사용한다.)

Der alte Mann geht **betteln**.   → Der alte Mann ist betteln **gegangen**.
(노인이 구걸하러 간다   → 노인이 구걸하러 갔다)

Ich lerne **schwimmen**.   → Ich habe schwimmen **gelernt**.
(나는 수영하는 것을 배운다   → 나는 수영하는 것을 배웠다)

Er lehrt uns **schwimmen**.   → Er hat uns schwimmen **gelehrt**.
(그는 우리에게 수영하는 것을 가르친다   → 그는 우리에게 수영하는 것을 가르쳤다)

Das Kind bleibt noch im Bett **liegen**.

→ Das Kind ist noch im Bett liegen **geblieben**.

(그 아이는 아직 침대에 누워 있다

→ 그 아이는 아직 침대에 누워 있었다)

2 zu 부정사(= 동사의 원형)

(1) 주 어

Zu arbeiten ist gut für die Gesundheit.
(일하는 것은 건강에 좋다)

Viel Alkohol **zu trinken** schadet der Gesundheit.
(술을 많이 마시는 것은 건강에 해롭다)

(2) sein 동사의 보어

Mein Hobby ist, Briefmarken **zu sammeln**.
(나의 취미는 우표를 수집하는 것이다. die Briefmarke : 우표. sammeln : 수집하다)

(3) 명사를 수식하는 형용사

Wir hatten nur den Wunsch **zu schlafen**.
(우리는 단지 잠을 자고 싶은 소원밖에 없었다)

Er hat vielleicht keine Zeit, mir einen Brief **zu schreiben**.
(그는 아마 나에게 편지를 쓸 시간이 없을 것이다)

Ich habe immer etwas **zu tun**.
(나는 항상 할 일이 있다)

Er hat aber nichts **zu tun**.
(그는 그러나 할 일이 없다)

Meine Schwester hat selten Lust, die Wohnung **aufzuräumen**.
(내 누이동생은 집을 청소하고 싶은 마음이 거의 없다. aufräumen : 정돈하다, 청소하다)

Ich habe keine Zeit **zu lernen**.
(나는 공부할 시간이 없다)

(4) 전치사의 목적어

Wir sind bereit **dazu**, nach Hause **zu gehen**.
(우리는 집으로 갈 준비가 되어 있다)

Ich freue mich (**darüber**), Sie **kennenzulernen**.
(나는 당신을 알게 된 것이 기쁩니다)

(5) 동사의 목적어

Mein Kollege versucht meistens, mir **zu helfen**.
(내 동료는 대부분 나를 도우려고 애를 쓴다.
versuchen zu 부정사 : 무엇을 하려고 시도하다, 애를 쓰다)

Ich hoffe, nach Deutschland **zu reisen**.
(나는 독일로 가기를 희망한다)

Wir wünschen jetzt **zu trinken**.
(우리는 이제 마시기를 원한다)

(6) brauchen nicht zu 부정사 : 무엇을 할 필요가 없다.

Wir **brauchen** sonntags nicht **zu arbeiten**.
(우리는 일요일에 일할 필요가 없다)

Er **braucht** seinem Vater nur **zu schreiben**, wenn er Geld haben will.
(그는 돈을 갖고 싶으면 자신의 아버지에게 편지를 쓰기만 하면 된다)

(7) 비인칭 동사 gelingen의 목적어로.

Es **gelingt** mir nicht, eine Weltreise **zu machen**.
(나는 세계 여행을 하는데 성공하지 못할 것이다)

(8) scheinen zu 부정사 : 무엇인 것처럼 보이다

Dieser Mann **scheint** arm **zu** sein.
(이 남자는 가난한 것처럼 보인다)

Er **scheint** alles **zu** verstehen.
(그는 모든 것을 이해하는 것처럼 보인다)

Es **scheint zu** regnen.
(비가 올 것 같다)

(9) 'haben zu 부정사' 문장에서

'haben zu 부정사'는 능동의 필연인 müssen으로 바꿀 수 있다

Ich **habe** meine Arbeit schnell **zu** machen.
= Ich **muss** meine Arbeit schnell machen.
(나는 내 일을 빨리 해야 한다)

Die Schüler **haben** viel **zu** lernen.

= Die Schüler **müssen** viel lernen.

(학생들은 공부를 많이 해야 한다)

Wir **haben** eine Arbeit **zu** schreiben.

= Wir **müssen** eine Arbeit schreiben.

(우리들은 논문 하나를 써야 한다. die Arbeit : 일, 논문)

(10) sein zu 부정사 : 수동의 가능이나 필연의 의미를 지닌다.

Das Stück **ist** schwer **zu** verstehen.

= Das Stück **kann** schwer verstanden werden.

(그 연극작품은 이해하기가 어렵다. das Stück : 조각, 연극작품)

Diese Milch **ist** nicht **zu** trinken.

= Diese Milch **kann** nicht getrunken werden.

(이 우유는 마실 수 없다)

Das Ziel **ist** auf jeden Fall **zu** erreichen.

= Das Ziel **muss** auf jeden Fall erreicht werden.

(그 목표는 어떤 경우에도 달성해야 한다. das Ziel : 목표. auf jeden Fall : 어떤 경우에도. erreichen : 이루어내다, 도달하다)

(11) um … zu 부정사(damit절로 고칠 수 있다)

Der Schüler muss sich beeilen, **um** den Zug **zu** erreichen.

= Der Schüler muss sich beeilen, **damit** er den Zug noch erreicht.

(그 학생은 기차를 타기 위해 서둘러야 한다. sich beeilen : 서두르다)

Ich fuhr nach Deutschland, **um** Germanistik **zu** studieren.

= Ich fuhr nach Deutschland, **damit** ich Germanistik studiere.

(나는 독문학을 공부하기 위해 독일로 갔다)

Sie fuhr in die Stadt, **um** einzukaufen.

= Sie fuhr in die Stadt, **damit** sie einkauft.

(그녀는 쇼핑을 하기 위해 시내로 갔다)

Wir müssen alles tun, **um** die Natur **zu** schützen.

= Wir müssen alles tun, **damit** wir die Natur schützen.
(우리는 자연을 보호하기 위해 모든 것을 해야 한다. die Natur : 자연. schützen : 보호하다)

(12) zu + A(형용사) + um zu 부정사 : 무엇을 하기에는 너무 A하다

Das Wasser was **zu** kalt, **um** darin baden **zu** können.
(그 물은 그 안에서 목욕을 하기에는 너무 차가웠다)

= Das Wasser war **so** kalt, **dass** man **nicht** darin baden konnte.
(그 물은 너무 차거워서 그 안에서 목욕을 할 수 없었다)

= Das Wasser war **zu** kalt, **als dass** man darin baden **könnte**.
(그 물은 그 안에서 목욕을 하기에는 너무 차가웠다)

> **참고** um zu 문장은 드물지만 연속성을 나타내기도 하며 und로 바꾸어 쓸 수 있다.
> Er betrat das Lokal, **um** es nach einer Stunde wieder **zu** verlassen.
> = Er betrat das Lokal **und** verließ es nach einer Stunde wieder.
> (그는 술집에 들어와서는 한 시간 후에 그 술집을 떠났다. das Lokal : 술집)

(13) ohne zu 부정사와 (an)statt zu 부정사:

Sie ging nach Hause, **ohne** ein Wort **zu** sagen.
(그녀는 한마디도 없이 집으로 갔다)

Ihr Mann arbeitet, **statt zu** studieren.
(그녀의 남편은 공부하는 대신 일을 한다)

(14) 기 타

Sie **vermag** es nicht **zu** verhindern.
= Sie **weiß** es nicht **zu** verhindern.
= Sie **ist** nicht **in der Lage**, es **zu** verhindern.
= Sie **ist** nicht **im Stande**, es **zu** verhindern.
= Sie ist **unfähig (dazu)**, es **zu** verhindern.
= Sie **kann** es nicht verhindern.
(그녀는 그것을 방해할 수 없다. verhindern : 방해하다)

Mein Vater **pflegt** morgens früh auf**zu**stehen.
(우리 아버지는 아침마다 일찍 일어나시곤 한다. j-n pflegen : 누구를 돌보다, 양육하다)

Ich **kann nicht umhin**, es ihm mit**zu**teilen.
(나는 그것을 그에게 알리지 않을 수 없다. mitteilen : 알리다. umhinkönnen : 피하다)

3. 분 사

(1) 현재 분사

A. 현재 분사의 형태와 용법

현재 분사는 '**동사의 부정형 + d**'의 형태로 만들며 능동적인 사건과 동시적인 사건을 나타낸다. 서술적인 용법으로 쓰일 때는 동시적인 사건을, 한정적인 용법으로 쓰일 때는 능동적인 사건을 표현한다.

Eine Dame fragte **lächelnd**.
(한 부인이 미소를 지으면서 물었다)

Peter stand **schweigend** neben seinem Freund.
(페터는 말없이 그의 친구 옆에 서 있었다. schweigend : 말없이)

Der Mann sprang aus dem **fahrenden** Zug.
(그 남자는 달리는 기차에서 뛰어 내렸다. springen : 뛰어내리다)

Der Reisende hatte zwei schwere Koffer.
(그 여행객은 2개의 무거운 트렁크를 갖고 있었다. der Koffer : 트렁크)

Die Eltern beobachten die **spielenden** Kinder.
(부모님이 놀고 있는 자식들을 관찰하고 있었다. beobachten : 관찰하다)

B. 현재 분사구문은 능동의 관계 대명사절이나 indem, weil 등의 적당한 접속사로 문장을 전환할 수 있다.

Der meinen Antrag **bearbeitende** Beamte braucht viel Zeit.
= Der Beamte, **der** meinen Antrag **bearbeitet**, braucht viel Zeit.
(내 신청서를 취급하는 공무원은 많은 시간이 필요하다.
der Antrag : 신청서, 제안. bearbeiten : 가공하다, 다루다)

Die Kinder zogen, ein frohes Lied **singend**, auf den Sportplatz.
= Die Kinder zogen, **indem** sie ein frohes Lied **sangen**, auf den Sportplatz.
(즐거운 노래를 부르면서 아이들이 운동장으로 이동했다. ziehen : 이동하다. der Sportplatz : 운동장)

Sich vor der Strafe **fürchtend**, ging der Schüler nicht in die Schule.
= **Weil sich** der Schüler vor der Strafe **fürchtete**, ging er nicht in die Schule.
(벌이 무서워서 그 학생은 학교에 가지 않았다. sich vor etwas(3) fürchten : 무엇을 두려워 하다. die Strafe; 형벌)

C. 약간의 현재 분사는 sein 동사와 사용할 수 있는데, 이것은 영어처럼 현재 진행형이 아니라 형용사로 굳어져서 sein 동사의 보어로 사용된 것이다.

Der Mann **ist wütend**.(화가 난)
(그 남자는 화가 나있다)

Er **war** bei der Feier **anwesend**.(참석한)
(그는 축제에 참가했다. die Feier : 축제)

Er **war** viel von zu Hause **abwesend**.(결석한, 없는)
(그는 집에 많이 없었다)

Die Sache **ist dringend**.(= **brennend**)(긴급한)
(그 일은 급하다. die Sache : 일, 사건)

Der Vergleich **war** sehr **treffend**.(적절한)
(그 비교는 매우 적절했다. der Vergleich : 비교)

Für seine Wahl **waren** seine praktischen Erfahrungen **entscheidend**.(결정적인)
(선택을 하는데 그의 실제 경험들이 결정적이었다. die Wahl : 선거, 선택. praktisch : 실용적인. die Erfahrung : 경험)

Die Frau **war** sehr **reizend**.(그 부인은 매우 매력적이었다. reizend : 매력적인)

(2) 과거 분사

A. 과거 분사는 완료형과 수동형을 만들 때 사용되는데 한정적으로 쓰일 때에도 완료와 수동의 의미를 지닌다.

Wir haben den Film **gesehen.**
(우리는 그 영화를 보았다. **완료형**)

Der Arzt wurde **gerufen.**
(의사를 불렀다. **수동문**)

Wir standen vor der **geschlossenen** Tür.
(우리는 닫힌 문 앞에 서 있었다. **수동**)

Die spät **angekommenen** Gäste entschuldigten sich.
(늦게 도착한 손님들이 사과했다. **완료**. sich entschuldigen : 사과하다)

B. 형용사로 사용되는 경우

Dieser Mann ist mir nicht **bekannt.**
(이 남자를 난 모른다. j-m bekannt : 누구에게 알려진)

Er ist wenig **erfahren** in diesen Dingen.
(그는 이런 일들에 경험이 거의 없다. erfahren : 경험있는. das Ding : 물건, 일)

C. 부사로 사용되는 경우

Dort **kommt** mein Freund **gelaufen.**
(저기 내 친구가 달려온다)

Ein Vogel **kam geflogen.**
(새 한 마리가 날아왔다)

Mein Pass **ging verloren.**
(내 여권이 없어졌다)

Das Fenster steht **geschlossen.**
(창문이 닫혀있다)

D. 명사로 사용되는 경우

Bei dem Verkehrsunfall gab es **viele Verletzte.**
(그 교통사고에서는 부상자가 많이 있었다. verletzt : 다친)

Dieser Herr ist **ein Bekannter** von mir.
(이 남자는 내가 아는 사람이다. bekannt : 알려진)

Ein Landmann sucht **seinen Verwandten** in Seoul.
(한 시골 사람이 서울에 있는 자신의 친척을 찾는다. verwandt : 친척의)

E. 분사 구문

한정적 분사구는 관계 대명사절로, 서술적 분사구는 문맥에 따라 생략된 적당한 접속사를 찾아서 문장을 전환할 수 있다.

Die im Krieg durch Bomben **zerstörte** Stadt war schrecklich.
= Die Stadt, **die** im Krieg durch Bomben **zerstört wurde**, war schrecklich.
(전쟁중에 폭탄으로 파괴된 도시는 끔찍했다. die Bombe : 폭탄. zerstören : 파괴하다. schrecklich : 끔찍한)

In München **angekommen**, ging ich sofort zur Universität.
= **Nachdem** ich in München **angekommen war**, ging ich sofort zur Universität.
(뮌헨에 도착한 후 나는 즉시 대학교에 갔다. sofort : 즉시)

(3) 미래 분사 : zu + 타동사의 현재 분사

미래 분사는 'sein + zu + 동사의 원형'이나 'können(müssen) + 과거분사 + werden', 즉 수동의 가능이나 필연으로 바꿀 수 있다.

Die **zu bezahlende** Summe beträgt 300 Euro.
= Die Summe, die **zu bezahlen ist**, beträgt 300 Euro.
= Die Summe, die **bezahlt werden muss**, beträgt 300 Euro.
= Die Summe, die **man bezahlen muss**, beträgt 300 Euro.
(지불해야 할 금액이 300 유로에 달한다. bezahlen : 지불하다. die Summe : 금액, 액수. betragen : 금액이 얼마에 달하다. 'lassen sich + 동사의 원형'의 문장은 수동의 가능을 나타내기 때문에 여기에는 적당하지 않다)

Unsere Reise war ein nicht **zu vergessendes** Erlebnis.
= Unsere Reise war ein Erlebnis, **das** nicht **zu vergessen ist**.
= Unsere Reise war ein Erlebnis, **das** nicht **vergessen werden kann**.
= Unsere Reise war ein Erlebnis, **das man** nicht **vergessen kann**.

= Unsere Reise war ein Erlebnis, **das sich** nicht **vergessen lässt**.
(우리 여행은 잊혀질 수 없는 체험이었다. das Erlebnis : 체험. vergessen : 잊다)

쉬어가기 52 들장미 Heidenröslein
- 요한 볼프강 폰 괴테 Johann Wolfgang von Goethe

한 아이가 작은 장미 한 송이가 피어 있는 것을 보았네,Sah ein Knab' ein Röslein stehn,
들에 핀 작은 장미 한 송이를Röslein auf der Heiden,
작은 장미가 너무 풋풋하고 싱그럽고 예뻐서War so jung und morgenschön,
소년은 가까이 가서 보려고 달려가서,Lief er schnell es nah zu sehn,
기쁨에 겨워 그 작은 장미를 바라보았네.Sah's mit vielen Freuden.
작은 장미 한 송이, 작은 장미 한 송이, 작고 붉은 장미 한 송이,Röslein, Röslein, Röslein roth,
들에 핀 작은 장미 한 송이.Röslein auf der Heiden.

그 아이가 말했다네. "난 널 꺾을 테야,Knabe sprach: ich breche dich,
들에 핀 작은 장미야!"Röslein auf der Heiden!
작은 장미가 말했다네. "난 널 찌를 테야.Röslein sprach: ich steche dich,
네가 날 영원히 생각하도록 말이야.Daß du ewig denkst an mich,
나는 당하고만 있지 않을 테야."Und ich will's nicht leiden.
작은 장미 한 송이, 작은 장미 한 송이, 작고 붉은 장미 한 송이,Röslein, Röslein, Röslein roth,
들에 핀 작은 장미 한 송이Röslein auf der Heiden.

그리고 그 거친 아이는 꺾고 말았네,Und der wilde Knabe brach
들에 핀 작은 장미 한 송이를.'s Röslein auf der Heiden;
작은 장미는 저항하며 그 아이를 찔렀네.Röslein wehrte sich und stach,
하지만 고통이나 비명도 아무 소용없이Half ihm doch kein Weh und Ach,
작은 장미는 그저 고통을 견뎌야만 했네.Mußt' es eben leiden.
작은 장미 한 송이, 작은 장미 한 송이, 작고 붉은 장미 한 송이,Röslein, Röslein, Röslein roth,
들에 핀 작은 장미 한 송이Röslein auf der Heiden.

쉬어가기 53 문장의 ... 안에 적당한 말로 네모 안을 채우시오 (ß→ss)

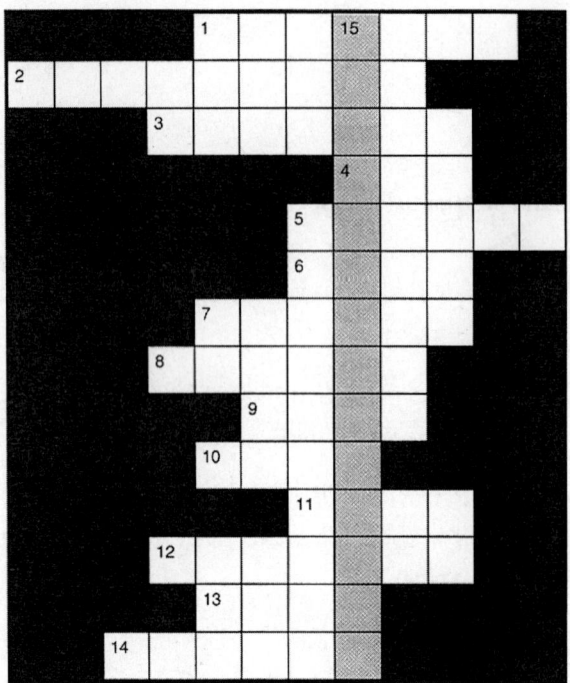

→1. Wo ist hier die Goethe...?
2. Gehen Sie zuerst rechts, dann immer ....
3. Haben Sie ...? Kann ich Sie anrufen?
4. ... ist Ihre Telefonnummer?
5. Bitte, bitte, ... zu danken.
6. Danke ... .
7. Das weiß ich ... nicht. Ich bin nicht von hier.
8. Meine Telefon... ist 74551.
9. Ich möchte ... Herrn Hase sprechen.
10. Wie war Ihr Name ... mal?
11. Hallo! Hallo! Ich ... Sie sehr schlecht.
12. Wie bitte? Wer ist am ...?
13. Gehen Sie da links um die ... .
14. Sehen Sie, da ... rechts ist die Post.
↓15. Am Telefon sagt man nicht „auf Wiedersehen", man sagt „..."

쉬어가기 54 가을날 Herbsttag
-라이너 마리아 릴케 Rainer Maria Rilke

주여, 때가 되었습니다. 여름은 정말 위대했습니다.
Herr : es ist Zeit. Der Sommer war sehr groß.
당신의 그림자를 해시계 위에 드리우시고
Leg deinen Schatten auf die Sonnenuhren,
들판에는 바람들을 풀어놓으십시오.
und auf den Fluren laß die Winde los.

마지막 남은 과일들에게는 무르익으라고 명하소서.
Befiehl den letzten Früchten voll zu sein;
그들에게 더 남쪽의 날들을 이틀 더 허락하셔서,
gieb ihnen noch zwei südlichere Tage,
그들을 마저 영글게 하시고 진한 포도주에는
dränge sie zur Vollendung hin und jage
마지막 단맛을 불어넣어 주소서.
die letzte Süße in den schweren Wein.

지금 집이 없는 사람은 더 이상 자신의 집을 짓지 못할 것입니다.
Wer jetzt kein Haus hat, baut sich keines mehr.
지금 혼자인 사람은 오랫동안 혼자일 것이며,
Wer jetzt allein ist, wird es lange bleiben,
잠들지 못한 채 책을 읽고 긴 편지를 쓸 것입니다.
wird wachen, lesen, lange Briefe schreiben
그리고 나뭇잎이 휘날릴 때면 가로수 길을
und wird in den Alleen hin und her
불안하게 이리저리 헤매고 다닐 것입니다.
unruhig wandern, wenn die Blätter treiben.

쉬어가기 55   고요한 밤, 거룩한 밤 Stille Nacht, heilige Nacht
-요제프 모오/프란츠 그루버 Joseph Mohr/Frantz Gruber

고요한 밤, 거룩한 밤!Stille Nacht, heilige Nacht!
모두가 잠자는데, 외롭게 깨어있네, Alles schläft, einsam wacht
사랑스럽고 거룩한 부부만.Nur das traute, hochheilige Paar.
고수머리 귀여운 아가야,Holder Knabe im lockigen Haar,
천국의 평안 속에서 잘 자라, Schlaf in himmlischer Ruh,
천국의 평안 속에서 잘 자라. Schlaf in himmlischer Ruh.

고요한 밤, 거룩한 밤!Stille Nacht, heilige Nacht!
하느님의 아들이여, 오, 얼마나 사랑스러운 미소가Gottes Sohn, o wie lacht
그대의 신과 같은 입가에 번지는지,Lieb aus deinem göttlichen Mund,
그때 우리에게 구원의 종소리가 들려오네,Da uns schlägt die rettende Stund,
그리스도, 그대가 태어났기에,Christ, in deiner Geburt,
그리스도, 그대가 태어났기에.Christ, in deiner Geburt.

고요한 밤, 거룩한 밤!Stille Nacht, heilige Nacht!
목동들이 맨 먼저 알렸네,Hirten erst kundgemacht,
이어 천사들이 할렐루야를 외치며 알렸네.Durch der Engel Halleluja.
멀리서 가까이서 크게 울려 퍼지네.Tönt es laut von fern und nah:
그리스도, 구주가 오셨도다,Christ, der Retter ist da,
그리스도, 구주가 오셨도다!Christ, der Retter ist da!

연습문제 Übungen

1 다음 두 문장이 같은 뜻이 되도록 _____ 안에 적당한 말은?

1. Kommen Sie bitte morgen zu mir!
   = Ich wünsche Ihnen, morgen zu mir _____.   zu kommen
   (나는 당신이 내일 저에게 오시기를 바랍니다)
2. Ich gehe jetzt zu Bett. = Ich gehe jetzt _____.   schlafen
   (나는 이제 잠자러 간다)
3. Es ist nicht schwer, dass man Deutsch lernt.
   = Es ist nicht schwer, Deutsch _____.   zu lernen
   (독일어는 배우기가 어렵지 않다)
4. Er kam nach Seoul, damit er Medizin studiert.
   = Er kam nach Seoul, _____ Medizin zu studieren.   um
   (그는 의학을 공부하기 위해 서울로 왔다)
5. Ich muss noch heute einen Brief schreiben.
   = Ich _____ noch heute einen Brief zu schreiben.   habe
   (나는 오늘 또 편지를 써야 한다)

2 다음 중 틀린 곳은?

6. Sie ging zu spazieren.   zu생략
   (그녀는 산보하러 갔다)
7. Ein fremder Herr stand da, statt mich zu fragen   statt→ohne
   (한 낯선 남자가 나에게 묻지 않고 거기에 서 있었다)
8. Das Wasser hat nicht zu trinken.   hat→ist
   (그 물은 마실 수 없다)
9. Ein neues Auto bleibt vor dem Haus zu stehen.   zu생략
   (새 차 한 대가 집 앞에 서 있다)

10. Wahrheit gesagt, habe ich ihn geschlagen. (진실을 말하자면, 내가 그를 때렸다. j-n schlagen : 때리다)	gesagt→zu sagen
11. Meine Mutter ist mit dem Auto einzukaufen gegangen. (우리 어머니는 자동차를 타고 쇼핑을 하러 갔다)	einzukaufen→ einkaufen

3 다음 중 절을 구로 바꾸시오

12. Es ist leicht, dass man diese Aufgabe löst. (이 숙제는 풀기가 쉽다. die Aufgabe : 숙제, 의무, 과업)	diese Aufgabe zu lösen
13. Er lernt Englisch, ohne dass er in die Schule geht. (그는 학교에 가지 않고 영어를 배운다)	ohne in die Schule zu gehen
14. Man lebt nicht, damit man isst. (사람들은 먹기 위해 살지 않는다)	um zu essen
15. Die Tochter hilft, dass die Mutter kocht. (딸이 엄마가 요리하는 것을 돕는다)	**der** Mutter kochen
16. Braun geht ins Theater, statt dass er ins Kino geht. (브라운은 영화관에 가지 않고 극장에 간다)	statt ins Kino zu gehen
17. Wenn ich ehrlich sage, ich mag ihn nicht. (솔직히 말하자면, 나는 그를 좋아하지 않는다)	Um ehrlich zu sagen /ehrlich gesagt

4 다음 _____에 적당한 말은?

18. _____ ist schön, im Wald spazieren zu gehen (숲에서 산보하는 것은 멋지다. der Wald : 숲)	Es
19. Ich habe keine Lust _____ singen. (나는 노래부르고 싶지 않다. die Lust : 기호, 욕망, 소망, 환락)	zu
20. Er _____ mir ziemlich reich zu sein. (그는 내게 상당히 부자인 것처럼 보인다. ziemlich : 상당히)	scheint
21. Das Buch _____ leicht zu lesen. (그 책은 쉽게 읽을 수 있다)	ist

22. _____ es frei zu sagen, mein Onkel ist kein Millionär.　　Um
　　(솔직히 말하자면, 우리 삼촌은 백만장자가 아니다)

5 다음 (　　)의 동사를 적당한 형태의 분사로 고치시오

23. Ein _____ kam einmal in unsere Stadt.(reisen)　　Reisender
　　(한 여행객이 언젠가 우리 도시에 왔다)
24. Das ist ein leicht zu _____ Buch.(lesen)　　lesendes
　　(그것은 쉽게 읽을 수 있는 책이다)
25. Der Richter glaubte dem _____ nicht.(anklagen)　　Angeklagten
　　(판사는 피고를 믿지 않았다. anklagen : 누구를 고소하다)
26. Eine arm _____ lag auf der Straße.(verlassen)　　Verlassene
　　(불쌍하게 버림받은 한 여자가 거리에 누워 있었다.
　　arm : 불쌍한, 가난한)
27. Ich habe einen _____ Handschuh noch nicht　　verlorenen
　　gefunden.(verlieren)(나는 잃어버린 장갑 하나를 아직 찾지
　　못했다. der Handschuh : 장갑)
28. Der Mensch ist ein _____ Rohr.(denken)　　denkendes
　　(인간은 생각하는 갈대다. das Rohr : 갈대)
29. Viele _____ marschieren durch die Straße.(fangen)　　Gefangene
　　(많은 포로들이 거리를 행진하고 있다. marschieren : 행진하다.
　　fangen : 잡다, 체포하다. der Gefangene : 죄수, 포로)
30. Der Lehrer hat einem _____ Schüler ein Buch　　gelobten
　　geschenkt.(loben)(선생님은 칭찬 받은 학생에게 책 한 권을
　　선물했다. loben : 칭찬하다)
31. Ein wilder Hund kam _____(laufen)　　gelaufen
　　(들개 한마리가 달려 왔다. wild : 야성의. der Hund : 개)
32. Geben Sie mir _____ Ei!(kochen)　　gekochtes
　　(저에게 삶은 계란 하나를 주십시오! das Ei : 계란)

33. Die Strafe _____, ging er nicht in die Schule.(fürchten) (벌이 무서워서, 그는 학교에 가지 않았다)	fürchtend
34. Ihr _____ Mann war sehr klug.(sterben) (돌아가신 그녀의 아버지는 매우 영리했다)	gestorbener
35. Die Lehrerin antwortete _____.(lächeln) (여선생은 미소를 지으면서 대답했다)	lächelnd
36. Dies ist die zu _____ Tat.(loben) (이것은 칭찬받아야 할 행동이다. die Tat : 행동, 범죄)	lobende
37. Meine Uhr ist jetzt stehen _____.(bleiben) (내 시계는 이제 멎어 버렸다. stehenbleiben : 멎다, 정지하다)	geblieben

6 다음 두 문장이 같은 뜻이 되도록 _____ 안에 적당한 말을 넣으시오

38. Dieser Student ist zu loben. = Dieser Student _____ gelobt werden. (이 학생은 칭찬받을 수 있다)	kann
39. Dies hörend, weinte sie stark. =_____ sie dies hörte, weinte sie stark. (이것을 들었을 때 그녀는 몹시 울었다. weinen : 울다)	Als
40. Um richtig zu sagen, ich habe keine Lust, mit dir zu tanzen. = _____ ich richtig sage, habe ich keine Lust, mit dir zu tanzen.(솔직히 말하자면, 나는 너와 춤을 추고 싶지 않다)	Wenn
41. Das Problem kann leicht gelöst werden. = Das Problem _____ sich leicht lösen. (그 문제는 쉽게 풀릴 수 있다)	lässt

7 다음 밑줄친 부분을 분사 구문으로 바꾸시오

42. <u>Indem er das sagte</u>, setzte er sich auf den Stuhl.
    (그는 그것을 말하면서 의자에 앉았다)
43. <u>Nachdem ich in Seoul angekommen war</u>, besuchte ich meinen Freund.
    (서울에 도착한 이후에 나는 친구를 방문했다)
44. <u>Weil sie den Verlust fürchteten</u>, zogen sie zurück.(손실이 두려워서 그들은 뒤로 물러섰다.
    der Verlust : 손실, 손해. zurückziehen : 물러서다)

Das sagend,

In Seoul angekommen,

Den Verlust fürchtend,

쉬어가기 56 내가 만일 작은 새라면 Wenn ich ein Vöglein wär'
-아힘 폰 아르님/클레멘스 브렌타노(편)
-Achim von Arnim/Clemens Brentano (Hrsg.)

내가 만일 작은 새라서 Wenn ich ein Vöglein wär'
두 날개도 갖고 있다면 Und auch zwei Flüglein hätt',
당신에게 날아갈 텐데. Flög' ich zu dir.
하지만 그럴 수 없기 때문에 Weil es aber nicht kann sein,
나는 여기에 머물러 있네. Bleib' ich allhier.

내가 비록 당신과 멀리 떨어져 있어도, Bin ich gleich weit von dir,
나는 잠이 들면 당신 옆에서 Bin ich doch im Schlaf bei dir,
당신과 함께 이야기를 나누네. Und red' mit dir;
하지만 내가 잠에서 깨어나면 Wenn ich erwachen tu',
나는 혼자라네. Bin ich allein.

내 마음은 밤에 늘 깨어있어 Es vergeht keine Stund' in der Nacht,
당신을 생각하지 않고 Da mein Herze nicht erwacht,
지나가는 순간은 단 한 번도 없네. Und an dich gedenkt,
그래서 당신은 내게 수천 번이나 Dass du mir viel tausendmal,
당신 마음을 내게 선물로 주었네. Dein Herz geschenkt.

제22장 접속법

1. 접속법의 형태

독일어의 화법에는 직설법, 명령법, 접속법의 3가지가 있는데, 각 화법에 따라 말하는 방법이 다르기 때문에, 인칭어미가 다를 수 밖에 없다. 각 화법에 따른 그 인칭어미는 다음과 같다.

(1) 직설법

A. 현 재

ich	동사의 어간	+ e	wir _____	+ en
du	_____	+ st	ihr _____	+ t
er, sie, es _____		+ t	sie, Sie _____	+ en

B. 과 거

ich	동사의 과거형		wir _____	+ en
du	_____	+ st	ihr _____	+ t
er, sie, es _____			sie, Sie _____	+ en

(2) 명령법

du	ihr	Sie
어간 + (e)!	어간 + t !	어간 + en Sie !

(3) 접속법

A. I 식

ich	동사의 어간	+ e	wir _____	+ en
du	_____	+ est	ihr _____	+ et
er, sie, es _____		+ e	sie, Sie _____	+ en

B. II식

ich	동사의 과거형	+ e	wir	_____	+ en
du	_____	+ est	ihr	_____	+ et
er, sie, es	_____	+ e	sie, Sie	_____	+ en

접속법에는 Ⅰ식과 Ⅱ식 2가지가 있지만 그 형태상의 차이는 인칭어미에 있는 것이 아니라, 어미가 붙는 기본형에 있다. 접속법 Ⅰ식은 그 기본형이 현재형 어간이고, Ⅱ식은 과거형이다. 가령 gehen동사의 접속법 Ⅰ식의 기본형은 geh이고 Ⅱ식의 기본형은 ging이다.

강변화동사의 과거형에 a, o, u가 있을 때 Ⅱ식의 기본형은 그것들을 변모음 시켜준 형태가 되어야 한다. 가령 werden의 접속법 Ⅱ식의 기본형은 würde가 된다. 접속법이 Ⅰ식과 Ⅱ식으로 나뉘어져 있는 것은 그 용법상의 차이 때문이다. Ⅰ식은 간접화법이나 기원문 등에, Ⅱ식은 비현실화법이나 소망문 등에 쓰인다.

접속법의 시제는 현재, 과거, 미래, 미래완료 등 4개로 나뉘어진다. 직설법 현재는 접속법 현재로, 직설법 과거, 현재완료, 과거완료는 접속법 과거로 대치된다. 직설법 시제 현재, 과거, 현재완료, 과거완료 중 접속법 Ⅰ식은 현재와 현재완료형을, 접속법 Ⅱ식은 과거와 과거완료를 이용해서 만든다.

접속법 Ⅰ식과 Ⅱ식은 그 형태가 직설법의 4가지의 문장형태 중 각각 2개씩 빌려 활용해서 만든 것으로 접속법 Ⅰ식과 Ⅱ식의 현재는 단순시칭의 형태로 과거는 복합시칭의 형태로 나타난다. 접속법 Ⅰ식과 Ⅱ식은 각각 2개의 문장형태로 직설법의 4개의 문장형태를 대신해야하기 때문이다.

직 설 법		접 속 법
현 재	⟹	현 재
과 거 ⎫		
현재완료 ⎬	⟹	과 거
과거완료 ⎭		
미 래	⟹	미 래
미래완료	⟹	미래완료

2. 접속법 I식

(1) 시 제

접속법 I식은 현재, 과거, 미래, 미래완료의 4가지 시제표현을 가지고 있다.

A. 현 재

동사의 현재형 어간에 위에서 말한 일정한 어미를 붙여서 만든다.(예외 : sein동사) 접속법의 인칭어미는 I식과 II식 구분없이 동일하지만, 어떤 동사를 접속법 I식으로 어미변화시켰지만 그 형태가 직설법과 같아 직설법인지 접속법인지 구분할 수 없을 때에는 접속법 II식을 사용한다.

강변화 동사	약변화 동사	어미 -e를 가지는 동사	화법 조동사	보조 동사
ich **käme**	ich **plante**	ich **schnitte**	ich **dürfe**	ich **hätte**	ich **würde**
du kommest	du planest	du schnittest	du dürfest	du habest	du werdest
er komme	er plane	er schneide	er dürfe	er habe	er werde
wir **kämen**	wir **planten**	wir **schnitten**	wir **dürften**	wir **hätten**	wir **würden**
ihr kommet	ihr planet	ihr schnittet	ihr dürfet	ihr habet	ihr würdet
sie **kämen**	sie **planten**	sie **schnitten**	sie **dürften**	sie **hätten**	sie **würden**

> **참고** sein동사는 접속법 I식에서 예외적인 형태를 취한다.
>
> ich **sei**   wir **seien**
> du **sei(e)st**   ihr **seiet**
> er **sei**   sie **seien**

B. 과 거

과거형은 sein이나 haben의 접속법 I식 형태와 과거분사를 결합하여 만든다.

Ich sei gekommen   Ich **hätte** geplant
Du sei(e)st gekommen   Du habest geplant

C. 미 래

미래시제는 위의 werden의 형태와 부정형을 결합하여 만든다.

Ich	**würde**	kommen	Wir	**würden**	kommen
Du	werdest	kommen	Ihr	**würdet**	kommen
Er	werde	kommen	Sie	**würden**	kommen

D. 미래 완료

미래 완료시제는 **werden**의 접속법 I식 형태와 현재완료형을 결합하여 만든다.

Ich **würde** gekommen sein   Ich **würde** geplant haben
Du werdest gekommen sein   Du werdest geplant haben

참고 직설법과 접속법 I식의 시제비교

직 설 법				접속법 I식		
a. 현 재	Er	fährt		현 재	Er	fahre
b) 과 거	Er	fuhr	⎫	과 거	Er	sei gefahren
현재완료	Er	ist	gefahren ⎬			
과거완료	Er	war	gefahren ⎭			
과 거	Er	sah	⎫	과 거	Er	habe gesehen
현재완료	Er	hat	gesehen ⎬			
과거완료	Er	hatte	gesehen ⎭			
c) 미 래	Er	wird	fahren	미 래	Er	werde fahren
d) 미래완료	Er	wird	gefahren sein	미래완료	Er	werde gefahren sein

(2) 접속법 I식의 용법

A. 간접 화법

간접 화법에서는 접속법 I식을 쓰는 것이 원칙이나 직설법의 현재형과 형태가 같을 경우에는 접속법 II식을 사용한다. **간접 화법에서는 인칭 대명사를 적당하게 고쳐야 한다. hier도 dort로 바꾸어준다.**

① 평서문 : 접속사는 dass이며, dass가 있으면 문장은 후치되지만 생략되면 정치된다.

Karl sagte : "Ich schreibe einen Brief." (직접 화법)
(칼은 말했다 : "나는 편지를 쓸거야")
Karl sagte, **dass er** einen Brief **schreibe.** (간접 화법)
→ Karl sagte, **er schreibe** einen Brief. (간접 화법)
(칼은 편지를 쓰겠다고 말했다)

Karl erzählte : "Fritz **hatte** gestern noch Besuch und **ist** heute früh **abgefahren,** nachdem er seinen Eltern ein Telegramm **geschickt hatte.**"
(직접화법)(칼은 이야기 했다 : "프리츠는 어제 손님이 있었는데, 부모님에게 전보를 친 후에 오늘 아침 일찍 떠났다")
→ Karl erzählte, Fritz **habe** gestern noch Besuch **gehabt** und **sei** heute früh **abgefahren,** nachdem er seinen Eltern ein Telegramm **geschickt habe.**
(간접화법)(칼은 프리츠가 어제 손님이 있었는데, 부모님에게 전보를 보낸 후에 오늘 아침 일찍 떠났다고 이야기했다)

② 명령문 : unbedingt(무조건)등 강한 명령은 müssen을, 일반적인 명령문은 sollen을, 존칭 Sie에 대한 명령문은 mögen을 넣는다
Karl sagte mir : "Komm doch morgen **unbedingt** zu **uns**! Ruf aber vorher an, wann **wir dich** erwarten können!"(직접 화법)
(칼은 나에게 말했다 : "내일 무조건 우리에게 와라! 그러나 그전에 우리가 너를 언제 기대할 수 있을지 전화해라!" erwarten : 무엇을 기대하다, 누구를 기다리다)
→ Karl sagte mir, ich **müsse** morgen **unbedingt** zu **ihnen** kommen. Ich **solle** aber anrufen, wann **sie mich** erwarten **könnten**(간접 화법) (칼은 나에게 내일 무조건 오라고 말했다. 그러나 그전에 언제 그들이 나를 기대할 수 있을지 전화해야 한다고 말했다)

③ 의문사가 없는 의문문 : 접속사는 ob을 사용한다
Hans fragte Erika : "Hast du den Brief geschrieben?"
(한스는 에리카에게 묻는다 : "니는 편지를 썼니?")
→ Hans fragte Erika, **ob** sie den Brief geschrieben habe.
(한스는 에리카가 편지를 썼는지 물었다)

④ 의문사가 있는 의문문 : 의문사를 접속사로 사용한다.
Er fragte uns : "**Wohin** sind **Sie** gegangen?"
(그는 우리에게 물었다 : 당신은 어디로 갔습니까?)
→ Er fragte uns, **wohin wir** gegangen seien.
(그는 우리가 어디로 갔는지 우리에게 물었다)

B. 기원문

Lang **lebe** der König!(왕이시여 만수무강하소서!)

C. 기 타

① 양 보

Was … auch 등의 양보절에서는 화법조동사 mögen을 접속법 Ⅰ식의 형태로 넣어줄 수 있다. 양보절 다음의 문장은 정치문장을 더 자주 쓴다.

Was er auch **sage** (= **sagen möge**, = sagt, = sagen mag), ich glaube ihm nicht.(그가 무슨 말을 하더라도, 나는 그를 믿지 않는다)

Alle, **seien es Männer, seien es Weiber**, kommen auf die Straßen.
(모든 사람들이, 남자든 여자든, 거리로 나온다. das Weib : 여자)

② **es sei denn, dass** = wenn nicht = außer wenn : …이 아니라면

Ich kann meine Schulden nicht bezahlen, **es sei denn, dass** mir mein Vater Geld schickt.
(아버지가 나에게 돈을 보내주지 않는다면, 나는 나의 빚을 갚을 수 없다. die Schuld : 과오, die Schulden : 빚)

Er kommt, **es sei denn, dass** er krank ist.
(아프지 않으면 그는 올 것이다)

3. 접속법 Ⅱ식

(1) 접속법 Ⅱ식의 형태와 시제

A. 현 재

동사의 과거의 어간모음에 a, o, u가 있으면 변모음되지만, 약변화동사는 변모음되

지 않으며 직설법 과거와 형태가 일치한다. 따라서 접속법 Ⅱ식인지 직설법 과거형 인지 구분할 수 없기 때문에 이 경우에는 **'würden + 동사의 원형'**의 형태를 사용한다.

아래 도표의 helfen동사처럼 몇개의 강변화동사와 혼합변화동사는 접속법 Ⅱ식 모음이 직설법 과거의 모음과 일치하지 않는 경우가 있다. 하지만 이런 형태의 동사는 드물게 사용하고 약변화동사와 마찬가지로 **'würden + 동사의 원형'**을 선호한다. 기타의 경우에는 접속법 Ⅱ식을 사용해도 되고, **'würden + 동사의 원형'**의 형태로 바꾸어도 무방하다.

fahren(fuhr)	fragen(fragte)	sein(war)	haben(hatte)	werden(wurde)	helfen(half)
ich führe	ich **würde** fragen	ich wäre	ich hätte	ich würde	ich hülfe
du führest	du **würdest** fragen	du wärest	du hättest	du würdest	du hülfest
er führe	er **würde** fragen	er wäre	er hätte	er würde	er hülfe
wir führen	wir **würden** fragen	wir wären	wir hätten	wir würden	wir hülfen
ihr führet	ihr **würdet** fragen	ihr wäret	ihr hättet	ihr würdet	ihr hülfet
sie führen	sie **würde** fragen	sie wären	sie hätten	sie würden	sie hülfen

B. 과 거

접속법 Ⅱ식의 과거형은 조동사 haben이나 sein의 접속법 Ⅱ식 형태와 과거분사를 결합하여 만든다.

부 정 형	접속법 Ⅱ식의 과거	
haben	ich hätte gehabt,	du hättest gehabt...
sein	ich wäre gewesen,	du wär(e)st gewesen...
arbeiten	ich hätte gearbeitet,	du hättest gearbeitet...
bleiben	ich wäre geblieben,	du wär(e)st geblieben...
kommen	ich wäre gekommen,	du wär(e)st gekommen...
ziehen	ich hätte gezogen,	du hättest gezogen...

C. 미래와 미래 완료

Ich **würde** kommen, wenn das Wetter besser wäre.
(날씨가 더 좋으면 나는 올 것이다)

Wenn er sparsam wäre, dann **würde** er reich sein.
(그가 절약하면 그는 부자가 될 것이다. sparsam : 절약하는. reich : 부유한, 부자의)

Bis Monatsende **würde** er die Lösung **gefunden haben**.
(월말까지 그는 해결책을 찾게 될 것이다. die Lösung : 해결책)

접속법 Ⅱ식의 미래를 제 1조건법, 미래완료를 제 2조건법이라고 한다. 제 1 조건법은 직설법을 접속법 Ⅱ식으로 고쳤는데도 그 형태가 직설법 과거와 구분이 되지 않을 때 사용하며, 제 2 조건법은 위의 미래완료나 아래와 같이 접속법 Ⅱ식문장의 과거 대용으로 사용한다.

Ich **kaufte** mir einen Anzug, wenn mein Vater Geld schickte.
→ Ich **würde** mir einen Anzug **kaufen**, wenn mein Vater Geld schickte.
(나의 아버지가 돈을 보내주신다면 나는 양복을 살 것이다)

Wenn er das gesagt hätte, so **hätte** er falsch **gesprochen**.
→ Wenn er das gesagt hätte, so **würde** er falsch **gesprochen haben**.
(그가 그것을 말했다면, 그는 잘못 말했을 것이다)

참고 직설법과 접속법 Ⅱ식의 시제비교

직 설 법	접 속 법 Ⅱ식
a) 현 재 Er fährt	현 재 Er führe
b) 과 거 Er fuhr 현재 완료 Er ist gefahren 과거 완료 Er war gefahren	과 거 Er wäre gefahren
과 거 Er las 현재 완료 Er hat gelesen 과거 완료 Er hatte gelesen	과 거 Er hätte gelesen
c) 미 래 Er wird fahren	미 래 Er würde fahren
d) 미래 완료 Er wird gefahren sein	미래 완료 Er würde gefahren sein

(2) 접속법 II식의 용법

A. 가정적인 반대 사실

Ich **wäre** nicht so lange hier **geblieben.**
(나라면 그렇게 오랫동안 머물지 않았을 것이다)
Aber er ist lange hier geblieben.
(하지만 그는 여기 오래 머물렀다)

Ich **hätte** diesen Anzug nicht **gekauft.**
(나라면 이 양복을 사지 않았을 것이다)
Aber er kaufte diesen Anzug.
= Aber er hat diesen Anzug gekauft.
(그러나 그는 이 양복을 샀다)

Ich **würde** diesen Anzug nicht **kaufen.**
(나라면 이 양복을 사지 않을 것이다)
Aber er kauft diesen Anzug.
(그러나 그는 이 양복을 산다)

Das Buch **hättest** du aber **lesen sollen.**
(너는 그 책을 정말 읽어야 했다)
Aber das Buch hast du nicht gelesen.
(그러나 너는 그 책을 읽지 않았다)

B. 비현실적인 조건 문장

Wenn ich Zeit **hätte, würde** ich heute ins Kino gehen.
(내가 시간이 있다면, 나는 오늘 극장에 갈 것이다)

Wenn ich Sie **besucht hätte, hätte** ich das Buch **mitgebracht.**
(내가 당신을 방문했다면, 그 책을 가져왔을 것이다)

Wenn ich fertig **gewesen wäre, wäre** ich **mitgekommen.**
(내가 끝마쳤다면, 같이 왔을 것이다)

C. 비현실적인 소원 문장

Wenn er doch heute **käme**!
(그가 오늘 온다면 좋으련만!)

Wenn er nur rechtzeitig **gekommen wäre**!
(그가 제때에 왔다면 좋았을 텐데!)

Wenn er es doch sagen **würde**!
(그가 그것을 말하면 좋을 텐데!)

Hätten Sie doch **gewartet**!
(당신이 기다렸다면 좋으련만!)

D. 접속법 II식의 기타 용법

① 'beinahe, fast, bald, um ein Haar, bei einem Haare(하마터면)'가 쓰인 문장들은 이미 기대되었던 어떤 일이 발생하지 않았음을 표현한다. 따라서 접속법 II식의 과거형태를 사용한다.

Ich **hätte** die Prüfung **beinahe** nicht **bestanden**.
(나는 하마터면 시험에 합격하지 못할 뻔 했다)

Fast hätte ich den Bus nicht mehr **erreicht**!
(나는 하마터면 버스를 더 이상 못 탈 뻔 했다)

② Wenn이하의 종속절이 없이 현실과 비현실 문장이, 다시 말해 직설법과 접속법 문장이 함께 병존할 수도 있다.

Er **könnte** mir Geld leihen, aber er **will** nicht.
(그는 나에게 돈을 빌려줄 수 있을 것이다. 그러나 그는 그렇게 하려고 하지 않는다)

Ich **hätte** dich **besucht**, aber ich **hatte** deine Adresse nicht.
(나는 너를 방문했을 것이다. 그러나 나는 너의 주소가 없었다)

③ 비현실 결과 문장

결과 문장은 대개 zu로 강조된 부사와 관계를 맺는다. zu는 어떠한 것이 가능성의 범위 또는 인내의 한계를 벗어나서 als-문장에서 나타나는 결과가 일어날 수 없음을 나타낸다. 따라서 als dass로 이끌어지는 부문장은 접속법 II식의 형태를 띠게 된다. 이 문장은 so...dass nicht의 직설법 문장으로 고칠 수 있다.

Es ist **zu** spät, **als dass** wir noch bei ihm anrufen **könnten.**
= Es ist **so** spät, **dass** wir noch bei ihm **nicht** anrufen können.
(너무 늦어서 우리는 그에게 전화를 할 수가 없다
= 전화를 걸 수 있기에는 너무 늦다.)

④ 'an jemandes Stelle(누구의 입장이라면)' 다음에도 일반적으로 접속법 II식이 나온다.

An deiner Stelle würde ich das nicht machen.
= **Wenn ich du wäre, würde** ich das nicht machen.
(내가 너라면 나는 그것을 하지 않을 것이다)

E. 화법 조동사의 접속법 II식

① 정중한 물음(könnten, dürften)

Dürfte(Könnte) ich Sie bitten (darum), das Fenster zu schließen?
(창문을 좀 닫아 달라고 당신에게 부탁을 좀 할 수 있을까요?)

'würden + 동사의 원형'으로도 정중한 부탁을 표현할 수 있다.

Würden Sie mir bitte einen Gefallen tun?
(제발 저에게 호의를 베풀어 주시겠습니까? das Gefallen : 마음에 듦, 기쁨. der Gefallen : 호의)

Würden Sie vielleicht gegen zehn Uhr noch mal anrufen?
(혹시 10시경에 한 번 더 전화해 주시겠습니까?)

② 매우 조심스런 추측(könnten, dürften)

Das Buch **könnte** im Bücherschrank stehen.
(그 책은 책장에 놓여 있을지 모른다)
Er **dürfte** 18 Jahre alt sein.
(그는 18세쯤 되었을 것이다)

③ 당위적 의미(sollten)

Du **solltest** etwas früher kommen.
(너는 좀 더 일찍 와야 한다)

④ 충고와 권유(sollten)

Man **sollte** das nächstens anders machen.
(그것을 다음에는 다르게 하는 것이 좋다. nächstens : 다음에)
Dieses Buch **sollte** man lesen.
(이 책을 읽는 것이 좋다)

⑤ 의심과 주저(sollten)

Sollte das wirklich wahr sein?
(그것이 정말 사실일까?)
Sollte das sein Ernst sein?
(그것이 그의 진심일까? der Ernst : 진심)

F. hätten gern + 명사 = würden gern + 동사의 원형 : 무엇을 하고 싶다, 사고 싶다

Ich **hätte gern** ein Kilo Kartoffeln.
= Ich **würde gern** ein Kilo Kartoffeln **kaufen**.
(저는 감자 1킬로를 사고 싶습니다. **상점에서 물건을 살 때**)

연습문제 Übungen

1 다음 ( )안의 동사를 올바른 형태로 고치시오

1. Franz sagt, dass er sehr unglücklich _____.(sein) sei
   (프란쯔는 자신이 매우 불행하다고 말한다)
2. Der Lehrer fragt mich, was ich in der Hand _____.
   (haben) hätte
   (선생님이 내 손에 무엇이 있는지 나에게 묻는다)
3. Sie fragte dich, ob du morgen _____.(kommen) kommest
   (그녀는 네가 내일 올 것인지 너에게 물었다)
4. Ein Herr sagte mir, dass er seinen Weg nicht
   finden _____.(können) könne
   (한 남자가 길을 찾을 수 없다고 나에게 말했다)
5. Herr Wagner schrieb uns, dass er morgen ins
   Konzert _____.(gehen) gehe
   (바그너씨는 내일 콘서트에 갈 것이라고 우리에게 썼다)
6. Der Arzt sagt dem Kranken, dass er nicht rauchen
   _____.(sollen) solle
   (의사는 환자에게 담배를 피워서는 안된다고 말한다)
7. Mein Vater fragte mich, woher ich das denn
   _____(wissen) wisse
   (나의 아버지는 내가 그것을 도대체 어디에서 알았는지 내게 물었다)
8. Die Kranke fragte ihren Arzt, wann sie wieder
   aufstehen _____ (dürfen) dürfe
   (환자는 의사에게 자신이 언제 다시 일어나도 되는지 물었다)

2 다음 문장들을 간접 화법으로 고쳐쓰시오

9. Ich fragte ihn : "Was hast du?"
10. Er sagt : "Ich bin krank."
11. Der Vater sagte mir : "Geh nicht ins Kino!"
12. Ich sagte ihm : "Sei fleißig!"
13. Er sagte mir : "Ich habe ein Wörterbuch verloren."
14. Meine Mutter fragte mich : "Mit wem gingst du heute ins Kino?"
15. Ich bitte Sie : "Begleiten Sie mich bitte!"
16. Mein Vetter sagte mir : "Ich werde morgen abreisen."
17. Ein Gast fragt den Wirt : "Gibt es hier ein Opernhaus?".

정답

9. Ich fragte ihn, **was** er habe.
   (나는 그가 무엇을 가지고 있는지 그에게 물었다)
10. Er sagt, **dass** er krank **sei**.
    (그는 자신이 아프다고 말한다)
11. Der Vater sagte mir, dass ich nicht ins Kino gehen **solle**.
    (아버지가 내가 교회에 가서는 안된다고 내게 말했다)
12. Ich sagte ihm, dass er fleißig sein **solle**.
    (나는 그가 열심히 해야한다고 그에게 말했다)
13. Er sagte mir, dass er ein Wörterbuch **verloren habe**.
    (그는 사전을 잃어버렸다고 내게 말했다)
14. Meine Mutter fragte mich, mit wem ich heute ins Kino **gegangen sei**.
    (나의 어머니가 내가 오늘 누구와 극장에 갔는지 내게 물었다)
15. Ich bitte Sie, dass Sie mich begleiten **möchten**.
    (당신이 나를 바래다주기를 간청합니다. 존칭 Sie에 대한 명령문은 mögen을 사용!!)
16. Mein Vetter sagte mir, dass er morgen abreisen **werde**.
    (나의 사촌은 내일 출발할 것이라고 내게 말했다. abreisen : 출발하다, 여행을 떠나다)
17. Ein Gast fragt den Wirt, **ob** es **dort** ein Opernhaus **gebe**.
    (한 손님이 거기에 오페라하우스가 있는지 주인에게 묻는다)

쉬어가기 57 괴테의 명언

1. 우는 남자들은 선량한 자들이다. (서동시집)
2. 우리가 생각하는 것보다 훨씬 많은 것들이 이미 발견되어 있다. (금언과 성찰)
3. 인간은 노력하는 한 방황하는 것이다. (파우스트)
4. 저녁때가 되어서야 사람들은 집의 고마움을 알게 마련이다. (파우스트)
5. 선한 인간은 어두운 충동에 사로잡혀 있을 지라도, 항상 바른 길을 알고 있는 법이다. (파우스트)
6. 번쩍이는 것은 순간을 위해 생겨난 것이니, 참된 것은 후세까지 사라지지 않고 남는 법이다. (파우스트)
7. 중요한 것은 행위이지 명성이 아니다. (파우스트)
8. 태초에 행위가 있었느니라! (파우스트)
9. 오 거짓말에 화있을지라! 거짓말은 진실된 말처럼 우리 가슴을 시원하게 풀어주지 못하니. (만남과 이별)
10. 문학의 목소리를 듣지 못하는 자는, 그가 누구든 간에 야만인이다. (토르크바토 타소)
11. 우리들의 열정이야말로 진정 불사조이다. 옛 것이 다 타버리고 말면, 그 재 속에서 조심스럽게 다시 새 것이 소생한다. (금언과 성찰)
12. 지혜의 마지막 결론은 이것이다. 자유도 생명도 그것을 매일 매일 싸워 얻는 자만이 누릴 자격이 있는 것. (파우스트)
13. 멈추어라, 너는 너무도 아름답구나! 내가 세상에 남겨놓은 흔적은 영원히 사라지지 않을 것이다. 이같이 드높은 행복을 예감하면서 내 이제 최고의 순간을 맛보노라. (파우스트)

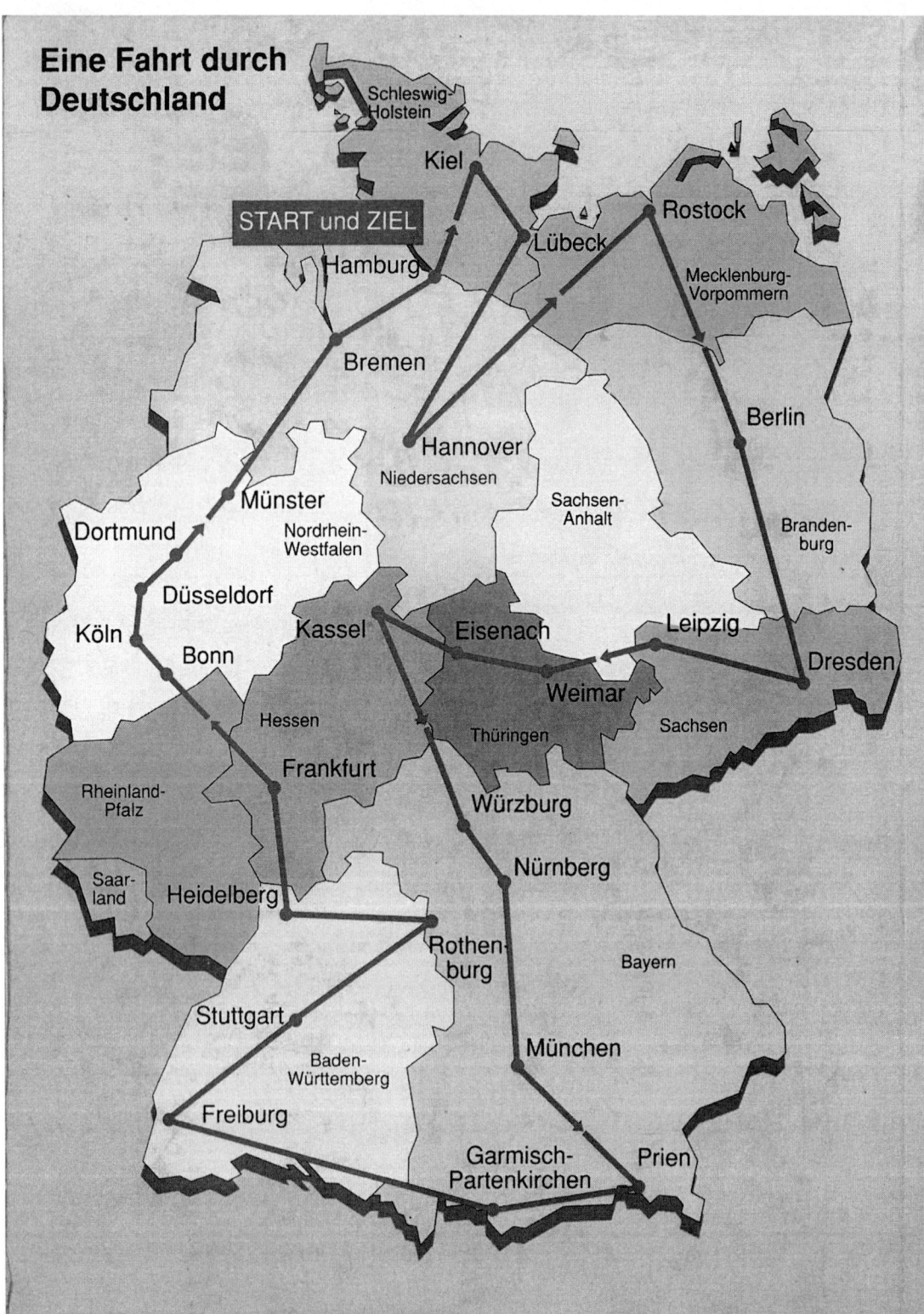

에필로그 독일 일주 여행

※ 다음 _____에 적당한 말을 넣으시오

1. Hamburg

① Hamburg ist bekannt für die Türme der fünf evangelisch-lutherische Hauptkirchen, St. Petri, St. Jacobi, St. Katharinen und _____, das Wahrzeichen der Stadt wie St. Nikolai.

② Besuchen Sie unbedingt _____ Sonntagmorgen den Hamburger Fischmarkt!

③ Auf der Reeperbahn sind die Lokale bis _____ frühen Morgen geöffnet.

④ Im Hafen liegen Schiffe aus _____ Welt.

⑤ _____ Sie in den Tierpark Hagenbeck hineingehen, müssen Sie Eintritt bezahlen.

⑥ Hamburg gilt als die Musical-Hauptstadt Deutschlands. Hier wurde Andrew Lloyd Webbers "Cats" zum ersten Mal in Deutschland _____.

해설

① 함부르크는 성 베드로, 성 야곱, 성 카타리나, 도시의 상징인 성 미카엘, 성 니콜라이 등 5개의 개신교 루터 중앙교회의 탑으로 유명합니다.
für etwas(4) bekannt : 무엇으로 유명한. der Turm : 탑. die Hauptkirche : 본 교회, 중앙교회. das Wahrzeichen : 상징.

② 당신은 일요일 아침 무조건 함부르크 어시장에 들러보십시오! besuchen : 들르다. unbedingt : 무조건. der Fischmarkt : 어시장.

③ 레퍼반 역은 새벽까지 술집들이 열려 있습니다. die Reeperbahn : 지하철 역 이름. das Lokal : 술집. bis zu etwas(3) : 언제까지. geöffnet : 열린 ↔ geschlossen : 닫힌

④ 항구에는 전 세계에서 온 배들이 정박해 있습니다. das Schiff : 배. aus aller Welt : 전 세계에서 온.

⑤ 당신은 히겐벡 동물원에 들어가려면 입장료를 지불해야 합니다. der Tierpark : 동물원. hineingehen : 들어가다. der Eintritt : 입장, 입장료.

⑥ 함부르크는 독일 뮤지컬의 수도로 여겨집니다. 여기서 독일 최초로 엔드류 로이드 웨버의 "캣츠"가 공연되었습니다. gelten als A : A로 여겨지다. zum ersten Mal : 처음으로. spielen : 놀다, 연주하다, 공연하다.

정답 ① St. Michaelis(Michel) ② am ③ zum ④ aller ⑤ Wenn, Ehe ⑥ gespielt

2. Kiel

① Kiel ist die Landeshauptstadt _____ Schleswig-Holstein.
② _____ Jahr im Juni findet die "Kieler Woche" statt.
③ Kiel liegt an _____ Ostsee.
④ Der Nord-Ostsee-Kanal ist die meistbefahren_____ künstliche Wasserstraße der Welt.
⑤ Das Hotel, _____ Adresse man Ihnen gab, ist recht preiswert.
6) Sie bleiben ein paar Tage, _____ die Seeluft tut Ihnen gut.

해설

① 킬은 슐레스비히 홀스타인의 주 수도입니다.
die Landeshauptstadt : 주 수도.
② 해마다 6월이면 "킬 주간"이 개최됩니다. jedes Jahr : 해마다. Kiel : 주 수도
③ 킬은 동해변에 위치하고 있습니다.
④ 북 동해 운하는 세계에서 가장 통행량이 많은 인공 수로 입니다.
der Kanal : 운하.
meistbefahren : 통행량이 가장 많은. künstlich : 인공의. die Wasserstraße : 수로.
⑤ 사람들이 당신에게 주소를 알려준 호텔은 정말 가격이 적당할 것 입니다. die Adresse : 주소. recht : 정말. preiswert : 가격이 적당한.
⑥ 당신은 며칠 머무를 것입니다. 왜냐하면 바닷바람이 당신에게 효과가 있을 것이기 때문입니다.
die Seeluft : 바닷바람. j-m gut tun : 누구에게 효과가 있다.

정답 ① von ② Jedes ③ der ④ -ste ⑤ dessen ⑥ denn

3. Lübeck

① Das bekannteste Bauwerk Lübecks ist das Holsten_____.
② Das Lübecker Marzipan _____ Ihnen besonders gut.
③ Lübeck ist der Geburtsort des bekannten deutschen Erzähler Thomas _____.
④ Die Stadt ist nur ca. 50 km _____ entfernt von Hamburg.
⑤ Sie besichtigen in der Altstadt zahlreich_____ bedeutende Baudenkmäler
⑥ Sie bedanken sich bei einem Passanten, _____ Ihnen den Weg zur Marienkirche gezeigt hat.

① 뤼벡의 가장 유명한 건축물은 홀스텐 성문입니다. das Bauwerk : 건축물. das Tor : 성문
② 뤼벡 마르치판은 당신에게 아주 맛이 있을 겁니다. der Marzipan : 과자의 일종. j-m schmecken : 누구에게 맛이 있다. besonders : 특히.
③ 뤼벡은 독일의 유명한 작가 토마스 만의 출생지입니다. der Geburtsort : 출생지. der Erzähler : 소설가, 작가
④ 이 도시는 함부르크에서 약 50킬로밖에 떨어져 있지 않습니다. ca. : 약. von etwas(3) weit entfernt : 무엇으로부터 떨어진.
⑤ 당신은 구시가지에서 수많은 중요한 건축물들을 보게 될 것입니다. die Altstadt : 구시가지. besichtigen : 구경하다. zahlreich : 수많은. bedeutend : 중요한. das Baudenkmal : 건축기념물.
⑥ 당신은 당신에게 마리아 교회로 가는 길을 알려준 행인에게 고마워할 것입니다. sich bei j-m bedanken : 누구에게 고마워하다. die Marienkirche : 마리아 교회. zeigen : 가리켜주다, 알려주다.

정답 ① -tor ② schmeckt ③ Mann ④ weit ⑤ -e ⑥ der

4. Hannover

① Auf der weltbekannten Hannover-_____ stellen viele Firmen ihre Produkte aus.
② Hannover ist die Landeshauptstadt von _____.
③ In Hannover spricht man keinen Dialekt, _____ Hochdeutsch.
④ Sie entschließen sich _____ Besuch der alten Kaiserstadt Goslar am Rande des Harzs.
⑤ Der Harz ist ein _____ südöstlich von Hannover.
⑥ Der _____ Hannover-Langenhagen ist wegen Nebels geschlossen. Sie können momentan leider nicht nach Berlin fliegen.

① 세계적으로 유명한 하노버 박람회에서는 많은 회사들이 물품들을 전시합니다. weltbekannt : 세계적으로 유명한. die Firma : 회사. das Produkt : 생산물. ausstellen : 전시하다.
② 하노버는 니더작센의 주 수도입니다.
③ 하노버에서는 방언을 말하지 않고 표준어를 말합니다. der Dialekt : 방언. das Hochdeutsch : 표준 독일어.
④ 당신은 하르츠 산맥 기슭의 오랜 황제 도시 고슬라를 방문할 결심을 할 것입니다. sich zu etwas(3) entschließen : 무엇을 하기로 결심하다. der Besuch : 방문. der Rand : 기슭, 가장자리. der Harz : 북부 독일의 산맥 이름.
⑤ 하르츠는 하노버 남동쪽에 있는 산맥입니다. von etwas(3) südöstlich : 무엇의 남동쪽에 있는. das Gebirge : 산맥.
⑥ 하노버 랑엔하겐 공항이 안개 때문에 폐쇄되어 있습니다. 당신은 당분간 유감스럽게도 베를린으로 비행기를 타고 갈 수 없습니다. der Nebel : 안개. momentan : 현재, 당분간.

정답 ① Messe ② Niedersachsen ③ sondern ④ zum ⑤ Gebirge ⑥ Flughafen

5. Rostock

① Nicht Rostock wurde die Landes_____, sondern Schwerin.
② Die Stadt _____ im Jahre 1942 stark zerstört.
③ Die Nikolai-und die Petrikirche sowie das Rathaus _____ aus dem 13. und dem 14. Jahrhundert.
④ Der Rostocker Hafen steht _____ Konkurrenz _____ Hamburger Hafen.
⑤ Wir machen einen Tagesausflug nach Stralsund. Von dort geht es nach Rügen, Deutschlands größter _____.
⑥ Rostock liegt in _____-Vorpommern.

해설

① 로슈톡이 아니라 슈베린이 주 수도가 되었습니다.
② 그 도시는 1492년 심하게 파괴되었습니다. zerstören : 파괴하다.
③ 니콜라이 교회와 베드로 교회 그리고 시청은 13세기와 14세기에 지어졌습니다.
　aus etwas(3) stammen : 무슨 시기에 지어졌다, 유래하다.
④ 로스톡 항구는 함부르크 항구와 경쟁하고 있습니다.
　zu etwas(3) in Konkurrenz stehen : 무엇과 경쟁하고 있다.
⑤ 우리는 슈트랄준트로 소풍을 갑니다. 거기서 독일에서 가장 큰 섬인 뤼겐 섬으로 갑니다. Tagesausflug : 하루 일정의 소풍. von dort : 거기서부터.
⑥ 로슈톡은 메클렌부르크 쏘어폼머른 주에 있습니다.

정답 ①-hauptstadt ② wurde ③ stammen ④ in, zum ⑤ Insel ⑥ Mecklenburg

6. Berlin

① Die ehemalige DDR-Regierung hatte am 13. August 1961 eine Mauer durch die Stadt bauen _____.

② Diese Mauer _____ im Herbst 1989 nach einer friedlichen Revolution.

③ Brandenburger _____ ist das wichtigste Wahrzeichender Stadt und gleichzeitig ein nationales Symbol, mit dem viele wichtige Ereignisse der Geschichte Berlins Deutschlands, Europas und der Welt des 20. Jahrhunderts verbunden sind.

④ Es lohnt sich bestimmt, das Pergamon-Museum _____ besuchen.

⑤ Der Kurfürstemdamm ist die bekannt_____ Straße Berlins.

⑥ Sie machen einen Tagesausflug _____ Postdam.

① 구 동독정부는 1961년 8월 13일에 도시를 두르는 장벽을 건설했습니다.
ehemalig : 옛날의. die Regierung : 정부. die Mauer : 벽. bauen lassen : 건설하게 하다.

② 이 장벽은 1989년 가을 평화혁명이 일어난 후 무너졌습니다. friedlich : 평화스러운. die Revolution : 혁명.

③ 브란덴부르크 문은 도시의 가장 중요한 상징이자 동시에 베를린, 독일, 유럽 그리고 20세기의 세계의 많은 중요한 사건들과 연관되어있는 국가 상징입니다.
das Wahrzeichen = das Symbol : 상징. wichtig : 중요한. das Ereignis : 사건. A mit B verbinden : A를 B와 연결시키다.

④ 페르가몬 박물관에 가보는 것은 정말 그럴 만한 가치가 있습니다. sich lohnen : 그럴 만한 가치가 있다. bestimmt : 정말, 분명히.

⑤ 쿠어퓨어스텐담은 베를린에서 가장 유명한 거리입니다.

⑥ 당신은 포츠담으로 소풍을 갑니다. der Tagesaugflug : 하루 일정의 소풍

정답 ① lassen ② fiel ③ Tor ④ zu ⑤ -este ⑥ nach

7. Dresden

① Die Höchstgeschwindigkeit betrug 100 _____ auf Autobahn.
② Der Dresdner Zwinger zählt _____ den besonderen Attraktionen Ihrer Reise.
③ Die Einkommen der Menschen in den Städten sind höher _____ die auf dem Lande.
④ In Dresden leben die Sachsen. Hier spricht man also _____ Dialekt.
⑤ Sie wissen nicht, _____ sich ein Besuch im Leipziger Industriegebiet überhaupt lohnt.
⑥ Die Nationale Volksarmee der früheren DDR ist jetzt Bestandteil der _____.

① 고속도로에서 최고 속도는 시속 100킬로였습니다.
Die Höchstgeschwindigkeit : 최고속도. betragen : 양이나 수가 얼마에 달하다. die Autobahn : 고속도로.
② 드리스덴 성탑은 당신 여행의 특별한 매력중 하나가 될 것입니다. der Zwinger : 성탑, 보루.
zu etwas(3) zählen : 무엇에 속하다. besonder : 특별한. die Attraktion : 매력.
③ 도시인의 수입은 농촌 사람들의 수입보다 높습니다. das Einkommen : 수입. auf dem Lande : 시골의.
④ 드레스덴에는 작센인이 살고 있습니다. 그래서 여기 사람들은 작센 방언을 말합니다. also : 그래서. der Dialekt : 방언.
⑤ 당신은 라이프치히 공업 지역을 방문하는 것이 도대체 그럴 만한 가치가 있는지 모를 것입니다. überhaupt : 노대체. sich lohnen : 가치가 있나. das Gebiet : 시역.
⑥ 구동독의 인민군은 이제 연방군의 일원입니다. die Volksarmee : 인민군. der Bestandteil : 부분. die Bundeswehr : 연방군

정답 ① km/h ② zu ③ als ④ sächsischen ⑤ ob ⑥ Bundeswehr

8. Leipzig

① Sie sind sehr _____ Besuch der Leipziger Messe interessiert.
② In Leipzig lebte und starb der berühmte _____ Johann Sebastian Bach.
③ Sie nehmen an einem Sprachkurs im Herder-Institut in Leipzig _____.
④ Sie haben eine Ansichtskarte vom alten Rathaus geschrieben und werfen sie in einen _____.
⑤ Ihr Zug hat _____. Er kommt leider nicht planmäßig in Leipzig an. Sie können also noch nicht nach Weimar weiterfahren!
⑥ Die Leipziger Bevölkerung war maßgeblich _____ der Revolution 1989 beteiligt.

① 당신은 라이프치히 박람회에 참가하는 것에 매우 관심이 있을 것입니다. der Besuch : 방문, 참가. an etwas(3) interessiert sein = für etwas(4) interessant sein : 무엇에 관심이 있다. die Messe : 박람회.
② 라이프치히에서는 유명한 작곡가 요한 세바스치안 바흐가 살다가 죽었습니다. berühmt : 유명한. der Komponist : 작곡가
③ 당신은 라이프치히의 헤르더 연구소의 어학 코스에 참가하게 될 것입니다. der Sprachkurs : 어학 코스. das Institut : 연구소. an etwas(3) teilnehmen : 무엇에 참가하다.
④ 당신은 오래된 시청건물이 찍힌 그림엽서를 하나 써서 우체통에 넣을 것입니다. die Ansichtskarte : 그림엽서. das Rathaus : 시청. der Briefkasten : 우체통. werfen : 던지다.
⑤ 당신 기차는 연착입니다. 기차는 유감스럽게도 제시간에 역에 도착하지 않습니다. 당신은 그래서 아직 바이마르로 계속해서 갈 수 없습니다! die Verspätung : 연착. planmäßig : 계획에 맞게, 시간에 맞게. ankommen : 도착하다.
⑥ 라이프치히의 시민들은 1989년의 혁명에 대규모로 참가했습니다. maßgeblich : 결정적으로, 대규모로. an etwas(3) beteiligt sein : 어디에 참여하다.

정답 ① am ② Komponist ③ teil ④ Briefkasten ⑤ Verspätung ⑥ an

9. Weimar

① In Weimar lebten und starben Johann Wolfgang von Goethe und dessen Freund Friedrich von Schiller.
② Nach einer Vorstellung im Deutschen Nationaltheater sind Sie _____ müde, dass Sie frühzeitig schlafen gehen.
③ Vor dem Goethe-Haus stehen die Besucher aus aller Welt _____.
④ Können Sie mir sagen, _____ ich zum Schloss Belvedere komme?
⑤ Sie besuchen die Nationale Mahn-und Gedenkstätte Buchenwald. Hier wurden im _____ Reich viele Menschen ermordet.
⑥ Die Häuser von Goethe, Schiller, Cranach und Liszt sind sehr sorgfältig renoviert _____.

해설

① 바이마르에서 요한 볼프강 폰 괴테와 그의 친구 프리드리히 폰 실러가 살다가 죽었습니다. sterben : 죽다
② 독일 국립극장에서 공연을 본 이후에 당신은 피곤해서 일찍 잠자러 갈 것입니다. die Vorstellung : 공연, 소개, 상상. müde : 피곤한. frühzeitig : 일찍. schlafengehen : 잠자러 가다.
③ 괴테의 집 앞에는 전 세계에서 온 방문객들이 줄을 서 있습니다. die Schlange : 뱀. Schlange stehen : 줄을 서 있다. aus aller Welt : 전 세계에서 온.
④ 당신은 저에게 벨베데레 성에 어떻게 가는 지 알려주실 수 있습니까? das Schloss : 성.
⑤ 당신은 부헨발트 국립 현충원을 방문할 것입니다. 여기서 제 3제국 시기에 많은 사람들이 학살당했습니다. die Mahn-und Gedenkstätte : 경고와 추념의 장소(현충원). ermorden : 학살하다
⑥ 괴테, 쉴러, 크라나흐, 리스트의 집들이 매우 조심스럽게 개조되었습니다. sorgfältig : 조심스럽게. renovieren : 개조하다

정답 ① Schiller ② so ③ Schlange ④ wie ⑤ Dritten ⑥ worden

10. Eisenach

① Auf der Wartburg bei Eisenach hat Martin Luther das Neue Testament aus dem Griechischen ins Deutsche _____.
② Sie _____ auf einem Esel den Berg hinauf zur Wartburg.
③ In Eisenach _____ man Automobile her.
④ Nach einer _____ durch den schönen Thüringer Wald tun Ihnen die Füße weh. Ruhen Sie sich aus! Reisen Sie noch nicht weiter nach Kassel!
⑤ Seit Luthers Reformation ist Norddeutschland überwiegend evangelisch. Die meisten Süddeutschen blieben aber _____.
⑥ Sie fahren _____ dem Zug weiter nach Kassel.

해설

① 아이제나흐 근처 바르트부르크 성에서 마르틴 루터가 신약을 그리스어에서 독일어로 번역했습니다. aus etwas(3) in etwas(4) übersetzen : ~을 ~으로 번역하다.
② 당신은 나귀 등을 타고 산을 올라 바르트부르크로 갈 것입니다. der Esel : 나귀. auf etwas(3) reiten : 무슨 동물을 타다. der Berg : 산
③ 아이제나흐에서 자동차를 생산합니다. herstellen : 생산하다. das Automobil : 자동차.
④ 아름다운 튀링엔 숲을 도보여행 한 이후 당신의 발이 아플 것입니다. 좀 쉬십시오! 아직 카셀로 가지 마십시오!. j-m wehtun : 누구에게 아프다. sich ausruhen : 쉬다.
⑤ 루터의 종교개혁 이후로 북독일은 주로 개신교가 되었습니다. 그러나 대부분의 남독일인들은 카톨릭으로 남아있었습니다. die Reformation : 종교개혁. überwiegend : 주로. evangelisch : 신교의 ↔ katholisch : 카톨릭의.
⑥ 당신은 이제 기차를 타고 카셀로 갈 것입니다. mit dem Zug fahren : 기차를 타고 가다.

정답
① übersetzt ② reiten ③ stellt ④ Wanderung ⑤ katholisch ⑥ mit

11. Kassel

① _____ vier Jahre findet in Kassel die "Documenta" statt. Das ist eine Ausstellung internationaler moderner Kunst.
② Wenn Sie mehr Zeit _____, würden Sie sich gern Schloss Wilhelmshöhe anschauen.
③ Kassel ist eine Stadt, _____ _____ viele Maschinen und Fahrzeuge hergestellt werden.
④ Im Museum Fridericianum _____ Sie nicht mit Blitzlicht fotografieren!
⑤ Im Bergpark Wilhelmshöhe befinden sich das Schloss Wilhelmshöhe, die Löwenburg und der _____, das Wahrzeichen der Stadt.
⑥ Sie wollen _____ der Autobahn weiter nach Würzburg fahren.

① 4년마다 카셀에서는 "도쿠멘타"가 개최됩니다. 그것은 국제 현대 미술 전시회입니다. alle vier Jahre : 4년마다. stattfinden : 개최되다, 열리다. die Ausstellung : 전시회.
② 당신은 시간이 좀더 있다면 빌헬름스회에 성을 구경하고 싶어할 것입니다. sich etwas(4) anschauen : 무엇을 구경하다.
③ 카셀은 많은 기계와 자동차가 생산되는 도시입니다. die Maschine : 기계. das Fahrzeug : 자동차, 탈 것. herstellen : 생산하다.
④ 프리데리키아눔 박물관에서 당신은 플래시를 터뜨리며 사진을 찍어서는 안 됩니다. das Blitzlicht : 섬광. fotografieren : 사진을 찍다.
⑤ 산악 공원 빌헬름스회에에는 빌헬름스회에 성, 사자의 성, 도시의 상징인 헤라클레스 상이 있습니다. der Bergpark : 산악 공원. sich befinden : 있다. das Schloss : 성. der Löwe : 사자. der Herkules : 헤라클레스(여기서는 헤라클레스 상). das Wahrzeichen : 상징.
⑥ 당신은 고속도로를 이용하여 뷔르쯔부르크로 계속 가려고 합니다. auf der Autobahn : 고속도로로. weiter : 계속

정답 ① Alle ② hätten ③ in der ④ dürfen ⑤ Herkules ⑥ auf

12. Würzburg

① Die Festung Marienberg ist das bekannteste _____ der Stadt.
② _____ der starken Zerstörung Würzburgs im Krieg sind die meisten alten Bauten erhalten geblieben.
③ Von der Festung Marienburg haben Sie einen herrlichen _____ über die ganze Stadt.
④ Sie wollen entweder das Mozartfest(in der zweiten Julihälfte) _____ die Würzburger Bachtage(Ende November)besuchen.
⑤ Die Alte Universität besteht schon seit dem sechzehnten _____.
⑥ Bereits wenige Jahre nach dem Ende des Zweiten Weltkrieges wurde in Würzburg eine neue jüdische Gemeinde gegründet. Sie erhielt im Jahr 1970 eine neue _____.

① 마리아산 요새는 가장 유명한 도시의 상징입니다. die Festung : 요새. bekanntest : 가장 잘 알려진. das Wahrzeichen : 상징.
② 전쟁 중 뷔르쯔부르크가 심하게 파손되었지만 대부분의 오래된 건축물들은 살아남았습니다. stark : 심하게. die Zerstörung : 파괴. der Krieg : 전쟁. meist : 대부분. der Bau : 건축, 건축물(복수는 die Baute), erhaltenbleiben : 보존되어 있다.
③ 마리아 성 요새에서 보면 당신은 도시 전체를 멋지게 조망할 것입니다. die Festung : 요새. herrlich : 멋진, 훌륭한. der Ausblick : 조망, 전망.
④ 당신은 모차르트 축제(6월 하순)나 뷔르츠부르크 바흐의 날(11월 말)을 구경하려고 할 것입니다. entweder A oder B : A 혹은 B
⑤ 舊 대학교는 벌써 16세기부터 있었습니다. bestehen : 있다, 존재하다. das Jahrhundert : 세기.
⑥ 2차 세계대전이 끝난 후 몇 년도 되지 않아서 벌써 뷔르쯔부르크에는 새로운 유대인 교구가 만들어졌습니다. 그 교구는 1970년에 새 회당을 받았습니다. bereits : 벌써. das Ende : 끝, 종결. der Weltkrieg : 세계대전. die Gemeinde : 교구, 공동체. gründen : 건설하다, 세우다. erhalten : 받다. die Synagoge : 유대교회당.

정답 ① Wahrzeichen ② trotz ③ (Aus)blick ④ oder ⑤ Jahrhundert ⑥ Synagoge

13. Nürnberg

① Nürnberg ist die zweit_____ Stadt Bayerns.
② _____ Sie schon die Nürnberger Lebkuchen probiert?
③ Sie fahren _____ des Christkindlesmarktes nach Nürnberg.
④ Nach dem _____ Weltkrieg fanden in Nürnberg die Kriegsverbrecherprozesse der Allierten statt.
⑤ In Nürnberg wurde Albrecht Dürer geboren, der ein bekannter deutcher _____ war.
⑥ Die erste deutsche Eisenbahnstrecke verlief _____ den Städten Nürnberg und Fürth.

해설

① 뉘른베르크는 바이에른에서 두 번째로 큰 도시입니다. zweitgrößt : 두 번째 큰.
② 당신은 뉘른베르크의 과자를 먹어보셨습니까? der Lebkuchen : 꿀이 들어 있는 과자. probieren : 시식하다, 시음하다.
③ 당신은 크리스마스 선물 시장 때문에 뉘른베르크에 갑니다. das Christkindl : 크리스마스 장식, 크리스마스 선물. der Markt : 시장.
④ 2차 세계대전 이후 뉘른베르크에서 연합군의 전범 재판이 벌어졌습니다. der Verbrecher : 범법자. das Prozess : 재판. stattfinden : 벌어지다. die Allierten : 연합군
⑤ 뉘른베르크에서 독일의 유명한 화가였던 알브레히트 뒤러가 태어났습니다. der Maler : 화가.
⑥ 독일 최초의 철도가 뉘른베르크와 퓌르트 사이에 놓였습니다. die Bahnstrecke : 철로, 철도. verlaufen : 길이나 철도가 뻗어있다, 놓여있다

정답 ① -größte ② Haben ③ wegen ④ Zweiten ⑤ Maler ⑥ zwischen

14. München

① In München fanden 1972 die Olympischen Spiele _____.
② Nicht weit von München sind die Alpen, das _____ (groß) Gebirge Europas.
③ Sie wollen ins Hofbräuhaus, um eine bayerische Maß Bier _____ trinken.
④ _____ dem Marienplatz stehen viele Touristen und bestaunen das Glockenspiel im Rathausturm.
⑤ Das _____ Museum ist das bekannteste technisch-naturwissenschaftliche Museum der Welt.
⑥ Besuchen Sie München zum Oktoberfest _____ September!

해설

① 뮌헨에서 1972년 올림픽 경기가 열렸습니다. stattfinden : 개최되다, 열리다.
② 뮌헨에서 그리 멀지 않은 곳에 유럽에서 가장 큰 산맥인 알프스가 있습니다. von etwas(3) weit : 무엇으로부터 먼. die Alpe : 알프스 (보통 복수로 사용). das Gebirge : 산맥.
③ 당신은 바이에른의 맥주를 한 조끼 마시려고 호프브로이하우스에 가려고 할 것입니다. das Maß : 표준, 도, 양, die Maß : 마스(1-2리터), eine Maß Bier : 한 조끼의 맥주.
④ 마리아 광장 앞에 많은 여행객들이 서서 시청 시계탑의 종소리 연주를 보고 놀라워합니다. der Tourist : 여행객. bestaunen : 무엇을 놀라서 쳐다보다. das Glockenspiel : 종소리 연주
⑤ 독일 박물관은 세계에서 가장 유명한 기술 자연 박물관입니다.
⑥ 옥토버페스트에 가시려면 9월에 뮌헨을 방문하십시오!

정답 ① statt ② größte ③ zu ④ auf ⑤ Deutsche ⑥ im

15. Prien

① Sie entscheiden _____ für einen Deutschkurs in Prien am Chiemsee.
② Bei einem Tagesausflug nach Salzburg lernen Sie eine der reizvollsten österreichschen Städte
③ Sie besuchen Herrenchiemsee. Dieses Schloss _____ der bayerische König Ludwig II. erbauen.
④ Sie rudern gern. Noch _____ segeln Sie. Aber am liebsten surfen Sie auf dem Chiemsee.
⑤ Prien _____ an der Bahnstrecke zwischen München und Salzburg.
⑥ Lassen Sie bitte den Zimmerschlüssel bei der Abreise im Schloss _____!

① 당신은 킴제 호숫가에 있는 프리엔에서 어학코스에 다니기로 결정하실 겁니다.
sich für etwas(4) entscheiden : 무엇을 하기로 결정하다.
② 잘츠부르크로 소풍을 가시면 당신은 오스트리아에서 가장 매력적인 도시 중 하나를 알게 될 것입니다. der Tagesausflug : 하루 일정의 소풍. reizvoll : 매력적인.
③ 당신은 헤렌킴제 성을 방문할 것입니다. 이 성은 바이에른의 왕 루드비히 2세가 지었습니다.
das Schloss : 성. erbauen : 건설하다. lassen : ~을 하도록 시키다.
④ 당신은 노를 젓기를 좋아합니다. 요트를 타기를 더 좋아합니다. 하지만 킴제 호수에서 파도 타는 것을 가장 좋아합니다. rudern : 노를 젓다. segeln : 요트를 타다. surfen : 파도타기를 하다. gern : 무엇을 하는 것을 좋아하다 → lieber → am liebsten
⑤ 프리엔은 뮌헨과 잘츠부르크로 가는 철도 노선에 놓여 있습니다. der Bahnstrecke : 선로.
⑥ 떠날 때는 방 열쇠를 자물통 안에 꽂아 두십시오! die Abreise : 출발. der Schlüssel : 열쇠. das Schloss : 성, 자물통. stecken : 꽂아두다.

정답 ① sich ② kennen ③ ließ ④ lieber ⑤ liegt ⑥ stecken

16. Garmisch-Partenkirchen

① Sie finden Garmisch-Partenkirchen sehr reizvoll. Ganz besonders gefällt die alte Pfarrkirche.
② Sie fahren _____ der Zahnradbahn auf die Zugspitze.
③ Die Zugspizte ist mit 2963m der _____(hoch) Berg Deutschlands.
④ Sie kaufen sich eine Lederhose und finden, dass sie _____ sehr gut steht.
⑤ Olympia-Eisstadion _____ Sie das ganze Jahr über Schlittschuh laufen.
⑥ Nicht weit von Garmisch-Partenkirchen liegt Oberammergrau, _____ Sie das Passionstheater besuchen können.

해설

① 당신은 가르미쉬-파르텐키르헨이 매력적이라고 생각할 겁니다. 오래 된 교구의 교회가 특히 당신의 마음에 들 겁니다. finden A B : A를 B라고 생각하다. reizvoll : 매력적인. die Pfarrkirche : 교구의 교회. j-m gefallen : 누구의 마음에 들다.
② 당신은 톱니바퀴식 철도를 타고 추크슈피체에 올라갈 겁니다. die Zahnradbahn : 톱니바퀴식 철도. die Zugspitze : 독일에서 가장 높은 산 이름. der Berg : 산
③ 추크슈피체는 2963미터로 독일에서 가장 높은 산입니다.
④ 당신은 가죽바지 하나를 살 것이고 그것이 당신에게 매우 잘 어울린다고 생각할 겁니다. die Lederhose : 가죽 바지. j-m stehen : 누구에게 어울리다.
⑤ 당신은 올림픽 아이스 경기장에서 일년 내내 스케이트를 탈 것입니다. das ganze Jahr : 일년 내내. über Schlittschuh laufen : 스케이트를 타다.
⑥ 가르미쉬-파르텐키르헨에서 멀지 않은 곳에 수난극을 볼 수 있는 오버람머그라우가 있습니다. das Passionstheater : 수난극. besuchen : 방문하다.

정답 ① Ihnen ② mit ③ höchste ④ Ihnen ⑤ können ⑥ wo

17. Freiburg

① Baden Württemberg heißt das Bundesland, _____ _____ die schöne Stadt Freiburg liegt.
② Freiburg ist nicht weit entfernt von der _____ und schweizerrischen Grenze.
③ _____ Freiburg besucht, der besucht auch sicher den Schwarzwald.
④ In der Freiburger Gegend _____ ein guter Wein angebaut.
⑤ Die Freiburger Universität gilt _____ eine der schönsten der Bundesrupublik.
⑥ Freiburg liegt im Breisgau und hat ein sehr _____(mild) Klima.

해설

① 바덴 뷔르텐베르크는 아름다운 프라이부르크가 있는 연방주 이름입니다. das Bundesland : 연방주.
② 프라이부르크는 프랑스와 스위스 국경으로부터 멀리 떨어져 있지 않습니다. von etwas(3) weit entfernt : 무엇으로부터 멀리 떨어진. die Grenze : 국경, 한계.
③ 프라이부르크를 방문하는 사람은 분명히 흑림 지대도 방문할 것입니다. der Schwarzwald : 흑림. sicher : 분명히.
④ 프라이부르크 지역에서는 좋은 포도가 재배됩니다. die Gegend : 지역. anbauen : 재배하다.
⑤ 프라이부르크 대학은 독일에서 가장 아름다운 대학 중 하나로 여겨진다. gelten als A : A로 여겨지다.
⑥ 프라이부르크는 브라이스가우에 놓여 있어서 매우 온화한 기후를 갖고 있습니다. mild : 온화한, das Klima : 기후

정답 ① in dem ② französischen ③ Wer ④ wird ⑤ als ⑥ mildes

18. Stuttgart

① _____ länger ich Stuttgart bin, desto besser gefällt mir die Stadt.
② In Stuttgart _____ Sie unbedingt mal die bekannten "Spätzle" probieren!
③ Wussten Sie, _____ der Philosoph Hegel aus Stuttgart stammt?
④ Vom Fernsehturm aus haben Sie einen herrlich_____ Blick über die ganze Stadt.
⑤ Stuttgart ist bekannt _____ seine Elektro-und Fahrzeugbauindustrie(Bosch, AEG, IBM, Porsche, Daimler-Benz).
⑥ Sie machen einen Tagesausflug nach Tübingen; das ist ein mittelalterlich _____ Städtchen südlich von Stuttgart.

해설

① 슈트트가르트에 오래 있으면 있을수록 더욱 더 그 도시가 내 맘에 들 것입니다. Je + 비교급(A) 후치, desto + 비교급(B) 도치 : A를 하면 할수록 더욱 더 B하다.
② 슈트트가르트에서 당신은 무조건 유명한 "슈페츨레"를 한번 맛보십시오! die Spätzle : 슈바벤지방의 토속음식. probieren : 시식하다.
③ 당신은 철학자 헤겔이 슈트트가르트 출신이라는 것을 아셨습니까? der Philosoph : 철학자. aus + 장소 stammen : 어디 출신이다.
④ TV 송신탑에서 보면 당신은 도시 전체를 멋지게 조망할 것입니다. der Fernsehturm : TV 송신탑. von A aus : A로부터. herrlich : 멋진. der Blick : 시선, 조망.
⑤ 슈투트가르트는 전자와 자동차 산업으로 유명합니다(보쉬, 아에게, 아비엠, 포르쉐, 다이믈러-벤츠). für etwas(4) bekannt : 무엇으로 유명한
⑥ 당신은 이제 튀빙엔으로 소풍을 갑니다. 그 도시는 슈트트가르트 남쪽에 위치한 조그마한 중세 도시입니다. Tagesausflug : 하루 일정의 소풍. mittelalterlich : 중세의. das Städtchen : 작은 도시.

정답 ① Je ② müssen ③ dass ④ en ⑤ für ⑥ es

19. Rothenburg

① Von Stuttgart aus fahren Sie _____ Schwäbisch Hall weiter nach Rothenburg ob der Tauber.
② Sie machen einen Spaziergang auf der alten Stadtmauer rund _____ die Stadt.
③ Rothenburg ist eine _____ reizvollsten mittelalterlichen Städte Deutschlands.
④ Am Pfingstmontag _____ Sie am Historischen Festzug teil.
⑤ Sie freuen sich schon _____ die Reichsstadt-Festtage, die Mitte September in Rothenburg stattfinden.
⑥ Sie _____ großes Interesse an den mittelalterlichen Fachwerkhäusern der Stadt.

① 당신은 슈트트가르트에서 슈베비쉬 할을 거쳐 타우버강을 굽어보는 로텐베르크로 갑니다. ob etwas(3) : 무엇의 위에. die Tauber : 타우버강, 마인강의 지류.
② 당신은 도시를 둘러싸고 있는 오래된 성벽 위에서 산보를 합니다. der Spaziergang : 산보. die Mauer : 성벽. rund um etwas(4) : 무엇의 둘레에. rund : 둥근.
③ 로텐부르크는 독일의 가장 매력적인 중세 도시들 중 하나입니다. reizvoll : 매력적인.
④ 성령 강림절 후의 월요일에 당신은 역사적인 축제행렬에 참가합니다. an etwas(3) teilnehmen : 무엇에 참여하다. das Pfingsten : 성령강림절. der Festzug : 축제행렬.
⑤ 당신은 9월 중순에 로텐부르크에서 열리는 제국도시 축제일을 고대합니다. sich auf etwas(4) freuen : 무엇을 고대하다. stattfinden : 개최되다. Mitte September : 9월 중순. der Festtag : 축제일.
⑥ 당신은 도시의 중세 목조 건물에 큰 흥미를 느낍니다. an etwas(3) Interesse haben : 무엇에 흥미를 느끼다. das Fachwerkhaus : 목조 건물, das Fachwerk : 전문작품, 가옥의 뼈대

정답 ① über ② um ③ der ④ nehmen ⑤ auf ⑥ haben

20. Heidelberg

① Heidelberg ist eine schöne alte Stadt _____ Neckar.
② Hier finden Sie die _____(alt) deutsche Universität.
③ Ein bekanntes Land heißt "Ich hab' mein Herz in Heidelberg _____".
④ Sie erinnern sich gern _____ die zahlreichen historischen Studentenlokale.
⑤ Denken Sie _____, das Schloss zu besichtigen! Im Keller sehen Sie das legendäre Heidelberger Weinfass.
⑥ _____ Abend fahren Sie in die Nachbarstadt Mannheim zur Internationalen Filmwoche

해설

① 하이델베르크는 넥카 강변에 있는 아름다운 옛날 도시입니다.
② 당신은 여기서 가장 오래된 독일 대학을 발견합니다.
③ 유명한 노래 제목이 "난 하이델베르크에서 내 마음을 뺏겼노라"입니다. bekannt : 유명한. das Herz : 심장, 마음.
④ 당신은 수많은 역사적인 학생주점을 즐겨 기억할 것입니다. sich an etwas(4) erinnern : 무엇을 기억하다. zahlreich : 수많은. das Studentenlokal : 학생주점.
⑤ 성을 구경할 생각을 하십시오! 지하실에서 당신은 전설적인 하이델베르크 포도주통을 보게 될 것입니다. an etwas(4) denken : 무엇을 생각하다. das Schloss : 성, 자물통. besichtigen : 무엇을 구경하다. der Keller : 지하실. legendär : 전설적인. der Weinfass : 포도주통.
⑥ 저녁에 이웃도시 만하임으로 국제 영화주간을 구경하러 가십시오. die Nachbarstadt : 이웃도시. die Filmwoche : 영화 주간

정답 ① am ② älteste ③ verloren ④ an ⑤ daran ⑥ Am 혹은 Gegen

21. Frankfurt

① Frankfurt liegt _____ Main.
② Die Frankfurter Rundschau und die Frankfurter Algemeine sind wichtige überregionale _____.
③ Viele Hochhäuser gehören den großen _____, wie z. B. der Deutschen Bank, der Dresdner Bank und der Commerzbank.
④ _____ Frankfurt stammt der Dichter Johann Wolfgang von Goethe.
⑤ Frankfurt hat den _____(wichtig) deutschen Flughafen.
⑥ _____ wollen Sie beim Stadtbummel den Römer besichtigen, danach die Pauliskirche und zuletzt den Dom.

① 프랑크푸르트는 마인 강가에 놓여 있습니다. der Main : 마인 강. an etwas(3) liegen : 무엇의 가장자리에 놓여있다.
② 프랑크푸르트 룬트샤우와 프랑크푸르트 알게마이네 신문은 중요한 전국 일간 신문입니다. wichtig : 중요한. überregional : 전국적인.
③ 많은 고층건물들이 예를 들어 독일 은행, 드레스덴 은행, 콤머쯔 은행 등 대형 은행 소유입니다. das Hochhaus : 고층 건물. z. B. = zum Beispiel : 예를 들어.
④ 시인 요한 볼프강 폰 괴테는 프랑크푸르트 출신입니다. aus etwas(3) stammen : 어디 출신이다.
⑤ 프랑크푸르트는 가장 중요한 독일 공항을 갖고 있습니다. der Flughafen : 공항.
⑥ 시내를 거닐면서 맨 먼저 당신은 뢰머를 구경하고, 다음에는 바울교회를, 마지막으로는 성당을 구경하려고 할 것입니다. bummeln : 거닐다, 빈둥거리다. der Römer : 프랑크푸르트 시청 건물 이름. besichtigen : 구경하다. zuerst : 먼저. danach : 그 다음에는. zuletzt : 마지막으로.

정답 ① am ② Zeitungen ③ Banken ④ Aus ⑤ wichtigsten ⑥ (Zu)erst

22. Bonn

① Von 1949 bis 1990 war Bonn _____ und bis 1999 Regierungssitz der Bundesrepublik Deutschland.
② _____ 1996 nennt Bonn sich "die UN-Stadt am Rhein".
③ Im Laufe des 19. Jahrhunderts entwickelte sich die Universität Bonn _____ einer der bedeutendsten deutschen Hochschulen.
④ In Bonn finden Sie das Geburtshaus Ludwig van Beethovens. Der berühmte Komponist wurde in dieser Stadt _____.
⑤ Am Marktplatz liegt das Alte Rathaus, _____ der Wahrzeichen der Stadt
⑥ Sie interessieren sich _____ eine Rheinfahrt zur Loreley.

① 1949년부터 1990년까지 본은 독일연방공화국의 수도였고, 1999년까지는 정부소재지였습니다. der Sitz : 자리, 소재지. die Hauptstadt : 수도.
② 1996년부터 본은 "라인 강변의 유엔도시"로 불립니다. seit + 시간 : 그 시간부터.
③ 19세기가 흘러가는 동안 본 대학은 가장 중요한 독일 대학 중 하나로 발전하였습니다. Im Lauf des 19. Jahrhunderts : 19세기가 흘러가면서. sich zu etwas(3) entwickeln : 무엇으로 발전하다. bedeutend : 중요한.
④ 본에서 루드비히 판 베토벤의 생가를 발견하게 될 것입니다. 이 유명한 작곡가는 이 도시에서 태어났습니다. gebären - gebar - geboren : 태어나다, 낳다.
⑤ 시장 광장 옆에 이 도시의 상징중의 하나인 오래된 시청이 놓여있습니다. der Marktplatz : 시장 광장. das Wahrzeichen : 상징.
⑥ 당신은 로렐라이로 가는 라인 강 여행에 흥미를 느끼실 것입니다. sich für etwas(4) interessieren : 무엇에 흥미를 느끼다.

정답 ① Hauptstadt ② Seit ③ zu ④ geboren ⑤ eines ⑥ für

23. Köln

① Am Rheinufer : Die Schiffe fahren langsamer den Rhein hinauf als _____.
② Das bekannteste Bauwerk Kölns ist der _____.
③ _____ Jahr finden in Köln der Karneval statt.
④ _____ Ihres Aufenthaltes in Köln besuchen Sie das Römisch-Germanische Museum.
⑤ _____ Köln besucht, der besucht auch die Altstadt und probiert ein Glas Kölsch.
⑥ Aus Köln stammte der Schriftsteller und Nobelpreisträger Heinrich _____.

해설

① 라인 강변 : 배들은 라인 강을 내려갈 때보다 올라갈 때 더 천천히 갑니다. den Rhein hinauf (hinunter)fahren : 라인 강을 올라(내려)가다.
② 쾰른의 가장 유명한 건축물은 성당입니다.
③ 매년 쾰른에서는 카니발이 열립니다. jedes Jahr : 매년. der Karneval : 카니발. stattfinden : 열리다, 개최하다.
④ 쾰른에 체류하는 동안 로마 게르만 박물관에 들르십시오! der Aufenthalt : 체류.
⑤ 쾰른을 방문하는 사람은 구시가지도 방문해서 쾰쉬 맥주 한 잔을 시음합니다. besuchen : 방문하다, die Altstadt : 구시가지. probieren : 시음, 시식하다. Kölsch : 쾰른의 유명한 맥주 이름
⑥ 작가이자 노벨상 수상자인 하인리히 뵐이 쾰른 출신입니다. aus etwas(3) stammen : 어디 출신이다. der Schriftsteller : 작가. der Nobelpreisträger : 노벨상 수상자.

정답 ① hinunter ② Dom ③ Jedes ④ Während ⑤ Wer ⑥ Böll

24. Düsseldorf

① Düsseldorf ist die Landeshauptstadt von Nordrhein-_____.
② Der Düsseldorfer Dichter Heinrich Heine schrieb einmal : "Denke ich an Deutschland in der Nacht, dann bin ich um den Schlaf _____."
③ An der "längsten Theke Europas" (Düsseldorfer Altstadt) haben Sie _____ viel Altbier getrunken und müssen sich nun ausschlafen. Sie dürfen noch nicht weiter nach Dortmund fahren!
④ Die bekannte Königsallee wird von den Düsseldorfern einfach "die Kö" _____.
⑤ In der Nachbarstadt Wuppertal _____ Sie mit der Schwebebahn gefahren, die einzigartig in der ganzen Welt ist.
⑥ Düsseldorf gehört zu den wirtschaftsstärksten Metropolen Europas und ist neben Dresden die einzige schuldenfreie Großstadt Deutschlands. Seit der Industrialisierung wurde Düsseldorf _____ Sitz weltweit bedeutender Handelsunternehmen.

① 뒤셀도르프는 노르트라인 베스트팔렌의 주 수도입니다. die Landeshauptstadt : 주 수도.
② 뒤셀도르프 출신의 시인 하인리히 하이네는 언젠가 이렇게 썼습니다 : "나는 밤에 독일을 생각할 때면 잠을 이루지 못했노라." einmal : 언젠가, 한 번. an etwas(4) denken : 무엇을 생각하다. in der Nacht : 밤에. um etwas(4) bringen : 무엇을 빼앗다. um etwas(4) gebracht sein : 무엇을 하지 못하다.
③ 유럽에서 가장 긴 테케(뒤셀도르프의 구시가지)에서 당신은 너무 많은 알트비어를 마셔서 충분히 잠을 자야합니다. 아직 도르트문트로 가면 안 됩니다. die Theke : 가판매, 계산대, 상자. das Altbier : 알트비어(맥주). ausschlafen : 충분히 잠을 자다.
④ 유명한 "쾨닉스알레"를 뒤셀도르프 사람들은 간단히 "쾨"로 부릅니다. nennen : 부르다. die Allee : 가로수길.
⑤ 당신은 이웃 도시 부퍼탈에서 전 세계에서 유일한 케이블(현수)철도를 탈 겁니다. die Nachbarstadt : 이웃도시. einzigartig : 유일한, 독특한. in der ganzen Welt : 전 세계에서. die Schwebebahn : 케이블 철도, 현수 철도.
⑥ 뒤셀도르프는 유럽에서 경제력이 가장 강한 대도시에 속하며 독일에서 드레스덴 이외에 유일하게 빚이 없는 대도시입니다. 산업화이후 뒤셀도르프는 세계적으로 중요한 무역회사의 중심지가 되었습니다. die Metropole = die Großstadt : 대도시, neben etwas(3) : 무엇 이외에. einzig : 유일한. schuldenfrei : 빚이 없는. die Industrialisierung : 산업화. zu etwas(3) werden : 무엇이 되다. der Sitz : 소재지, 자리, 중심지. weltweit : 세계적으로. bedeutend : 중요한. der Handel : 무역. das Unternehmen : 회사.

정답 ① Westfalen ② gebracht ③ zu ④ genannt ⑤ sind ⑥ zum

25. Dortmund

① Dortmund sit eine Industriestadt im Ruhr_____.
② In den _____ der Stadt wird ein gutes Bier gebraut.
③ Sehenswert _____ bestimmt die Westfallenhalle und Westfallenpark.
④ Heute wird weniger Kohle aus den Bergwerken gefördert _____ früher.
⑤ Die Stahlproduktion ist in den letzten Jahren _____(sinken).
⑥ Im Ruhrgebiet leben mehr _____ vier Millionen Menschen.

① 도르트문트는 루르 지방의 산업도시입니다. das Ruhrgebiet : 루르 지방.
② 시내의 양조장에서 좋은 맥주를 양조합니다. die Brauerei : 양조장. brauen : 양조하다.
③ 베스트팔렌 홀과 베스트팔렌 공원은 정말 볼 만합니다. sehenswert : 볼만한. bestimmt : 정말. die Halle : 홀, 강당. der Park : 공원.
④ 오늘날은 옛날보다 광산에서 더 적은 석탄이 채굴됩니다. die Kohle : 석탄. das Berwerk : 광산. fördern : 후원하다, 촉진하다, 채굴하다. früher : 전에, 옛날에.
⑤ 철강생산이 지난 몇 년 동안 줄어들었습니다. der Stahl : 철. sinken - sank - gesunken : 내리다, 하락하다.
⑥ 루르 지방에는 4백만 명 이상의 사람들이 살고 있습니다. das Ruhrgebiet : 루르 지방. die Million : 백만. der Mensch : 사람, 인간(복수는 die Menschen).

정답 ① -gebiet ② Brauereien ③ sind ④ als ⑤ gesunken ⑥ als

26. Münster

① Im Friedenssaal des Rathauses _____ im Jahr 1848 der Dreißigjährige Krieg beendet.

② Die Altstadt Münsters ist nach dem Zweiten Weltkrieg wieder aufgebaut _____ .

③ Bekannt ist Münster als Fahrradstadt. Ihnen fallen die vielen _____ auf, die mit dem Rad zur Wilhelms-Universität fahren.

④ Sie sind _____ der Schönheit des Doms und der Lamberti-Kirche beeindruckt.

⑤ Sie wollen einen Tagesausflug in den Teutoburger _____ zum Hermannsdenkmal machen. Sie fahren deshalb noch nicht weiter nach Bremen!

⑥ Münster gilt aufgrund vielen Studenten als Kinostadt. Das größte Kino in der Stadt ist das_____ , nahe dem Hafen gelegen, mit neun Sälen und 2.761 Plätzen.

① 시청사 평화의 홀에서 1646년에 30년 전쟁이 종결되었습니다. der Frieden : 평화. der Saal : 홀, 강당. das Rathaus : 시청. beenden : 끝마치다.
② 뮌스터의 구시가지는 2차 세계대전 이후에 다시 재건되었습니다. aufbauen : 재건하다.
③ 뮌스터는 자전거 도시로 유명합니다. 자전거를 타고 빌헬름 대학으로 향하는 많은 대학생들이 당신 눈에 띨 것입니다. das Fahrrad : 자전거. j-m auffallen : 누구의 눈에 띠다. das Fahrrad = das Rad : 자전거.
④ 당신은 성당과 람베르티 교회의 아름다움에 매료될 것입니다. der Dom : 성당. die Kirche : 교회. von etwas(3) beeindruckt : 무엇에 매료당한.
⑤ 당신은 헤르만 기념비를 보러 토위토부르크 숲으로 소풍을 가고 싶을 겁니다. 그러니까 아직 브레멘으로 가지 마십시오! Teutoburger Wald : 토위토부르크 숲. das Denkmal : 기념비.
⑥ 뮌스터는 많은 대학생들을 근거로 극장의 도시로 여겨집니다. 도시에서 가장 큰 극장은 9개의 상영관, 2761개의 좌석을 가진 항구 근처의 시네플렉스입니다. aufgrund etwas(3) : 무엇을 근거로. nahe etwas(3) : 무엇의 근처에. liegen - lag - gelegen : 놓여있다. der Saal : 홀, 상영관. der Platz : 좌석.

정답 ① wurde ② worden ③ Studenten ④ von ⑤ Wald ⑥ Cineplex

27. Bremen

① Bremen ist das _____ (klein) Bundesland der Bundesrepublik
② Auf den Bremer Werften _____ große Schiffe gebaut und repariert.
③ Die Nachbarstadt Bremerhaven ist nicht so groß _____ Bremen.
④ _____ Ihrem Rundgang durch die Altstadt lernen Sie das schöne Schnoorviertel und die Böttcherstraße kennen
⑤ Vor _____ Rathaus sehen Sie die Roland Säule
⑥ Bremen hat den zweitgrößten deutschen Seehafen und ein bedeutend _____ Welthandelsplatz.

① 브레멘은 가장 작은 연방주입니다. das Bundesland : 연방 주.
② 브레멘 조선소에서는 큰 배들이 건조되고 수리됩니다. die Werft : 조선소. das Schiff : 배. reparieren : 수리하다.
③ 이웃도시 브레머하펜은 브레멘처럼 크지는 않습니다. die Nachbarstadt : 이웃도시. nicht so groß wie A : A처럼 크지 않은
④ 당신은 구 시가지를 순회하면서 아름다운 슈노르 지역과 뵈트허(통장이) 거리를 알게 될 것입니다.
⑤ 시청 앞에서 당신은 롤란트 상을 봅니다. der Rundgang : 순찰, 순회. das Viertel : 지역, 지구.
⑥ 브레멘은 독일에서 두 번째로 큰 항구를 갖고 있으며 중요한 세계 무역의 장소입니다. der Seehafen : 항구. der Welthandelsplatz : 세계 무역의 장소.

정답 ① kleinste ② werden ③ wie ④ Bei ⑤ dem ⑥ er

부록 12가지 재미있는 독일 이야기

1. Das Brandenburger Tor

Das Brandenburger Tor ist als Wahrzeichen der deutschen Hauptstadt weltweit bekannt. Es wurde als Berliner Stadttor 1788/91 gebaut. Drei Jahre später erhielt es die Quadriga, eine Plastik aus Metall, die nach den Plänen des Architekten und Baumeisters Schadow in Potsdam gegossen und per Schiff nach Berlin transportiert worden war.

Ihre zweite Fahrt machte die Quadriga 1806 unfreiwillig, als sie Napoleon als Kriegsbeute nach Paris bringen ließ. Nach Napoleons Niederlage kehrte Viktoria mit ihrem Siegeswagen nach Berlin zurück und nahm ihren angestammten Platz wieder ein.

Im zweiten Weltkrieg wurde von der Quadriga in den Trümmern Berlins nur noch der Kopf eines ihrer Pferde gefunden, das Brandenburger Tor war völlig zersört. Erst 1958 hatte das wiederaufgebaute Berliner Wahrzeichen seine "Krone" wieder. Die Figuren wurden nach alten Plänen und Fotos neu gestaltet.

Drei Jahrzehnte später mußte die Quadriga erneut von ihrem Sockel geholt werden. Zum Jahreswechsel 1989/90, als die Deutschen ihre Wiedervereinigung feierten, war sie aus Freude und Übermut so stark beschädigt worden, dass sie völlig restauriert werden mußte.

Seit der 200-Jahrfeier des Brandenbuger Tores 1991 steht Viktoria wieder auf ihrem Wagen mit den vier Pferden und wird hoffentlich ihre Fahrt noch Jahrhunderte friedlich fortsetzen können.

Brandenburg : 브란덴부르크(베를린을 둘러싸고 있는 독일의 주 이름), das Tor : 성문, 큰문, die Tür : 문, 방문, das Wahrzeichen : 상징물, weltweit 세계적으로, bekannt : 알려진, 유명한, erhalten : 받다, 얻다, die Quadriga : 사두마차, das Metall : 금속, die Plastik : 조각품, 조형미술, der Archtekt : 건축가, der Baumeister : 건축사, gießen : 붓다, 주조하다, per Schiff : 배로, transportieren : 운송하다, die Fahrt : 여

부록 : 12가지 재미있는 독일 이야기   355

행, 주행, unfreiwillig : 강제적인, die Kriegsbeute : 전리품, lassen : 무엇을 하도록 시키다, die Niederlage : 패배, 패전, die Viktoria : 승리의 여신(그리스 신화의 니케Nike로서 브란덴부르크 토어 위쪽에 있는 사두마차를 타고 있다), zurückkehren : 돌아가다, der Siegeswagen : 승리의 마차(여기서는 사두마차), angestammt : 원래의, 본연의, etwas(4) einnehmen : (무엇을) 차지하다, 받아들이다, 수용하다, das Trumm(복수 die Trümmer) : 파편, 조각, 잔해, 폐허, der Kopf : 머리, völlig : 완전히, zerstört : 파괴된, wiederaufgebaut : 재건된, die Krone : 왕관(여기서는 사두마차), die Figur : 인물, 꼴, 모습, gestalten : 형성하다, 만들다, 조성하다, der Sockel : 동상의 대좌, erneut : 새로이, das Jahrzehnt : 10년, holen : 가져오다, der Jahreswechsel : 해가 바뀜, 새해맞이, die Wiedervereinigung : 재통일, 재결합, feiern : 축하하다, 기념하다, aus Freude : 기쁜 나머지, der Übermut : 무모함, 자만, so A, dass B : 무엇이 A해서 결국 B하게 되다, beschädigen : 상하게 하다, 손상시키다, völlig : 완전한, 완전히, restaurieren : 회복하다, 수리하다, der Wagen : 마차, 자동차, das Pferd : 말, hoffentlich : 바라건대, fortsetzen : 계속하다, friedlich : 평화로운

1. 브란덴부르크 토어

브란덴부르크 토어는 독일 수도의 상징으로 세계적으로 널리 알려져 있습니다. 그것은 베를린 시의 성문으로 1788/91년에 세워졌습니다. 3년 뒤 브란덴부르크 토어는 건축가이자 건축사인 새도우의 계획에 따라 포츠담에서 주조된 다음 배편으로 베를린으로 이송된 금속 조각품 사두마차를 받았습니다.

1806년 사두마차는 나폴레옹이 전리품으로 그것을 (부하들을 시켜) 파리로 가져가게 했을 때 강제로 두 번째 여행을 했습니다. 나폴레옹이 전쟁에 패배한 후 빅토리아는 승리의 마차와 함께 베를린으로 돌아와서 다시 예전의 자리에 앉았습니다.

2차 세계대전에는 베를린의 폐허 속에서 사두마차의 4마리 말 중 한 마리의 머리만 발견되었습니다. 브란덴부르크 토어는 완전히 파괴되었습니다. 1958년에야 비로소 복원된 베를린의 상징은 다시 자신의 "왕관"을 썼습니다. 사두마차의 인물들은 옛 설계도와 사진에 따라 새로 만들어졌습니다.

하지만 30년 후 사두마차는 다시 좌대에서 들어내야만 했습니다. 1989/90년 전환기에 독일인들이 재통일을 축하할 때 기쁨에 겨워 오버한 나머지 그것이 너무 심하게 훼손되어 완전히 새로 복원되어야 했기 때문입니다.

1991년 브란덴부르크 토어의 200주년 축제 이후로 빅토리아는 다시 4마리의 말이 끄는 마차를 타고 서 있는데, 앞으로 몇 백년간 그녀의 여행을 평화롭게 이어갈 수 있기를 희망합니다.

2. Wer bringt die Ostereier?

Das Osterfest ist reich an Traditionen und Bräuchen. Seit dem zweiten Jahrhundert bedeutet es für alle Christen die Auferstehung von Jesus Christus. Symbol des Osterfestes ist seit dem Mittelalter das Ei, ein Zeichen des neuen Lebens in der Natur. Auferstehung und neues Leben - zwei schöne Deutungen für Ostern.

Es ist ein alter Brauch, dass die Kinder am Ostersonntag in der Wohnung, im Garten oder beim Spaziergang mit der Familie Ostereier suchen. Wer diese Eier versteckt, möchten Sie wissen? Der Osterhase natürlich! Sie glauben das nicht?

Bitte, ein Protokoll vom 27. Juli 1758 besagt : "Der Förster Fuhrmann fing 1756 einen Hasen. Er nahm ihn mit nach Hause, und der Hase legte ein Ei, im nächsten Jahr sogar drei Eier." Dieses Protokoll hat der Forstmeister persönlich unterschrieben. Ob es nun stimmt oder nicht, Humor hatten diese beiden Förster bestimmt.

Etwas humorloser steht es in einer älteren Schrift aus dem Jahr 1682 : "Man macht kleinen Kindern weis, diese Eier lege und verstecke ein Hase." So oder so - die Kinder freuen sich über jedes Osterei, ob es nun ein Hase versteckt hat oder nicht.

bringen : 가져오다, das Ei : 계란, das Ostern : 부활절, das Osterfest : 부활절 축제, an etwas(3) reich : 무엇으로 풍부한, reich : 부자의, 부유한, 풍부한, die Tradition : 전통, der Brauch : 수요, 사용, 관습, 관례, bedeuten : 의미하다, der Christ : 기독교도, die Auferstehung : 부활, das Symbol : 상징, das Mittelalter : 중세, das Zeichen : 표, 부호, 상징, die Natur : 자연, die Deutung : 해석, der Spaziergang : 산책, suchen : 찾다, verstecken : 숨기다, der Hase : 토끼, der Osterhase : 부활절 토끼, glauben : 믿다, das Protokoll : 회의록, 조서록, 조서, besagen : 무엇을 말하다, 의미하다, der Förster : 산림관, ein Ei legen : 알을 낳다, sogar : 게다가, 더군다나, 심지어, der Forstmeister : 산림청장, persönlich : 몸소, 친히, unterschreiben : 서명하다, stimmen : 맞다, 어울리다, der Humor : 익살, 해학, 유머, Humor haben : 유머가 있다, bestimmt : 분명히, 확실히, etwas : 어떤 것, 약간, humorlos : 유머가 없는, die Schrift : 글자, 필체, 문서, stehen : 놓여 있다, 쓰여 있다, j-m etwas(4) weis machen : 누구에게 무엇을 믿게 하다, 누구에게 무엇을 속여 믿게 하다, so oder so : 아무튼, 어쨌든, sich über etwas(4) freuen : 무엇을 기뻐하다, 즐거워하다, jed- : 각각의(정관사 어미변화)

2. 부활절 계란은 누가 가져올까?

부활절 축제에는 전통과 관습이 많습니다. 2000년 전부터 그것은 모든 기독교인들에게 예수 그리스도의 부활을 의미합니다. 부활절 축제의 상징은 중세 이래로, 자연에서의 새 생명의 상징인, 계란입니다. 부활과 새 생명 – 그것은 부활절에 대한 아주 좋은 두 가지 해석입니다.

부활절 주일에 아이들이 집이나 정원에서, 혹은 가족들과 산책을 할 때 부활절 계란을 찾는 것은 오랜 관습입니다. 누가 이 계란을 숨겨놓는지 당신은 알고 싶으십니까? 당연히 부활절 토끼입니다! 그것을 믿지 못 하시겠다고요?

천만에요, 1758년 7월 27일의 조서는 이렇게 말합니다. "1756년 산림관 푸어만이 토끼 한 마리를 잡았다. 그는 그 토끼를 집으로 데려갔는데, 토끼가 계란을 하나 낳았다. 게다가 토끼는 다음 날 계란을 세 개 낳았다." 이 조서에는 산림청장이 직접 서명을 했습니다. 이것이 사실이든 아니든 이 두 명의 산림관은 정말 유머를 아는 사람들입니다.

이보다 약간 유머는 떨어지지만 1682년의 더 오래된 문서에는 이렇게 쓰여 있습니다. "사람들은 아이들에게 토끼가 이 계란을 낳아서 숨겼다고 믿게 만든다." 어쨌든 – 토끼가 부활절 계란을 숨겨놓았든지 그러지 않았든지 아이들은 그것을 받으면 매번 기뻐합니다.

3. Scherben bringen Glück

Wenn am Abend vor einem Haus Geschirr zerschlagen wird, dann weiß man : Hier gibt es in den nächsten Tagen eine Hochzeit. Das Brautpaar versammelt sich mit den Familienangehörigen und Freunden der Braut und des Bräutigams zur Hochzeitsvorfeier.

Es wird getanzt, getrunken und gescherzt und Abschied vom Junggesellenleben genommen. Diese Vorfeier ist der Polterabend. Wenn es dunkel wird, geht das Poltern vor der Haus-oder Wohnungstür los. Nachbarn und Freunde haben schon lange ihr unbrauchbares Geschirr gesammelt, das nun mit viel Lärm und Hallo zerschlagen wird.

Damit sollen nach altem Brauch einerseits die bösen Geister vertriebn und andererseits soll dem Brautpaar Glück geswünscht werden. "Scherben bringen Glück.", heißt es im Sprichwort. Aber Vorsicht! Glas sollte dabei keines zerbrochen werden, denn anderes Sprichwort sagt : "Glück und Glas, wie leicht bricht das."

Ist das Poltern vorbei, kommt das Brautpaar an die Reihe. Es muss allein und ohne Hilfe die Scherben wegräumen. Der Bräutigam wird dabei von seinen Freunden und Bekannten besonders unter die Lupe genommen, denn bei dieser ersten gemeinsamen Arbeit mit seiner zukünftigen Frau muss er zeigen, dass er wirklich heiratsfähig ist.

die Scherbe : 조각, 파편, bringen : 가져오다, das Geschirrr : 그릇, zerschlagen : 깨뜨리다, es gibt etwas(4) : 무엇이 있다. die Hochzeit : 결혼식, das Brautpaar : 예비 신랑 신부, der Braut : 신부, der Bräutigam : 신랑, versammeln : 모이게 하다, sich versammeln : 모이다, der Angehörige : 친척, 일가, die Feier : 축제, tanzen : 춤추다, trinken : 마시다, scherzen : 농담을 하다, von etwas(3) Abschied nehmen : 무엇이나 누구와 헤어지다, 작별을 고하다. der Junggeselle : 독신, 처녀, 총각, die Vorfeier : 본 축제 전의 작은 축제, 전야제, poltern : 시끄러운 소리를 내다, der Polterabend : 결혼식 전야제, dunkel : 어두운, die Wohnung : 집, die Tür : 문, losgehen : 떨어지다, 시작하다, 출발하다, der Nachbar : 이웃, unbrauchbar : 사용하지 않는 쓸모없는, sammeln : 모으다, der Lärm : 소음, das Hallo : 와, 소동, 야단, der Brauch : 사용, 관습, einerseits : 한편으로는, andererseits : 다른 한 편으로는, böse : 악한, 화가 난, vertreiben : 쫓아내다, 추방하다, Glück wünschen : 행운을 빌다, Es heißt in etwas(3) : 무엇에 쓰여 있다, das Sprichwort : 속담, 격언, die Vorsicht : 조심, Vorsicht! : 조심!, 조심하세요!, zerbrechen = zerschlagen = brechen : 깨지다, 깨뜨리다,

vorbei sein : 지나가다, die Reihe : 순서, 열, an die Reihe kommen : 순서가 되다, 차례가 되다, allein : 혼자서, die Hilfe : 도움, helfen : 돕다, wegräumen : 치우다, dabei : 그러면서, 그와 동시에, der Bekannte : 지인, besonders : 특별히, die Lupe : 확대경, etwas(4) unter die Lupe nehmen : 무엇을 자세히 살펴보다, erst : 처음의, gemeinsam : 공동의, 함께, zukünftig : 미래의, zeigen : 보여주다, wirklich : 정말로, heiratsfähig : 결혼할 능력이 있는

3. 깨진 그릇 조각은 행운을 가져온다.

저녁에 어떤 집 앞에서 그릇이 깨지는 소리가 들리면, 사람들은 이 집에서 앞으로 며칠 내에 결혼식이 있을 것이라는 것을 압니다. 예비 신랑신부는 친척들이나 자신들의 친구들과 함께 결혼식 전에 벌어지는 작은 축제를 위해 모입니다. 그들은 춤을 추고 마시고 농담을 하며 청년시절과 작별을 고합니다.

이 결혼식 전에 벌어지는 작은 축제가 바로 결혼식 전야제입니다. (이날) 어두워지면 대문이나 현관문 앞에서 한바탕 소동이 일어납니다. 이웃들과 친구들이 벌써 오래전부터 쓸모가 없는 그릇들을 모아두었다가 이제 큰 소란과 함께 함성을 지르며 그것들을 깨뜨립니다.

오랜 관습에 따르면 그럼으로써 한 편으로는 사악한 기운을 추방하고, 다른 한 편으로는 예비 신랑신부에게 행운을 빌어준다고 합니다. 속담에도 "깨진 그릇 조각은 행운을 가져온다"고 쓰여 있습니다. 그러나 조심해야 합니다! 이때 유리는 절대로 깨뜨려서는 안 됩니다. 또 다른 속담은 "유리와 행복은 깨지기 너무 쉽다."고 말하기 때문입니다.

그 한바탕 소동이 끝나면 이제 예비 신랑 신부의 차례가 됩니다. 그들은 둘이서 다른 사람의 도움 없이 그 그릇 조각들을 치워야 합니다. 이때 친구들과 지인들은 예비 신랑을 자세히 관찰합니다. 왜냐하면 예비 신랑이 이와 같이 미래의 신부와 처음으로 하는 공동 작업에서 자신이 정말 결혼할 능력이 있다는 것을 보여주어야 하기 때문입니다.

4. Wie die Brezel erfunden wurde?

Beim Bäcker gibt es Brot und Brötchen, Kuchen und alle möglichen Gebäckstücke. Jede Gegend hat ihre Besonderheiten, jeder Bäcker seine Spezialitäten. Eines haben alle Bäcker gemeinsam : die Brezel als Symbol ihres Berufsstandes. Über die Entstehung dieses Gebäckstückes gibt es eine hübsche Legende :

Danach soll vor vielen Jahren in Urach ein Bäcker zum Tode verurteilt worden sein, weil er einen Diebstahl begangen hatte. Da er aber sonst ein rechtschaffener Mann war, wollte ihm der Landesherr eine Chance geben.

Er rief den Bäcker zu sich und sagte : "Es ist bekannt, dass du ein tüchtiger Bäcker bist. Dann beweise das! Wenn du einen Kuchen backen kannst, durch den die Sonne dreifach scheint, will ich dir dein Leben schenken."

Der Bäcker bat um drei Tage Zeit. Am dritten Tag kam er ins Schloß und brachte eine Brezel mit. Der Landesherr hielt sie gegen die Sonne. Und wirklich, die Sonne schien ihm aus drei Öffnungen entgegen. Wie versprochen schenkte er dem Bäcker das Leben.

So also ist die Brezel entstanden, wenn wir der Legende glauben wollen. Allerdings : Die Franzosen behaupten, dass ein Mönch in Frankreich schon im Mittelalter die erste Brezel gebacken habe.

der Bäcker : 제빵사, beim Bäcker : 제과점 = die Bäckerei, die Brezel : 브레첼, erfinden : 발명하다, 찾아내다, 생각해내다, das Gebäckstück : 구운 과자류, die Gegend : 지방, 토지지역 , die Besonderheit : 특질, 특색 , jed- : 각각의, die Spezialität : 명물, 특색, gemeinsam : 공동의, das Symbol : 상징, der Berufsstand : 직업층, die Entstehung : 기원, 유래, die Legende : 전설, 신화, danach : 그것에 따르면, j-n zum Tode verurteilen : 누구에게 사형을 선고하다, der Diebstahl : 도둑질, begehen : 범죄 등을 범하다, 저지르다, sonst : 그렇지 않으면, 게다가, 조차도, 평상시에는, rechtschaffen : 정직한, 올바른, der Landesherr : 임금, 군주, j-n zu sich rufen : 누구를 자신에게 오라고 부르다, backen : 빵 등을 굽다, tüchtig : 재능 있는, 유능한, beweisen : 증명하다, die Sonne : 해, 태양, dreifach : 삼중의, scheinen : 빛나다, bitten : 부탁하다, etwas(4) mitbringen : 무엇을 가져오다, halten : 들다, 정차하다, 멈추다, gegen die Sonne : 해를 향해, die Öffnung : 구멍, versprechen : 약속하다, wie versprochen : 약속한 대로, j-m entgegenscheinen : 누구를 향해 빛나다, entstehen : 생기다, allerdings : 물론, 그러나, behaupten : 주장하다, der Mönch : 승려, 수도사, das Mittelalter : 중세

4. 브레첼은 어떻게 만들어졌을까?

제과점에는 빵과 작은 빵과 케익과 가능한 모든 구운 과자들이 있습니다. 빵은 지역마다 특색이 있습니다. 제빵사마다 전문분야가 있습니다. 하지만 모든 제빵사가 공동으로 갖고 있는 게 하나 있습니다. 그것은 바로 그들 직업의 상징인 브레첼입니다. 그런데 이 구운 과자에 관해 아주 멋진 전설이 있습니다.

그것에 따르면 아주 오래전에 우라흐에서 어떤 제빵사가 절도죄를 저질러서 사형 선고를 받았다고 합니다. 그러나 그는 그전에는 아주 정직한 사람이었기 때문에 영주는 그에게 한 번의 기회를 주려고 했습니다.

그는 그 제빵사를 자신에게 불러 이렇게 말했습니다. "너는 유능한 제빵사로 알려져 있다. 그렇다면 그것을 한 번 증명해 보거라! 네가 만약 그 빵을 통해 햇볕이 세 갈래로 나뉘어서 비추는 빵을 구울 수만 있다면 나는 네 목숨을 살려 줄 것이다."

그러자 제빵사는 3일의 시간을 달라고 간청했습니다. 3일째 되는 날 그는 성으로 와서 영주에게 브레첼을 하나 가져왔습니다. 영주는 그것을 해를 향해 들었습니다. 그러자 정말 햇볕이 세 개의 구멍을 통해 그에게 비추었습니다. (그래서) 그는 약속한 대로 제빵사의 목숨을 살려주었습니다.

그러니까 우리가 만약 그 전설을 믿으려고 한다면 브레첼은 그렇게 해서 생겨났습니다. 하지만 프랑스인들은 프랑스의 한 수도사가 이미 중세에 브레첼을 구웠다고 주장합니다.

5. Der Rattenfänger von Hammeln

Um das Jahr 1280 soll ein Spielmann nach Hammeln, einer Stadt an der Weser, gekommen sein und angeboten haben, die Stadt von allen Mäusen zu befreien. Er forderte dafür einen guten Lohn. Die Ratsherren waren einverstanden. Nun ging der Spielmann durch alle Gassen und spielte auf einer Pfeife.

Da kamen die Mäuse und Ratten aus den Häusern und liefen hinter ihm her. Der Spielmann zog hinaus vor die Stadt, stieg in den Fluss und die Tiere ertranken. Die Ratsherren waren zufrieden, gaben dem Mann aber nur die Hälfte des versprochenen Lohnes. Der Spielmann soll darauf sehr böse davongegangen sein.

Einige Zeit später, so berichtet die Sage weiter, soll ein Jäger nach Hammeln gekommen sein. Auch er nahm eine Pfeife aus der Tasche und ging pfeifend durch die Stadt. Bei ihm liefen die Kinder hinterher. Er zog mit der ganzen Kindererschar hinaus vor das Tor der Stadt bis zum Koppelberg.

Der Berg soll sich geöffnet haben, und die Kinder und der Jäger wurden nie wieder gesehen. Da wussten die traurigen Eltern und die Ratsherren : Das war die Rache des Spielmanns. Überall im Lande kennt man heute den "Rattenfänger von Hammeln."

die Ratte : 쥐, der Fänger : 잡는 사람, fangen : 무엇을 잡다, der Spielmann : 떠돌이 악사, 방랑 악사, die Weser : 베저 강, j-m etwas(4) anbieten : 제안하다, j-n von etwas(3) befreien : 누구를 무엇으로부터 해방시키다, fordern : 요구하다, der Lohn : 임금, 삯, 보수, der Ratsherr : 시의회 의원, der Rat : 충고, 조언, einverstanden : 동의하는, nun : 지금, 이제, 그래서, die Gasse : 거리, 골목, die Pfeife : 피리, auf einer Pfeife spielen : 피리를 연주하다, da : 거기, 여기, 그때, 그러자, die Maus : 생쥐, laufen : 뛰다, hinter ihm her : 그의 뒤를 따라서, ziehen : 이동하다, steigen : 오르다, 타다, der Fluss : 강, das Tier : 동물, ertrinken : 익사하다, zufrieden : 만족하는, die Hälfte : 절반, versprochen : 약속한, j-m etwas(4) versprechen : 누구에게 무엇을 약속하다, darauf : 그 위에, 그 후에, böse : 화가 난, darauf böse sein : 그것에 화가 난, davongehen : 떠나다, 떠나버리다, einige : 2-3개의, 몇몇의, berichten : 보고하다, die Sage : 전설, der Jäger : 사냥꾼, jagen : 사냥하다, die Tasche : 주머니, 가방, pfeifend : 피리를 불면서, die Schar : 무리, 떼, das Tor : 성문, 큰 문, der Berg : 산, öffnen : 문 등을 열다, sollen : 도덕적 당위 혹은 소문, 여기서는 소문, traurig : 슬픈, die Eltern : 부모, die Rache : 복수, überall : 어디에서나, 도처에, das Land : 국가, 나라, 시골

5. 함멜른의 생쥐잡이

1280년경에 떠돌이 악사 하나가 베저 강가의 도시인 함멜른으로 와서 도시에서 모든 쥐들을 없애주겠다고 제안했다고 합니다. 그는 그 대가로 좋은 보수를 요구했습니다. (그러자) 시의원들이 거기에 동의했습니다. 그래서 그 악사는 모든 골목을 돌아다니면서 피리를 불렀습니다.

그러자 생쥐들과 쥐들이 집에서 나와서 그의 뒤를 따라 달렸습니다. 악사는 도시 앞으로 가더니 강물 속으로 들어갔으며 (그의 뒤를 따르던) 쥐들이 모두 (강에 빠져) 익사했습니다. 시의원들은 만족했지만 그 사람에게 약속한 보수의 반만 주었습니다. 악사는 그것에 대해 매우 분노하며 그곳을 떠났습니다.

얼마 후, 전설은 그렇게 계속 이야기합니다, 사냥꾼 하나가 함멜른에 왔다고 합니다. 그도 또한 호주머니에서 피리를 하나 꺼내더니 그것을 불면서 시내를 돌아다녔습니다. (그러자 이번에는) 어린 아이들이 그의 뒤를 따라갔습니다. 그는 모든 아이들 무리를 끌고 도시의 성문 밖으로 나가 코펠베르크 산까지 갔습니다.

(그러자) 그 산이 열렸다고 하며 그 후로는 사냥꾼과 아이들은 다시 보지 못했습니다. 그래서 슬픈 부모들과 시의원들은 그것이 떠돌이 악사의 복수였음을 알게 되었습니다. 오늘날 전국 어디서나 사람들은 "함멜른의 쥐잡이" (이야기)를 알고 있습니다.

6. Der Mäuseturm in Bingen

Bei Bingen am Rhein steht mitten im Fluß ein Turm. Er wurde um das Jahr 1000 als Zollstation errichtet. Von diesem Turm gibt es eine Sage, eine sehr grausame Geschichte:

In Deutschland herrschte damals große Not. In dieser schweren Zeit lebte der Bischof Hatto von Mainz.

Er war geizig, dachte nur an sich selbst und beachtete nicht die Not der Armen. Eines Tages, als sich die Hungernden das Brot mit Gewalt nehmen wollten, rief er sie in eine Scheune vor der Stadt. Nachdem alle versammelt waren, ließ er Feuer legen, so dass die Menschen mit der Scheune verbrannten.

Die Strafe bekam der Bishof bald. Alle Mäuse der Stadt liefen zu seinem Haus, und er hatte keine ruhige Minute mehr. Da ließ er mitten im Rhein auf einer kleinen Insel einen Turm bauen und glaubte, dort vor den Mäusen sicher zu sein.

Sie aber schwammen durch das Wasser und fraßen den geizigen und grausamen Bishof bei lebendigem Leibe auf. Seitdem hat Bingen seinen "Mäuseturm". Er wurde übrigens 1855 neu gestaltet und dient als Signalturm für die Schiffe, die bei ihrer Rheinfahrt dort eine gefährliche Stelle passieren müssen.

die Maus : 생쥐, der Trum : 탑, Der Mäuseturm : 생쥐 탑, stehen : 서 있다, mitten : 중간에, der Fluss : 강, um 연도 : 경에, die Zollstation : 세관, errichten : 세우다, es gibt etwas(4) : 무엇이 있다, grausam : 잔인한, 끔찍한, die Sage : 전설, die Geschichte : 이야기, 역사, herrschen : 지배하다, 통치하다, 유행하다, 감돌다, damals : 그 당시, 그 무렵, die Not : 위기, 가난, 궁핍, schwer : 무거운, 힘든, der Bischof : 주교, geizig : 인색한, denken : 생각하다, an j-n denken : 누구를 생각하다, selbst : 스스로, 자신, 조차도 beachten : 존중하다, 유념하다, 거들떠보다, arm : 가난한, die Armen : 가난한 사람들, eines Tages : 어느 날, als : 무엇을 했을 때에(과거의 일회적인 사건), die Gewalt: : 폭력, 힘, 권력, wollen : 하고 싶다, 할 예정이다(의지), die Scheune : 광, 헛간, 곡물창고, nachdem : 무엇을 한 후에(일반적으로 주절보다 한 시제 앞선다), versammeln : 모으다, 집합시키다,

sich versammeln : 모이다, lassen : 무엇을 하게 하다, das Feuer : 불, 화재, legen : 두다, 놓다, 눕히다, Feuer legen : 불을 놓다, verbrennen : 타 죽다, 없어지다, 태우다, 소각하다, bekommen : 받다, bald : 곧, 금방, die Strafe : 형벌, 벌, laufen : 뛰다, ruhig : 편안한, die Minute : 분, 순간, mitten : 한가운데에, die Insel : 섬, vor etwas(3) sicher : 무엇으로부터 안전한, 무사한, glauben : 믿다, 생각하다, schwimmen : 수영하다, fressen : 동물 등이 먹다, lebendig : 살아있는, der Leib : 몸, bei lebendigem Leibe : 산 채로, seitdem : 그 후, 그 이래로, übrigens : 그런데, 잠시 덧붙여 말하자면, 그건 그렇다고 치고, gestalten : 형성하다, 만들다, dienen : 봉사하다, 근무하다, der Signalturm : 등대, das Schiff : 배, die Rheinfahrt : 라인강 항해, gefährlich : 위험한, die Stelle : 장소, 지점, passieren : 일어나다, 건너다

6. 빙엔의 생쥐탑

라인 강가의 빙엔에는 강 한가운데에 탑이 하나 있습니다. 그것은 1000년경 세관으로 세워졌습니다. 이 탑에 대해서는 하나의 전설이, 아주 끔찍한 이야기가 있습니다. 그 당시 독일은 굉장히 궁핍했습니다. 이런 어려운 시기에 마인츠의 주교인 하토가 살았습니다.

그는 인색하고 자기 자신만을 생각했으며 가난한 사람들의 어려움을 전혀 거들떠보지 않았습니다. 어느 날 굶주린 사람들이 빵을 폭력으로 탈취하려고 했을 때, 그는 그들을 도시 앞쪽에 있는 창고로 불렀습니다. 그들이 모두 모인 후에 그는 거기에 불을 질러 사람들이 창고와 함께 불타 죽도록 했습니다.

주교는 금세 벌을 받았습니다. 그 뒤 도시의 모든 생쥐들이 그의 집으로 모여들어 그는 더 이상 한 순간도 편안하지 못했습니다. 그래서 그는 라인 강 한가운데 있는 조그만 섬에 탑을 하나 짓도록 했으며 거기서는 생쥐들로부터 안전할 것이라고 생각했습니다.

그러나 생쥐들은 헤엄을 쳐서 강물을 건너 와서는 인색하고 잔인한 주교를 산채로 뜯어 먹어버렸습니다. 그 이래로 빙엔은 "생쥐 탑"을 갖게 되었습니다. 덧붙여 말하자면 그 탑은 1855년에 새로 단장을 해서 그곳 라인 강을 항해할 때 위험한 지점을 통과해야 하는 배들을 위한 등대도 사용되고 있습니다.

7. Wie das Siebengebirge entstand?

Unsere Sage führt uns diesmal an den Rhein ins Siebengebirge. Sie berichtet, wie dieses Bergland nordöstlich von Bonn zu seinem Namen kam.

Wo sich heute die bekannten Höhen des Siebengebirges wie der Drachenfels, der große Ölberg, der Petersberg oder das Rolandseck erheben, war der Sage nach vor vielen, vielen Jahren ein großer See. Er hatte sich gebildet, weil dem Rhein durch das Gebirge der Weg versperrt war.

Die Bewohner dieses Gebietes wollten das Wasser gern ableiten und dem Fluss freien Lauf geben. Aber sie schafften es nicht. Da baten sie die Riesen, die dort in den Wäldern wohnten, um Hilfe und versprachen ihnen guten Lohn.

Sieben Riesen machten sich an die Arbeit. Sie gruben mit ihren Spaten einen breiten Graben durch das Gebirge, und der Rhein konnte nun ungehindert dahin fließen. Die Bewohner waren zufrieden, dankten den fleißigen Helfern und belohnten sie reichlich.

Die Riesen kehrten in den Wald zurück, Aber bevor sie gingen, machten sie noch ihre Spaten sauber, jeder an einer anderen Stelle. Und so entstanden die sieben Berge, die dem Siebengebirge seinen Namen gegeben haben.

entstehen : 생기다, das Gebirge : 산, 산맥, die Sage : 전설, führen : 인도하다, 안내하다, 이끌다, diesmal; 이번에는, berichten : 보고하다, 알리다, 말해주다, das Bergland : 산악지대, zu seinem Namen kommen : 이름을 얻다, bekannt; 유명한, 알려진, die Höhe : 높이, 구릉, 고지, 언덕, 산꼭대기, 봉우리, erheben : 올리다, sich erheben : 솟아오르다, der See : 호수, die See : 바다, bilden : 형성하다, sich bilden : 형성되다, versperren : 막다, der Bewohner : 주민, das Gebiet : 지역, ableiten : 빼내다, 유출하다, 방수하다, der Lauf : 질주, 달리기, 수로, 항로, schaffen : 해내다(schaffte, geschafft), 창조하다(schuf, geschaffen), j-n um etwas(4) bitten : 누구에게 무엇을 간청하다, der Wald : 숲, j-m etwas(4) versprechen : 누구에게 무엇을 약속하다, der Lohn : 임금, sich an die Arbeit machen : 일에 착수하다, graben : 파다, zurückkehren : 돌아가다, der Spaten : 삽, der Grab : 묘, 구덩이, der Graben : 도랑, 배수로, 호, ungehindert : 방해 받지 않고, zufrieden : 만족하는, fleißig : 부지런한, der Helfer : 조력자, 도움을 준 사람, belohnen : 보상하다, reichlich : 충분히, 풍족하게, etwas(4) sauber machen : 무엇을 깨끗하게 하다, 청소하다, 씻다, die Stelle : 장소, der Berg : 산, j-m Namen geben : 누구에게 이름을 지어주다

7. 지벤게비르게 산맥은 어떻게 생겼을까?

우리의 전설은 이번에는 우리를 라인 강가의 지벤게비르게(칠봉七峰산맥)로 안내합니다. 전설은 본의 북동쪽에 있는 이 산악지대가 어떻게 해서 이런 이름을 갖게 되었는지를 말해줍니다.

오늘날 드라헨펠스, 거대한 욀베르크, 페터스베르크, 롤란트제크와 같은 유명한 지벤게비르게의 봉우리들이 솟아있는 곳은 전설에 따르면 아주 오랜 옛날에는 산맥이 라인 강의 길을 막아 생긴 커다란 호수였습니다.

이 지역 주민들은 물을 빼내어 강물이 자유롭게 흐르도록 해주고 싶었습니다. 그러나 그들은 그것을 (그들의 힘으로는) 할 수 없었습니다. 그래서 그들은 그곳 숲속에 살고 있던 거인들에게 도움을 요청하고 그들에게 좋은 보수를 약속했습니다.

(그러자) 일곱 명의 거인들이 그 일에 착수했습니다. 그들은 그들의 삽으로 산맥을 관통하는 넓은 도랑을 팠습니다. 그래서 라인 강이 이제는 방해받지 않고 그곳을 통해 흐를 수 있었습니다. 주민들은 이에 만족하고 부지런한 조력자들에게 감사하며 보수도 후하게 주었습니다.

거인들은 숲으로 돌아갔습니다. 그러나 그들은 출발하기 전 자신들의 (흙이 묻어 있던) 삽을 각자 다른 곳에서 씻었습니다. 그리고 그렇게 해서 일곱 개의 산이 생겨나 지벤게비르게라는 이름을 지니게 되었던 것입니다.

8. Nicht Bach, Meer sollte Bach heißen

Mit diesem Wortspiel charakterisierte Ludwig van Beethoven Johann Sebastian Bach. Hundert Jahre später sagte der russische Komponist Schostakowitsch : "Bachs Musik ist der Gipfel der Musikkunst der Welt." Das ist das Urteil zweier Männer, die selbst zu den ganz Großen der Musikwelt gehören.

Johann Sebastian Bach war von 1723 bis zu seinem Tod 1750 Thomaskantor in Leipzig. Zu seinen Aufgaben im Dienst der Stadt und der Kirche gehörten auch der Unterricht und die Ausbildung der vierundfünfzig Jungen des Thomanerchores.

Das belastete Bach stark, denn die Bedingungen an der Thomasschule waren sehr schlecht. Auch mit den Fähigkeiten seiner Schlüer war er nicht zufrieden. Nur siebzehn von ihnen bezeichnete er als "brauchbar", zwanzig als "noch brauchbar" und siebzehn als "untüchtig".

Bach war mit seiner Familie nicht auf Rosen gebettet. Manches Lied und Menuett entstand nur, um sein Einkommen ein wenig aufzubessern und seine große Familie vernünftig ernähren zu können.

Bach schuf ein umfangreiches Werk, zu dem 「die Brandenburgischen Konzerte」, 「die Matthäus-Passion」 und 300 Kantaten gehören. Musiker und Orchester aus aller Welt pflegen seine Musik. In der Thomaskirche Leipzig wurde Johann Sebastian Bach zur letzten Ruhe gebettet.

der Bach : 내, 개천, 실개천, 도랑, sollten : sollen의 접속법 2식으로 권유와 충고를 나타낸다, das Wortspiel : 말장난, 언어유희, charakterisieren : 특색을 그려내다, 특징을 지우다, 묘사하다, der Komponist : 작곡가, Schostakowitsch : 쇼스타코비치, 러시아의 음악가, der Gipfel : 꼭대기, 정상, 으뜸, das Urteil : 판단, 심판, zu etwas(3) gehören : 무엇에 속하다, ganz : 온전한, 전체의, 전적으로, 완전히, 온통, 매우, der Kantor : 성가대 지휘자 겸 오르간 연주자, die Aufgabe : 임무, 사명, der Dienst : 직무, 근무, 고용, 봉직, die Ausbildung : 교육, der Chor : 합창단, belasten : 짐을 지우다, 괴롭히다, stark : 강하게, 많이, die Bedingung : 조건, 여건, die Fähigkeit : 능력, 재능, zufrieden : 만족한, bezeichnen : 가리키다, 표시하다, 설명하다, brauchbar : 유능한, untüchtig : 유능하지 않은, 소질이 없는 auf Rosen gebettet sein : 행복하다, 풍요로운 생활을 하고 있다, manch- : 여럿의, 많은(정관사 어미변화), das Menuett : 미뉴에트, entstehen : 생기다, 생성하다, um zu 동사의 원형 : 무엇을 하기 위해서, das Einkommen : 소득, 수입, ein wenig : 약간, aufbessern : 개선하다, 올리다, vernünftig : 합리적인, ernähren : 부양하다, schaffen : 만들어 내다, 창조하다, 여기서는 작곡하다, umfangreich : 방대한, 대규모의, das Brandenburgische Konzert : 브란덴부르크 협주곡, die Matthäus-Passion : 마태 수난곡, die Kantate : 칸타타(관현악을 동반하는 독창과 합창을 포함한 가곡), das Werk 작품, das Orchester : 오케스트라, 관현악단, pflegen : 돌보다, 손보다, 여기서는 연주하다, die Ruhe : 고요, 침묵, 안정, betten : 자리에 들이다, 재우다, 눕히다, j-n zur letzten Ruhe betten 누구의 장례를 치르다

8. 바흐는 실개천이 아니라 바다로 불려야 할 것이다.

이런 언어유희로 루드비히 판 베토벤은 요한 제바스티안 바흐의 특성을 표현했습니다. 100년 후에 러시아의 음악가 쇼스타코비치는 말했습니다. "바흐의 음악은 세계 음악 예술의 최고봉이다." 이것이 스스로도 음악 세계의 거장들에(매우 위대한 사람들에) 속하는 두 사람의 평가입니다.

요한 제바스티안 바흐는 1723년부터 그가 죽었던 1750까지 라이프찌히의 토마스 교회의 성가대 지휘자였습니다. 도시와 교회에서 봉직하면서 54명의 성토마스 소년 합창단의 어린아이들을 가르치고 교육하는 것이 그의 임무에 속했습니다.

그것이 바흐를 몹시 힘들게 했습니다. 왜냐하면 성 토마스 학교의 조건들이 열악했기 때문입니다. 그는 자기 학생들의 능력에도 만족하지 못했습니다. 그는 그들 중 17명만 "쓸 만하다", 20명은 "그래도 쓸 만하다", 17명은 "소질이 없다"고 평가했습니다.

그는 자신의 가족과 함께 여유롭게 살지 못했습니다. 많은 노래와 미뉴에트는 단지 그의 수입을 약간 올리거나 대가족을 제대로 부양할 수 있기 위해 만들어졌습니다.

바흐는 방대한 작품을 작곡했습니다. 그 작품에는 「브란덴부르크 협주곡」과 「마태 수난곡」 그리고 300개의 칸타타 등이 있습니다. 전 세계의 음악가와 오케스트라가 그의 음악을 연주합니다. 요한 제바스티안 바흐는 (현재) 라이프찌히의 토마스 교회에 묻혀있습니다.

9. Fürst der Mathematiker, Gauß

Die Mathematik ist nicht jedermanns Sache, aber sie gehört zu unserem Leben wie andere Wissenschaften auch. Carl Friedrich Gauß, der von 1777 bis 1855 lebte, ging die Rechenkunst über alles. Er sage einmal scherzhaft : "Ich konnte als Kind eher rechnen als sprechen."

Sein Lehrer förderte das mathematische Talent des Schülers, der später einen Freiplatz an der Universität Göttingen erhielt. Schon als Student löste er ein Problem, das bis dahin als unlösbar gegolten hatte : die Konstruierbarkeit aller regelmäßigen Vielecke mit Zirkel und Lineal.

Carl Friedrich Gauß lehrte und forschte an der Göttinger Universität. Unter seinem Namen sind zahlreiche mathematische, geometrische, astronomische und geodätische Entdeckungen veröffentlicht. Im Jahr 1849 feierte er sein goldenes Doktorjubiläum. Den Tag, an dem er seinen Doktortitel erhielt, hatte er in seinem Tagebuch mit der Zahl 8,113 notiert.

So viele Tage waren von seiner Geburt bis zum Erreichen des Doktorgrades vergangen. Auf diese Weise verschlüsselte er Daten aus seinem Leben; wahrscheinlich konnte nur er selbst sein Tagebuh lesen und verstehen. Auf dem ehemaligen 10 DM-Schein war der bekannte Mathematiker, Astronom und Physiker im Alter von 63 Jahren abgebildet.

> der Fürst : 영주, 제후, 거장, der Mathematiker : 수학자, die Mathematik : 수학, zu etwas(3) gehören : 무엇의 일부를 이루다, 어디에 속하다, die Wissenschaft : 학문, die Rechenkunst 산술, über alles gehen 최고이다, einmal : 언젠가, scherzhaft 장난의, 농담의, eher 더 일찍, 오히려, rechnen : 셈하다, 계산하다, fördern : 후원하다, 지원하다, 촉진시키다, das Talent : 재능, der Freiplatz : 빈자리, 교수자리, erhalten : 받다, 얻다, 보존하다, lösen : 풀다, bis dahin : 그때까지, gelten : 가치가 있다, 통용하다, als A gelten : A로 여겨지다, lösbar : 풀 수 없는, die Konstruierbarkeit : 작도법, konstruieren : 그리다, 작도(作圖)하다, regelmäßig : 규칙적으로, die Vielecke : 다각형, der Zirkel : 컴퍼스, das Lineal : 자, lehren : 가르치다, forschen : 연구하다, zahlreich : 수많은, mathematisch : 수학적, geometrisch : 기하학적, astronomisch : 천문학적 geodätisch :

측량학적, die Entdeckung : 발견, 드러냄, 깨달음, veröffentlichen : 출간하다, 널리 알리다, feiern : 축하하다, 기념하다, das Doktorjubiläum : 박사취득기념일, das goldene Doktorjubiläum : 박사 취득 50주년 기념식, der Doktortitel : 박사칭호, erhalten : 얻다, 받다, das Tagebuch : 일기, notieren : 적어두다, 메모하다, die Geburt : 탄생, erreichen : 도달하다, der Doktorgrad : 박사학위, vergehen (시간이) 흐르다, auf diese Weise : 이러한 방법으로, 이런 식으로, verschlüsseln : 암호화하다, die Daten(복) : 자료, 데이터, wahrscheinlich : 아마, bekannt : 이름난, 잘 알려진, der Astronom : 천문학자, der Physiker : 물리학자, abbilden : 모사하다, 묘사하다

9. 수학자의 왕자, 가우스

수학은 누구나 좋아하는 것은 아닙니다. 그러나 그것은 다른 학문들처럼 우리들 생활의 일부이기도 합니다. 1777년에서 1855까지 살았던 카를 프리드리히 가우스는 그 무엇보다도 수학을 가장 좋아했습니다. 그는 언젠가 농담처럼 말했습니다. "나는 어렸을 때 말하는 것보다 계산하는 것을 먼저 배웠다."

그의 스승은 나중에 괴팅엔 대학에서 교수 자리를 얻게 되는 제자의 수학적인 재능을 촉진시켜주었습니다. 그는 벌써 대학생이었을 때 그때까지 풀 수 없는 것으로 여겨졌던 자와 컴퍼스로 모든 정다면체를 그리는 문제를 풀었습니다.

카를 프리드리히 가우스는 괴팅엔 대학에서 가르치고 연구했습니다. 그의 이름으로 수많은 수학적, 기하학적, 천문학적, 측량학적 발견들이 출간되었습니다. 1849년 그는 박사학위 취득 50주년을 맞이했습니다. 그는 자신이 박사학위를 받은 날을 일기장에 8,113이라는 숫자로 기록해두었습니다.

그가 태어나서 박사학위를 받을 때까지 그렇게나 많은 날들이 흘러갔던 것입니다. 이런 식으로 그는 자신의 생애에 일어났던 일을 암호로 만들었습니다. 아마도 자신 혼자만 일기장을 읽고 이해할 수 있을 것입니다. 옛날 10마르크 지폐에는 유명한 수학자이자 천문학자이고 물리학자인 이 사람이 63세 때의 모습으로 그려져 있었습니다.

10. Der Vater der deutschen Rechtschreibung, Konrad Duden

"Deutsche Sprache – schwere Sprache", meinen nicht nur deutschlernende Ausländer. Sie denken wohl vor allem an die Grammatik und die Orthographie. Kopfzerbrechen bereiten z. B. die Artikel, die Getrenntschreibung, die Flexionsendungen, den Plural, das trennbare Verb und den Konjunktiv.

Auskunft darüber und über alle anderen Fragen zur deutschen Grammatik und Orthographie gibt「Duden」, das Nachschlagewerk für die deutsche Sprache. Es war vor mehr als hundert Jahren, als Konrad Duden, Direktor eines Thüringer Gymnasiums, Ordnung in die deutsche Rechtschreibung bringen wollte.

Das war nötig, denn es gab in Deutschland keine einheitlichen Regeln und Gesetze für die Sprache. 1880 hatte er es geschafft. Das Bibliographisches Institut Leipzig veröffentlichte das erste Wörterbuch Konrad Dudens mit 27,000 Stichwörtern. Damit war die Grundlage für eine einheitliche deutsche Rechtschreibung geschaffen. Konrad Duden gilt als ihr Vater.

Nun liegt die 20. Auflage mit 110,000 Stichwörtern vor. Es ist nach der Wiedervereinigung die erste gesamtdeutsche Ausgabe, denn nach der Teilung Deutschlands 1945 gab es in Mannheim und in Leipzig je eine Duden-Redaktion.

Der「Duden」steht heute in nahezu allen Haushalten. Niemand verliert sein Gesicht -ob Professor oder Student, ob Sekretärin, Schüler oder Schriftsteller-, wenn er den Duden zur Hand nimmt.

die Rechtschreibung : 정서법, 맞춤법, 철자법, schwer : 어려운, der Ausländer : 외국인, meinen : 생각하다, an etwas(4) denken : 무엇을 생각하다, vor allem : 특히, die Grammatik : 문법, die Orthographie : 정서법, die Flexion : 변화, die Endung : 어미, trennbar : 분리할 수 있는, das Verb : 동사, der Konjunktiv : 접속법,

Kopfzerbrechen bereiten : 골머리를 앓다, z. B. : 예를 들어, 'zum Beispiel'의 약자, das Nachschlagewerk : 참고서, 백과사전, die Auskunft : 알림, 정보, 안내, über etwas(4) Auskunft geben : 무엇에 대해 정보를 주다, der Direktor : 교장, 관리자, 지배인, Thüringen : 독일의 주 이름, die Ordnung : 정돈, 규칙, 배열, 제도, 순서, etwas(4) in Ordnung bringen : 무엇을 정돈하다, einheitlich : 통일적인, 일치한, die Regel : 규칙, 규범, 원칙, schaffen : 끝내다, 완성하다, 해결하다, bibliographisch : 서지학의, das Institut : 연구소, 협회, veröffentlichen : 출판하다, 널리 알리다, das Wörterbuch 사전, das Stichwort : 표제어, die Grundlage : 기초, 토대, einheitlich : 통일적인, schaffen 창조하다, 만들어내다, 이루어내다, 해내다, als A gelten : A로 여겨지다, 간주되다, die Auflage : 판, 쇄, 생산량, vorliegen : 존재하다, 제출되어 있다, die Wiedervereinigung : 재통일, 재결합, gesamtdeutsch : 독일 전체의, die Ausgabe : 발행, 판, 지출, 비용, die Teilung : 나눔, 구분, 분단, die Redaktion : 편집, 편집부, nahezu : 거의, 대략, der Haushalt : 가계, 가족, 집안일, verlieren : 잃다, 지다, das Gesicht : 얼굴, Gesicht verliernen : 체면을 잃다, 자존심을 상하다, 창피를 당하다, die Sekretärin : 비서, der Schriftsteller : 작가, etwas(4) zur Hand nehmen : 무엇을 갖고 있다, 들고 있다

10. 독일 정서법의 아버지, 콘라트 두덴

"독일어는 어려운 언어다"고 독일어를 배우는 외국인들만 생각하는 것은 아닙니다. 그들은 아마도 특히 문법과 정서법을 생각할 것입니다. 예를 들어 관사, 띄어쓰기, 변화어미, 복수, 분리 동사, 그리고 접속법은 우리의 골머리를 썩게 합니다.

그에 관한 정보나 독일어 문법과 정서법에 관한 모든 다른 문제들에 관한 정보를 독일어 사전인 「두덴」이 제공합니다. 튜링엔 김나지움의 교장인 콘라트 두덴이 독일어 정서법을 정리하려고 했던 때는 백년 보다 더 이전의 일이었습니다.

그것은 정말 절실했습니다. 왜냐하면 (당시) 독일에는 언어에 대한 통일된 규칙과 법칙이 없었기 때문이었습니다. 그런데 1880년 (마침내) 두덴이 그 일을 해냈습니다. 라이프치히 서지학 연구소는 27,000개의 표제어로 이루어진 콘라트 두덴의 사전을 처음으로 출판했습니다. 그것으로 통일된 독일어 정서법의 기초가 마련되었습니다. (그래서) 콘라트 두덴은 녹일어 정서법의 아버지로 여겨십니다.

현재 (「두덴」사전은) 11만개의 표제어로 이루어진 20판이 나와 있습니다. 그것은 재통일된 이후 나온 최초의 통합독일어 판입니다. 그것이 가능했던 것은 1945년 독일 분단 이후 만하임과 라이프치히에서 각각 두덴 편집부가 있었기 때문입니다.

〈두덴〉 사전은 오늘날 거의 모든 집에 비치되어 있습니다. 교수나 대학생이든, 비서나 학생이나 작가든 「두덴」을 갖고만 있다면 체면을 잃지는 않을 것입니다.

11. Vom Mittelpunkt Deutschlands und der Erde

Viele Orte haben etwas Besonderes zu bieten. Sie ziehen damit Touristen an und bringen Geld in die Kasse. Das Dorf Niederdorla in Türingen ist seit der Wiedervereinigung Deutschlands im Oktober 1990 in besonderer Weise bekannt geworden, denn es wurde zum geographischen Mittelpunkt Deutschlands erklärt.

Die Einwohner pflanzten auf dem Dorfplatz einen Baum, eine Linde, und hoffen nun auf recht viele Touristen. Eine ähnliche Berühmtheit hat die kleine Stadt Pausa im Vogtland. Dort wurde nämlich vor ca. hundertfünfzig Jahren der "Mittelpunkt der Erde" entdeckt. Die "Erdachse", die angeblich mitten durch den Ort gehen soll, zeigen die Pausaer ihren Gästen im Ratskeller.

Dort befindet sich auf dem Fußboden inmitten der Gaststätte ein eiserner Deckel, und darunter liegt die "Erdachse." Sie muß ab und zu von Spezialisten geölt werden. Dabei dürfen aber Fremde "aus Sicherheitsgründen"nicht zusehen. Diesen Spaß mit der Erdachse und dem Erdmittelpunkt haben sich die Pausaer ausgedacht, als die Armut in ihrer Stadt sehr groß war.

Sie hatten Glück. Neugierige kamen von überall her. Eine französische Zeitschrift soll sogar in einem Brief "um nähere Informationen" gebeten haben. Der Spaß vom Pausaer Erdmittelpunkt ist erhalten geblieben. Auf dem Dach des Rathauses dreht sich ein drei Meter großer Globus als Wahrzeichen der Stadt.

Die Erdachse kann man natürlich nicht sehen, und man braucht sie auch nicht zu ölen.

Sie ist nur eine gedachte Linie, die durch den Nord-und Südpol geht, und um die sich die Erde dreht. Fast jedes Rathaus hat seinen Ratskeller. Das ist eine Gaststätte, die sich im Keller des Rathauses befindet.

der Ort : 장소, bieten : 내놓다, 보이다, ziehen : 끌다, 끌어들이다, der Tourist : 여행객, die Kasse : 금고, 현금, Geld in die Kasse bringen : 돈을 벌다, das Dorf : 마을, die Wiedervereinigung : 재통일, die Weise : 방법, bekannt : 유명한, geographisch : 지리적으로, der Mittelpunkt : 중심, erklären : 밝히다, 선언하다, pflanzen : 심다, der Baum : 나무, die Linde : 보리수, recht : 올바른, 여기서는 '아주 혹은 정말'이라는 의미, ähnlich : 비슷한, die Berühmtheit : 명성, nämlich : 즉, 구체적으로 말해서, 왜냐하면 ~이기 때문이다(이때 문장 중간에 나온다), entdecken : 발견하다, die Erdachse : 지구의 축, angeblich : 이른바, 자칭, der Ratskeller : 시청의 지하 식당, sich befinden : 있다, 존재하다, der Fußboden : 마루, inmitten etwas(2) : 무엇의 한가운데에, die Gaststätte : 음식점, eisern : 쇠로 만든, der Deckel : 뚜껑, 덮개, ab und zu 가끔, 틈틈이, der Spezialist 전문가, ölen : 기름을 바르다, dabei : 그와 동시에, 그때에, fremd : 낯선, der Fremde : 낯선 사람, 외국인, zusehen : 구경하다, 쳐다보다, aus Sicherheitsgründen : 안전상의 이유로, die Sicherheit : 안전, der Grund : 이유, der Spaß 농담, 해학, der Erdmittelpunkt = die Erdachse : 지구의 축, ausdenken : 생각해 내다, 고안해 내다, die Armut : 가난, 빈곤, neugierig : 호기심이 있는, überall : 도처에, 어디에서나, 일반적으로, die Zeitschrift : 잡지, sogar : 더군다나, j-n um etwas(4) bitten : 누구에게 무엇을 간청하다, 부탁하다, erhalten : 얻다, 받다, 보존하다, 유지하다, erhaltenbleiben : 유지되다, 지속되다, drehen : 돌리다, 회전시키다, drehen sich : 돌다, 회전하다, der Globus : 지구의, 지구본, das Wahrzeichen : 상징물

11. 독일과 세계의 중심의 대하여

많은 지역들이 사람들에게 보여줄 뭔가 특별한 것을 갖고 있습니다. 그 지역들은 그것으로 여행객을 끌어들이고 돈을 법니다. 튀링엔 주의 니더도를라라는 마을은 1990년 10월에 독일이 통일된 이래 독특한 방법으로 유명해졌습니다. 그 마을이 지리적으로 독일의 정중앙으로 선언되었기 때문입니다.

그 곳 주민들은 마을광장에 한그루의 보리수나무를 심고, 지금 아주 많은 여행객이 오기를 바라고 있습니다. 포크트란트의 파우사라는 조그마한 도시도 그와 비슷한 것으로 유명세를 타고 있습니다. 왜냐하면 그곳에서 바로 약 150년 전 "지구의 중심"이 발견되었기 때문입니다. 파우사 사람들은 소위 그곳을 관통한다는 "지구 축"을 시청 지하실에서 그들의 손님들(관광객들)에게 보여줍니다.

그곳에 있는 식당 중앙의 바닥에 쇠로 만든 뚜껑이 있고, 그 밑에 "지구 축"이 있습니다. 그 축은 때때로 전문가가 윤활유를 칠해야 합니다. 그러나 이때 외부인은 "안전상의 이유로" 이것을 구경해서는 안 됩니다. 파우사 사람들은 지구 축과 지구 중심과 관련된 이런 유머를 이 도시가 아주 궁핍했을 때 생각해냈습니다.

그런데 그들은 운이 좋았습니다. 호기심에 찬 사람들이 각지에서 그곳으로 찾아왔습니다. 어떤 프랑스 잡지사는 심지어 "좀 더 자세한 정보"를 달라고 요청하기까지 했다고 합니다. 파우사 사람들이 만들어낸 지구중심이라는 유머는 지금까지 통용되고 있습니다. 파우사 시청 지붕에는 도시의 상징으로 3미터 크기의 지구본이 돌고 있습니다.

12. Ein Wegbereiter der Neuzeit, Johannes Gutenberg

Eine der ältesten Erfindungen der Menschheit ist das Rad. Schon um 4000 v. Chr. war es bekannt. Seitdem haben viele Ideen und Neuerungen das Leben des Menschen verändert und bereichert. Welche dieser unzähligen Erfindungen ist wohl die größte, die wichtigste, die bedeutendste? Eine gehört zweifellos zu den bedeutendsten - die Erfindung des Buchdrucks nämlich.

Johannes Gutenberg war es nach jahrelangem Bemühen gelungen, einzelne Lettern aus Metall zu gießen und diese wahlweise zu Texten zusammenzustellen. Mit Hilfe der Druckerpresse konnte man nun jeden beliebigen Text vervielfältigen.

Mit geliehenem Geld - die Versuche hatten sein gesamtes Vermögen aufgebraucht - eröffnete Gutenberg 1450 in Mainz am Rhein die erste Druckerei. Zum Druck der ersten Bibel brauchte er allerdings noch fünf Jahre, sie wurde 1455 fertiggestellt.

Aber was bedeutete diese Zeit gegenüber der bis dahin üblichen Methode, Bücher mit der Hand zu schreiben! Als Gutenberg 1468 starb, wurde bereits in fünf Städten am Rhein mit beweglichen Lettern gedruckt. Viele andere Städte im ganzen Land folgten.

Dank der genialen Erfindung eines Johannes Gutenberg konnten sich die Ideen des Humanismus und die wissenschaftlichen Erkenntnisse jener Zeit schneller und umfassender verbreiten. Gutenberg gilt als Wegbereiter dieser geistigen und materiellen Umwälzung.

die Neuzeit : 근대, der Wegbereiter : 개척자, 창시자, 선구자, die Erfindung : 발명, die Menschheit : 인류, das Rad : 바퀴, bekannt : 잘 알려진, 유명한, Seitdem : 그 후, ~이래로, die Idee : 사상, 생각, 이념, die Neuerung : 개혁, 혁신, verändern : 변화시키다, bereichern : 부유하게 하다, 풍부하게 하다, unzählig : 셀 수 없는, wohl : 아마, 혹시, 유복한, wichtig : 중요한, bedeutend : 의미 있는, 중요한, zweifellos : 확실한, der Buchdruck : 서적인쇄, nämlich : 즉, 구체적으로 말해서, 왜냐하면 ~이기 때문이다(이때 문장 중간에 나온다), jahrelang : 다년간의, 여러 해의, das Bemühen 수고, gelingen-gelang-gelungen : 잘되다. 성공하다, das

Letter : 문자, das Metall : 금속, gießen : 붓다, 쏟다, 주조하다, wahlweise : 선택적으로, zusammenstellen : 편찬하다, 통합하다, 함께 모으다, 결집하다, die Druckerpresse : 인쇄기, beliebig : 임의의, 마음대로의, vervielfältigen : 복사하여 여러 부로 만들다, geliehen : 빌려준, 빌린, leihen : 빌리다, der Versuch : 시도, gesamt : 전부, das Vermögen : 힘, 재산, aufbrauchen : 소비하다, 다 써버리다, eröffnen : 개업하다, 열다, 개점하다, die Druckerei : 인쇄소, der Druck 누름, 인쇄, allerdings : 물론, 그렇지만, fertig stellen : 완성하다, gegenüber etwas(3) : 맞은편에, 무엇에 비해 bis dahin : 그때까지, üblich : 보통, 일반적인, die Methode : 방식, bereits : 이미, beweglich : 활발한, 움직이는, bewegliches Letter : 활자(움직이는 글자), drucken : 인쇄하다, j-m folgen : 누구를 따르다, dank etwas(2) : 무엇 덕분으로, genial : 천재적인, der Humanismus : 인도주의, 인간중심주의, 휴머니즘, wissenschaftlich : 학문의, die Erkenntnis : 지식·앎, umfassend : 포괄적인, verbreiten : 퍼뜨리다, sich verbreiten : 퍼지다, als A gelten : A로 여겨지다, gelten : 가치가 있다, 유효하다, geistig : 정신적, materiell : 물질적, die Umwälzung : 혁명

12. 근대의 선구자, 요하네스 구텐베르크

인류의 가장 오래된 발명품 중의 하나는 바퀴입니다. 이미 기원전 4000년경에 바퀴는 있었습니다. 그 이래로 많은 아이디어와 혁신들이 인간의 삶을 변화시키고 풍요롭게 해 주었습니다. 이런 수많은 발명품들 중에서 어느 것이 가장 위대하고 중요하고 의미 있는 것일까요? 의심할 바 없이 (그 중) 하나가 가장 의미 있는 것에 속합니다. 그것은 바로 인쇄술의 발명입니다.

요하네스 구텐베르크는 몇 년간의 노력 끝에 금속으로 각각의 글자를 주조하고 이것들을 뽑아서 텍스트로 조합하는데 성공했습니다. (또한) 인쇄기의 도움으로 이제 원하는 텍스트를 모두 복사할 수도 있었습니다.

밀린 돈으로 - 그는 실험들을 하느라 자신의 전 재산을 다 써버렸습니다 - 구텐베르크는 1450년 라인 강변의 마인쯔에서 최초의 인쇄소를 열었습니다. 그는 성서를 최초로 인쇄하는데 또 5년이 걸렸습니다. 그것은 1455년 완성되었습니다.

그러나 책을 손으로 쓰는 그때까지의 일반적인 방법에 비하면 이런 시대는 얼마나 대단한 의미를 지닌 것이겠습니까! 1468년 구텐베르크가 죽었을 때 이미 라인 강변의 5개 도시에서 활자로 인쇄를 했습니다. 이어 전국의 많은 다른 도시들이 그 뒤를 따랐습니다.

요하네스 구텐베르크의 천재적인 발명품 덕택으로 그 시대의 휴머니즘의 이념과 학문적인 인식이 더 빨리 그리고 더 광범위하게 퍼질 수 있었습니다. 구텐베르크는 이런 정신적이고 물질적인 혁명의 선구자로 여겨집니다.

김원익

- 전주고등학교졸업
- 연세대학교 독문과 졸업
- 동대학원 석사과정 졸업
- 동대학원 박사과정 졸업(문학박사)
- 독일 Marburg대학 수학
- 신화연구가, 사)세계신화연구소 소장, 홍익대, 서울과기대, 추계예술대 강사

저서 및 역서

- 「프리마 독일어어휘」(메티스)
- 「프리마 독일어독해」(메티스)
- 「그리스 로마 신화와 서양문화」(공저, 알렙)
- 「신통기」(역서, 민음사)
- 「아르고호의 모험」(역서, 바다출판사)
- 「일리아스」(평역, 서해문집)
- 「오디세이아」(평역, 서해문집)
- 「사랑의 기술」(평역, 메티스)
- 「그림으로 보는 신들의 사랑」(저, 메티스)
- 「신화, 세상에 답하다」(저, 바다출판사)
- 「신화, 인간을 말하다」(저, 바다출판사)
- 「신들의 전쟁」(저, 알렙)

ISBN 979-11-5544-118-3

2008년	4월	15일	인 쇄
2010년	1월	10일	2쇄 발행
2013년	11월	18일	3쇄 발행
2016년	3월	5일	4쇄 발행
2018년	10월	10일	수정증보판 1쇄

저 자 / 김 원 익
발행인 / 이 윤 구
발행처 / 메 티 스

주 소 / 서울시 관악구 신림로 90, 2층
등 록 / 제320-2009-11호
전 화 / 737-7771~2
FAX / 735-8666

프 리 마
기초독일어

값 25,000원

※ 저자의 승낙없이는 본서의 독창적인 내용을 전재할 수 없음.